U0936908

本书编委会

主　编：陈永庆

编　委：魏杏然　刘　阳　李　青

戴玉岭　李　红　柯宏胜

ON LOCATION REPORTING
WHERE TELEVISION NEWS BEGINS

现场报道

电视新闻的重器

陈永庆　主编

人民出版社

责任编辑：李怡然　陈晓燕
封面设计：汪　莹
版式设计：杜维伟

图书在版编目（CIP）数据

现场报道：电视新闻的重器 / 陈永庆 主编 .—北京：人民出版社，2019.6
ISBN 978－7－01－020870－1

I. ①现…　II. ①陈…　III. ①电视新闻－现场直播－研究　IV. ① G222.2

中国版本图书馆 CIP 数据核字（2019）第 097217 号

现场报道：电视新闻的重器
XIANCHANG BAODAO:DIANSHI XINWEN DE ZHONGQI

陈永庆 主编

人民出版社 出版发行
（100706　北京市东城区隆福寺街 99 号）

涿州市星河印刷有限公司印刷　新华书店经销

2019 年 6 月第 1 版　2019 年 6 月北京第 1 次印刷
开本：710 毫米 ×1000 毫米 1/16　印张：23.25
字数：372 千字

ISBN 978－7－01－020870－1　定价：58.00 元

邮购地址 100706　北京市东城区隆福寺街 99 号
人民东方图书销售中心　电话：（010）65250042　65289539

目　录

第一部分　现场报道综述

第二部分　现场报道的选题及结构

第三部分　现场报道的内容构思

第四部分　现场报道的制作技巧

第五部分　现场报道的技术支撑

第六部分　现场报道的发展趋势

序　言

当我把88名电视工作者发来的76篇关于现场报道的论文一篇篇读过、一篇篇校改时，虽然眼睛疲倦不堪，但内心充满了感慨：其实在这个时代，中国电视界仍然有一大批执着于新闻理想的人，他们不忘初心，用自己生动的新闻实践，努力探索中国电视现场报道的规律，不断为广大电视观众奉献精彩的电视节目，他们是中国电视的生力军，也是中国电视的脊梁！

本书是中国电视界第一本以电视一线记者为主撰写的电视现场报道专题文集。一方面，本书作者都长期工作在电视第一线，实践是他们最大的优势，或者说他们本身天天就在实践当中，遇到过各种各样的现场报道问题，有过各种各样的报道体验，他们最有实践的发言权；另一方面，现场报道要提升质量，也要有理论武装，要有理论作为支柱与指导，这样现场报道才会走得更远。通过本书，可以看到目前中国电视界对现场报道探索的脚步，感知一个特殊群体对现场报道的真实思考。

我一直认为，电视现场报道是电视新闻诸多品类中最鲜活、最有生命力的一种，它可以把电视的特征发挥到极致，为观众带来最生动的视听体验，大大提高新闻舆论的传播力、引导力、影响力、公信力。

早在2006年，当时我担任中央广播电视总台驻英国首席记者，曾经专门问过英国广播公司（BBC）的一位新闻高管："BBC的电视新闻有那么多的现场直播，这样是不是要比拍摄画面后回去写稿、编辑、配音再播出从成本上贵很多？"他的回答很出乎我的意料："我们认为新闻就是应该这样做，而不是费用多少决定我们应该怎么做新闻。"这显然是一个新闻观念的问题。BBC经常有许多转播车在伦敦的大街小巷转悠，碰到新闻就直播，或者根据事先掌握的线索，提前把车开到现场进行直播，直播就是BBC电视新闻存在的一种常态。

有关电视现场报道的起源，现在有多种说法。有人说产生于20世纪30年代的英国，1938年，BBC记者理查德·丁布尔在伦敦希思罗机场报道英国首相张伯伦回国，称这是世界上首次通过电视对新闻现场进行报道；有人说电视现场报道产生于20世纪60年代的美国，1963年11月22日美国总统肯尼迪被暗杀，事发十多分钟后CBS记者丹·拉瑟就进行了现场报道，称这是开启电视现场报道的先河。虽然关于起源的说法不一，但有一点大家都比较一致：20世纪六七十年代，电视现场报道多见于当时的越战报道。

在中国，电视现场报道大规模崛起始于20世纪90年代末期，以央视报道1997年香港回归为标志，中国开启了电视直播的黄金时代：1998年抗洪，直播时时牵动党中央和人民的心；三峡截流，壮观场景激励无数人为国争光；2008年南方雪灾和汶川地震，创下直播的多个历史纪录；北京奥运会报道，电视直播再创中国电视史多个之最。应该说，这十年是中国电视现场报道蓬勃兴起的十年，是电视现场报道丰富多彩的十年。央视的带头效应，也刺激了一大批地方电视台对直播的兴趣，它们纷纷重金购入直播设备，尤其是部分城市台，如成都、南京等许多城市纷纷开设了直播类的民生栏目，把新闻现场转向大街小巷，把电视镜头对准普通民众，掀起了民生类直播节目的收视高潮。

可惜的是，在中国电视界，现场报道火热与丰富的实践相比，目前关于现场报道的理论研究探索明显滞后，总体表现为研究现场报道的理论文章与专著数量不多、广度不广、深度不深、链条不连、体系不全。记者想要学习现场报道的制作方法，没有丰富而完整的参考书籍，也没有成体系的系统讲授。编辑出版本书的最大初衷，就是想让长期活跃在现场报道一线工作的记者们，能够梳理自己在实践中的经验与体会、问题与不足，并上升到理论高度进行思考，既分享成功的喜悦，也共解报道的难题，为那些有志于从事和研究现场报道的人提供借鉴与参考，在一定程度上弥补中国电视界关于现场报道理论研究的短板。

本书从现场报道的起源与意义、特征与选题、结构与本质、内容设计、报道方法、记者素养、技术安全、现场安全、传输安全等诸多层面进行了探索，其中许多论文闪烁着真知灼见，既有大量鲜活的现场报道例证，也有严谨深邃的哲理思考，对现场报道的学习者来讲，读之有如畅饮甘露，有醍醐灌顶之效。

当然，本书也还存在诸多不足，比如有些内容过度集中，讨论得很充分，有些内容讨论得较少，还有些内容没有涉及，即便是涉及了的，也还需在深度和广度上下功夫，但这也正好说明，现场报道的理论探索空间巨大。我希望在现场报道这块肥沃的土地上，涌现更多的拓荒者、耕耘者。

今年是中国电视事业诞生60周年，60年对一个人的一生来说是一个重要的时间节点，对中国电视事业来讲，也是一个重要的时间节点。在这个历史的节点上，传统电视已经度过了它辉煌的年代，转而进入一个融媒体时代，进入一个创新和重塑的时代。也正是在这个节点上，我们面临着历史的思考与抉择，面临着更多的机遇与挑战。比如，我们要坚守传统电视中的什么？我们要创新什么？理论如何构建？实践如何展开？

显然，现场报道是我们电视人应该坚守的那一部分。我在这里特别想说的是，电视自从被发明的那天起，它的状态就是直播现场的。录播是技术进步后才产生的。我们强调现场在新闻中的重要性，其实并不是什么新花样，而是电视特性的一种回归。正因为现场报道符合电视的本质，只要视频存在，现场报道就存在，只要视频依然火爆，现场报道就受欢迎。在融媒体时代，现场报道仍然是新闻的当家品种，依然具有强大的生命力。

现场报道走过的几十年历史，每个阶段都体现了历史的逻辑与特征，它与人类的文明发展是同步的，与人类的技术革新是同步的，尤其技术进步在电视变革中起着非常重要的作用，现在全球化、碎片化、人工智能、可穿戴设备的出现已经反映到电视的传播革新上，现场报道的技术支撑和辅助手段也会日新月异，这无疑将有助于降低现场报道的成本，降低从事现场报道的门槛，增强现场报道的便利性、时效性和改善画面质量。

在融媒体时代，电视大屏正在渐渐淡出许多观众的视野，但无论视频内容的制作形式与呈现方式如何改变，不变的是内容永远为王。2018年8月，习近平总书记在全国宣传思想工作会议上指出，宣传思想工作要坚持文化自信，要坚持提高新闻舆论传播力、引导力、影响力、公信力，要坚持以人民为中心的创作导向，要坚持讲好中国故事、传播好中国声音。

那么，电视工作者如何把习近平总书记的这些指示精神落到实处？作为群众喜闻乐见的方式，电视现场报道是对新闻内容最生动的表达，无疑是一个非常有效地贯彻落实习近平总书记指示的现实路径。它的直播状态或者说它的即时性展示了我们中华文化的自信，它的生动活泼表达了我们对增强传播力、引导力、影响力的重视，它的严谨与精心制作反映了我们对公信力的重视，它的基层特色和现场特征体现了我们以人民为中心的创作导向，它的电视语言国际化表达反映了电视媒体的基本传播规律，能帮助我们讲好中国故事、传播好中国声音。国家和人民群众需要符合视频传播规律和正能量的电视现场报道，在融媒体时代的沃土中，电视现场报道必将长青！

感谢湖北荆门广播电视台外宣通联部主任、高级记者李红为本书所付出的辛勤劳动，是她认认真真地看完了大部分论文，进行第一道把关，并给出了中肯的修改意见；感谢安徽广播电视台新闻中心高级编辑柯宏胜，经他第一道把关的论文也有十几篇，并提出了宝贵的修改意见；感谢人民出版社的编辑李怡然，是她的努力，本书才得以在人民出版社出版；感谢央视财经频道总监齐竹泉、副总监赵赫及各位编委和同事们对本书出版的支持，特别是地方组的魏杏然、刘阳、李青、张秋元等多位同志，他们为本书出版承担了许多具体而繁杂的工作，无私奉献着对现场报道的执着与热情；感谢各相关电视台的同仁们，为了写作这些论文，大家在百忙当中挤时间，或挑灯夜战，或废寝忘食，从 2018 年 1 月我列出几十个论文题目并提出撰写倡议到 10 月大家交齐论文，正印证了那句“十月怀胎，一朝分娩”。如果把这本书比作一个新生儿，那么要感谢为这个新生儿的诞生作出各种贡献的人们！在共同的志趣下，我们做了一件有益于电视界、有益于新闻界、有益于教育界的事情，从这个意义上讲，每一位本书的参与者都无愧于 2018 年，我们将记住 2018 年！

愿现场报道之花在融媒体时代的各种播出平台上尽情绽放，流光溢彩！

陈永庆
2018 年 11 月 18 日于北京

第一部分
现场报道综述

浅谈现场报道的起源与发展

一、现场报道的源起与推广

1938 年，英国首相张伯伦结束对德国的访问后回到英国，BBC 记者理查德·丁布尔在机场进行了电视现场报道。这是有记录以来新闻界第一次采用电视现场报道的形式向受众传播信息。

新闻现场报道具有强烈的纪实性，让人们能感受到现场的气氛。而记者当时的情绪也能构成强烈的现场感，使新闻的可信度大大增强，也使受众有一种身临其境的感觉。

记者在新闻现场以目击者和参与者的身份进行口头报道，增强了新闻的可信度和现场感。同时，真实性也是新闻的生命之所在，记者在新闻发生的第一现场升腾现场报道的主题。由于现场报道都是与新闻同步发生的，所以在客观真实性方面比传统的采编方式更胜一筹。电视新闻的现场报道由于记者出现在画面中，就好像把观众也带到了新闻发生的现场，拉近了记者与观众之间的距离。记者以目击者和参与者的身份报道新闻，没有经过转述，把自己的感受和看到听到的细节传播给受众，增强了新闻的可信度。

目前的西方电视界，现场报道已经成为各种新闻报道手法当中最重要的一种手法。凡是具有现场感的新闻，均以现场报道的方式呈现。以他们的新闻理论来看，现场报道在新闻报道中必须占有重要地位。理由是，当今千变万化的世界中，都是新闻重要时刻，用新闻正在进行时报道，以便做到新闻时效性的最高准则——新闻报道与新闻时间同步。

二、现场报道在国内新闻界的发展

我国新闻界的现场报道虽起步较晚，但由于其现场报道具有时效性强、电视特色突出等优点，电视新闻节目开始越来越频繁地使用这种报道形式，现场报道因此成为学界和业界研究的热点。

1973 年，美国总统尼克松访华，中国租用外国卫星进行了电视直播，这是中国电视新闻传播史上第一次真正意义上的电视新闻直播。美国记者采用了现场报道的方式向世界传播了这一历史性的时刻，这也给中国电视媒体人上了生动的一课。

1980 年 7 月，中央电视台开办了一档新闻评论节目《观察与思考》。节目中，记者一改过去在演播室出图像的传统模式，走进与新闻有关的户外场景做一段导语式报道，或是在新闻事件的转场切入，发表一些评论。虽然只是做了一些简单的尝试，但却是中国电视媒体人一个里程碑式的开端。此后，以央视为主的中国电视界就把现场报道这种传播形式越来越多地使用在电视节目当中。

1992 年国庆大典，也是《中国新闻》开播的日子，记者高丽萍在天安门广场向全国观众做现场报道。她告诉观众今年的国庆节有哪些变化和看点，都有哪些人来到天安门广场，人们的愿望是什么。整个片子 3 分钟左右，采用一镜到底的方式一气呵成，这也是中央电视台在日常新闻报道中，第一次真正意义上采用记者现场报道的方式进行传播。

而现场报道在中国电视新闻界引发最大轰动效应的，是 1996 年创办的新闻调查类栏目《新闻调查》。这个以美国老牌新闻杂志节目《60 分钟》为原型的节目，以记者调查作为事件发展的线索，记者时常出现在电视镜头里引导观众，以纪实的手法呈现事实的原貌。这种形式虽然在中国电视界博得满堂彩，但也只是随着时间的推移展开调查，而不是在第一新闻现场无距离地展现给受众。

虽然中国的电视新闻现场报道相比西方晚了近 30 年，但出现之时，却是中国电视新闻蓬勃发展的时期。20 世纪 90 年代末以来，一系列重大事件的报道，如香港回归、澳门回归、“9・11”恐怖袭击、北京申奥成功、党的十七大、“两会”、“非典”、冰灾、2008 年“5·12”汶川大地震、北京奥运会等等。

2003 年央视新闻频道开播，全国各大电视台一系列新闻直播节目的开办，现场报道渐渐走向常态化，出镜记者也成为电视新闻界一支不可或缺的生力军。他们区别于普通记者的幕后采访，又不同于演播室主持人的看字出声，以更接地气的形式出现在新闻节目中，受到观众的认可，也成为电视新闻传播的品牌。

2008 年，中国在一系列重大事件中承受着灾难与荣誉，百年一遇的冰雪灾害，突如其来的汶川地震，期待了一个世纪的北京奥运会，将一个个出镜记者推向了历史的大舞台。在重大事件发生时，出镜记者的迅速到达，已经成为一个电视媒体实力的象征。

近年来，央视出现了一大批优秀的出镜记者，同时央视作为中国电视界龙头老大哥，也着力培养地方台出镜记者的业务水平。除了各省级台，包括一些市县台也涌现出很多招之即来、来之能战的出镜记者队伍。

一个优秀的出镜记者不仅仅是一名记者，同时也应该是一名优秀的演说家，一个善于讲故事的人。凭借手中的话筒，从不同角度，把新闻事件的缘由传播给受众。摄像记者在新闻现场拍摄了画面，出镜记者口述了新闻的原委，这样的现场感会增加新闻的真实性。同时，现场报道与新闻事件的同步进行，也具有很高的时效性，有助于吸引观众的注意力。现场报道也能调动观众的情绪，为人们提供参与感，告诉观众发生了什么事，为什么会发生，结果会怎样。提供这些叙述，把新闻事件与人们的思维连接在一起，让人们作出自己的判断和分析。

三、现场报道在未来新闻传播的发展趋势

20 世纪 80 年代以前，电视机在中国还是一个稀缺的物件。即便是后来逐步普及以后，人们还是很难看到央视记者身处新闻第一现场的报道。随着时代的发展，现场报道已经被更多的媒体所采用，出镜记者在新闻报道中零距离接触新闻现场，通过视觉、听觉和现场体验，把切身体会第一时间传播

给受众。

目前，随着融媒体时代的到来，各大网络媒体呈现出井喷式发展的趋势。而作为主流媒体的电视，仍然本着新闻立台的优势，继续发挥党和政府喉舌的作用。随着受众对于新闻传播速度需求的不断提高，传统媒介与融媒体的优势互补成为现在被广泛热议的话题。在这样一个人人都是自媒体的时代，一部手机就是一个直播的平台。目前从央视到各地方台，都在不遗余力地推广融媒体。从目前的发展来看，电视行业要想在竞争激烈的传播市场中重塑龙头老大的地位，也要走小屏路线，电视出镜记者要转变成全媒体记者。

全媒体记者是指具备突破传统媒体界限的思维与能力，并适应融媒体岗位的流通与互动，集采、写、摄、录、编、网络技能运用及现代设备操作等多种能力于一身的人才。好在电视出镜记者对于镜头语言的运用有着天生的优势，只需要掌握一些网络传播技术，就能实现从电视记者到全媒体记者的完美升级。

当今融媒体的环境，对新闻直播而言非常有利，技术的多样化为出镜记者现场报道提供了更大更多的平台，媒体从业人只要不断求新、优化选材、精心培育，就能让融媒体时代的现场报道模式更好地服务大众，获得更大更广阔的发展前景。

四、结　语

随着信息技术的发展，人们获取信息的渠道从单一变得多元。无论哪一种渠道，都离不开记者。对于电视记者而言，现场报道的能力是检验一个记者综合业务水平的一把标尺。采用现场报道的形式报道新闻，不仅是对于新闻事件的升华，也是观众获取信息的需要。现场报道的课题，还有很多东西值得我们去学习和思考，但对于它的起源与发展，应该是作为出镜记者都应该重视并花时间和精力学习的。

（颍上县广播电视台　徐建平）

现场报道的特征研究

现场报道是电视新闻中的“常青树”，做好现场报道除了要具有新闻的基本要素，遵循新闻传播的一般规律外，还特别要在挖掘“现场资源”上下功夫，否则的话，难免会出现形式简单僵化、内容空洞的现象。笔者认为，记者想在新闻现场牢牢掌握主动权，不仅要把整个事件说清楚，同时要随机应变、从全局出发，真正做到夹叙夹议、重点突出，在采访中找准切入点，把信息量最大程度展现出来，以理服人、用事实说话。下面简要结合新闻实践，对现场报道的特征、要求以及如何高质量地做好现场报道进行探讨。

一、电视现场报道的要素及特征

随着传播渠道的不断增多，文字、图片、声音、视频等形式虽然都具有自己的特点和优势，但是电视集合多种要素，凭借自身立体性、多元化的传播手段，得到格外的关注。相比其他形式，电视现场报道不仅仅是常规的新闻报道，而是新闻事件发生后，记者到达现场的“再加工”“再创作”。那么，现场报道究竟具备哪些独特的要素，又有什么样的特征呢?

（一）争分夺秒的时新性

在电视新闻中，现场报道要紧紧围绕事件第一现场，选取其中一个重要的片段或者是重要事实点作为切入口，首先让观众第一时间了解事件的大致概况。紧接着，记者的报道内容、角度上也要相应随之变化，随着事件的发展不断更新信息，添加新的内容，让观众时刻感受到记者自始至终地在新闻现场进行采访报道。比如，我们在报道某地抗洪抢险救灾时，首先要介绍目前救灾的最新进展、当地居民安置等基本情况，因为这是观众最急切需要了解的，再扩展到救援力量、整体形势及相关背景等。在这个过程中，记者要随时关注新鲜动态的进展，让观众了解到事件在变动当中，这也使我们的报道有始有终，更加感染人、感动人。

（二）立体传播的真实感

记者能否让观众有身临其境的感受，是一篇现场报道成败的关键。无论是出镜的记者，还是现场当事人完整而连贯的同期声，甚至人物表情神态等元素，在同一地点、时间内进行集中传播，这些聚集的现场资源在视觉效果和心理感受上都给观众身临其境的真实感，真实而全面地反映新闻事件本来的面目，让报道变得可信。

（三）多种形式的参与体验感

以往的新闻传播理论侧重强调客观冷静，记者往往充当一个“旁观者”的角色，而现场报道是对新闻事件“现在进行时”的报道，新闻记者在现场，本身就是事件的目击者甚至是参与者，发挥的空间大。从报道方式上说，记者可以起到穿针引线的作用，通过交代背景、感官体验等方式，直接参与到现场中去，让观众通过记者了解到现场物体的形态、大小，环境的冷暖，甚至是此时此刻面临的境遇。

二、电视现场报道对记者的要求

电视现场报道关注度高、社会影响力大，是电视新闻重要的报道形式和手段，由于时间短、任务重，需要记者以恰当的方式来展现，更要把自己“摆”进去，在实践中准确作出判断，综合调动现场的各种有利要素。事实上，不同的媒体对现场报道的把握会有很大不同，而要制作出一篇高质量的现场报道，除了要以事实为准绳，对记者本身也提出了更多更高的要求。

（一）细致的现场把控和分析判断能力

记者在新闻现场是报道的核心，也是整个报道创作的灵魂。要最大程度调动自己的主观能动性，不仅要眼观六路耳听八方，还要准确判断，进行预测、研判，对事件的进展和报道预期做到“心中有数”，这样才能做到有条不紊，保证报道顺利推进。出色的现场报道是电视记者综合素质的间接呈现，记者要在看似纷繁杂乱的新闻现场，捕捉最能反映事件本质、最有说服力的报道角度，在观察现场的基础上分析事件现场，明确报道重点，准确反映新闻事件的本质和内涵。例如，报道农业农村部在长江安徽段举行的长江江豚放流现场会，如果按部就班就事论事，显然信息量不够大，记者选择从现场环境入手，通过采访相关专家，展现安徽省在长江流域“共抓大保护、不搞大开发”理念指引下，加强生态文明建设取得的成效，让观众对为何会在安徽搞这次活动一目了然，这篇看似平常的稿件也因此获得安徽省新闻奖一等奖。

（二）多样化的现场报道形式

现场报道虽然是新闻报道的一座“富矿”，但是长期以来，不少新闻节目千篇一律的“面孔”却让现场报道显得乏善可陈，以为记者在事件现场，简单介绍下现场情况就是现场报道，完全是为了“现场”而“现场”。其实，现场报道可以充分利用新闻的现场，最大程度调动现场的资源，通过记者采访新闻事件的亲历者、权威专家、群众等，回应观众关切。同时，记者也可以进行点评，把自己的观点抛出来，增强新闻的权威性。例如笔者在《安徽新闻联播》播发的一篇主要内容为大别山区再添快速通道的现场报道，记者并没有简简单单在现场介绍山区道路的长度、投资额，预计哪一年通车，会给周边多少百姓带来方便等等。而是换了一种方式，做出一段体验式的现场报道：“像我这样 30 多岁的年轻人，走这段路已经气喘吁吁，很难想象年纪大的老人会是什么感受，更何况不是每天都风和日丽。夏天，乡亲们要面对倾盆大雨；冬天，他们要面对大雪封山。”让观众仿佛置身其中，产生强烈的参与感和认同感。

（三）善于挖掘新闻现场的细节

新闻事件的现场由一个又一个鲜活的事件组成，记者在现场报道中，需要精心遴选，找到最能反映事件本质的事例，同时，又要把这些看似孤立的事件有机组合起来，为新闻的主题服务。这要求记者既要全面撒网，搜集、掌握大量的新闻素材，又要善于挖掘符合主流价值观、打动人心的细节。

（四）较强的现场语言组织和评述能力

记者在新闻现场的语言交流是现场报道最重要的一项工作，新闻信息点的播报顺序采用什么形式，都需要记者统筹考虑，尤以传神生动的语言能体现记者的观点。比如，处理一些抽象的数据或者形容事件发展究竟产生什么后果时，要通过打比方、作比较等方式形象展示，让观众留下深刻印象。

同时，在现场报道中，记者为体现自己的新发现，要进行必要的评论和总结，让观众更清晰地把握新闻的脉络和精髓。根据笔者的从业经验，记者在现场报道讲述中，要多用通俗易懂的短句子，避免使用晦涩难懂的词语和长句子，必要时可以对观众关心的一些问题进行深层次、多角度解说。总之，记者在现场报道中的语言交流，不仅能让整篇报道添彩，有时候甚至是能决定一篇报道成败的关键。

三、电视现场报道注意事项

（一）要给作品适当“留白”，不必过分追求完美

电视记者在现场报道中，要尽量全面反映还原事件的全貌，让观众感受到真实的现场、鲜活的现场，但是由于受到时间、空间以及环境等因素的影响，不可能也没有必要做到面面俱到，记者在报道中，要有选择性，通过去粗取精、精心选择，让最有说服力的新闻点展示出来。另外，即便有些采访不尽如人意，但是也不能为了追求所谓的完美无缺去补拍，这样会失去现场报道的意义。

（二）要去概念化，让现场报道可信可感

在现场报道中，记者一定不能玩“概念”，以为自己站位高、观点新、角度奇，把观众“绕进去”，而应该在准确把握现场的基础上，让报道更加鲜活，通过故事化的表达，尽可能地放低自己的姿态，在“走转改”中让报道更加有人情味。

总之，一篇好的现场报道要具备信息丰富、脉络清楚、表达流畅、生动鲜活的特点，记者要充分利用现场报道的优势，不断更新现场新闻事件报道理念，要尽量做到创意新、角度新、视觉新，同时要不断创新电视现场报道的形式，运用全媒体的思维，积极吸收其他媒体的长处，加强协同创新和合作，在一次次的实践中，让报道水平得到逐步提升。

（安徽广播电视台　郑志）

浅谈现场报道的“现场”

现场报道向观众展示新闻事件发生的特定时空，减少了人为干预中间编辑的环节，受到观众的认同和喜爱。近年来，随着网络媒体的兴起，电视机构也愈发偏爱这种能跨越时空障碍、将新闻“拉近至观众眼前”的报道形式。央视特约评论员杨禹甚至说：“今天，中国的传统主流媒体，拼的就是这两个场：现场 + 立场。”①

现场报道的大量应用也带来一些问题，比如有的现场报道现场选择不当，导致人在现场，也拍到了现场，但观众就是感觉现场气氛不足。那么如何选择报道现场，才能将现场气氛提升到最浓呢？

一、新闻现场≠报道现场

2018 年 2 月，正值春运高峰，央视财经频道对成都铁路春运情况进行现场报道。记者选择了站台作为报道现场，并举出大量数据证明今年春运成都铁路客流量将创新高，但观众从画面中却只能看到偌大的站台上，除了记者和一名采访对象外别无他人。一方面是报道标题显示“成都铁路客流将创新高”；另一方面却是空荡荡的站台。列车发车前，确实可能存在空站台这种情况，但记者选择这里作为报道现场，不仅与记者报道的内容相背离，现场氛围更是无从谈起，直接导致报道“声画两张皮”，也与观众对春运的认知严重不符，甚至会让人怀疑报道的真实性。

---

① 中央电视台新闻中心编著：《央视新闻　内刊外读》，生活 · 读书 · 新知三联书店 2015 年版，第 79 页。

出现这一错误的原因有很多，记者选错了报道现场，后方编辑也没有在测试信号时提醒记者，说到底，是采编人员都搞混了新闻现场和报道现场，误以为两者可以等同，将新闻现场中的一部分未经筛选地纳入了报道现场，从而造成现场气氛不足。

在实践中，电视新闻从业者所提到的“现场”其实是个含糊的概念，至少包括了三种不同的含义，根据语境的不同而有所区分。一是新闻事件正在发生的特定时空，这也是最基本的现场概念，它是报道的基础，所包含的时空范围也最广阔，为了与其他现场的概念相区分，我们可以称之为新闻现场或者说是事件现场。二是记者选择的报道现场，它和新闻现场既有区别又有联系，它是新闻现场的一部分或全部，在时空范围上，报道现场小于等于新闻现场，记者利用新闻现场的视听符号重构了报道现场，它本质上是新闻编辑的产物，因此记者呈现的报道现场也不能违背新闻的客观性和真实性，但它与新闻现场并不完全是一回事。而第三种略为特殊，它不是正在发生的事件现场，而是与新闻事件相关的场景。比如，车祸报道中，当记者到达时，往往事故已经结束，甚至连救援都已告一段落，但业内仍然称之为现场，这是因为对于新闻采编来说，这种相关场景保留的痕迹、情境、细节与新闻事件仍有着紧密联系，因此，新闻业内将这样的相关场景也默认为现场。

记者的首要任务是从新闻现场中选取合适的报道现场，选取的主要标准是：能否提供最丰富、最有价值的视听语言符号，能否为报道提供最多的悬念和细节，能否有力地烘托报道的主旨，加强报道的现场氛围。

选择报道现场时，记者还要注意排除那些对报道主旨干扰较大的现场。实践中，新闻现场往往存在大量与事件无关的现象，而新闻事实隐藏在杂乱的现象背后。记者要做的就是“不能让现场与新闻无关的现象消解媒体的引导力”。①

① 魏令怡：《直播：在镜头与现场之间》，《新闻研究导刊》2018 年第 5 期。

二、标志物≠报道现场

一般来说，灾难、事故、战乱等突发新闻事件中，记者比较容易意识到新闻现场和报道现场的不同，下意识地选择一个相对较好的报道现场；而在报道新闻发布会、会议、论坛、展会等新闻事件时，由于时空关系相对较窄，选择余地不大，记者反而容易忽视报道现场的挑选问题。一个常见的做法是在新闻发生地点或周边挑选带有明显标志物的地点作为报道现场。但实践中也发现，这样的报道现场往往容易给观众带来现场氛围不足的感觉。

究其原因，现场的本质特征是能够提供最丰富、最有价值的视听语言符号，这也正是观众对现场感强弱的判断标准。而现场标志物虽然能证明记者“就在现场”，但仅仅解决了新闻真实性的问题，却不一定能提供更多的视听符号。这时，就容易让观众觉得现场感弱。如果记者报道的内容与标志物又缺乏强关联，更会造成报道出现“声画两张皮”的局面。一般的电视新闻尚且讲究声音与画面有机结合，一旦在电视现场报道中出现“声画两张皮”，编辑部采用现场报道的价值也就荡然无存。

因此，记者决定选择有现场标志物的地点作为报道现场，就要注意将该标志物与报道内容有机结合起来，这种结合不能是地点上的弱联系，而是要内容上的强关联，就是要让标志物提供更多的信息，而不仅仅是一个“我在现场”的证明。如 2009 年 11 月 14 日，央视新闻频道对 APEC 新加坡峰会的报道中，记者先后选择了新加坡滨海艺术中心、新加坡金融区和 APEC 会议中心作为报道现场。这是典型的标志物现场。记者为了加强现场气氛，特意选择了多个报道现场，以不同的报道现场，对应不同的报道内容。在滨海艺术中心，记者报道的是时任美国总统奥巴马可能无法参加当晚在艺术中心举办的晚会，要缺席了，进而引申到亚太地区的贸易协定中，美国只参加了五个，一样是缺席；而在金融区现场，记者引申到新加坡作为全球第四大金融中心，每天都有很多金融资源要走出去、请进来，进而报道峰会上许多来宾也在关注中国金融资源走出去的问题；在新闻中心，记者则报道的是峰会即将闭幕，很多记者都忙于预订去往上海的机票，因为奥巴马即将到访中国。

三个报道现场，都与报道内容紧密相关，现场标志物既是记者“我在现场”的证明，又成为记者报道最新消息的引子，此时，观众当然不会感觉报道的现场气氛不足。试想一下，如果记者调换顺序，在艺术中心报道中国经济走出去，在金融中心报道奥巴马即将访华，在新闻中心报道美国缺席亚太地区多个贸易协定，又或者是“眉毛胡子一把抓”，像其他一些媒体记者那样，干脆在新闻中心出镜报道所有内容，这样的话，本组报道还能像先前一样，让观众感受到强烈的现场气氛吗？显然不能！

三、选择报道现场，不妨“跳出”事件现场

会议、论坛、展会类报道，业内也有人将之称为静态新闻事件。“顾名思义，就是在动态上稍显欠缺，以发布信息为主。尽管信息本身足够重要，但因为形式单调和静态，往往在直播过程中很难形成足够的表现力。”① 为了加强静态新闻的现场氛围，记者在报道现场选择上除了注意用标志物与报道内容强关联的方式外，还可以“跳出”事件现场，转向与新闻相关的场景。这是在新闻现场缺乏视听语言符号下的次优选择。如广州在 2010 年亚运会期间为市民发放交通补贴。有的记者直接选取新闻发布会现场作为报道现场，但也有的记者并不拘泥于此，而是跑到地铁里出现场。两者相较，显然后者所能提供的视听符号更丰富，现场气氛也更强。可见，新闻相关场景所能提供的现场气氛不一定弱于新闻现场。

综上所述，记者到了现场、拍摄到了现场，却不等于观众就能感受到现场气氛。作为电视新闻从业者，我们需要时刻牢记：只有对报道现场精挑细选、去芜存菁，才能营造出最强的现场气氛。

（中央广播电视总台　戴玉岭　东方物探新闻中心　蒋丽英）

---

① 连新民：《聚焦现场直播与现场报道——静态新闻事件的动态呈现》，《新闻研究导刊》2018 年第 2 期。

浅析电视专题节目中的现场报道

在互联网和自媒体盛行的今天，现场报道随处可见，只要拿起手机，人人都可以在摄像头前实况直播。于是有了唱衰主流媒体言论，认为主流媒体的节目制作周期长，不能及时传播消息，势必会被淘汰。事实上，主流媒体真的像他们说的那样要被边缘化了吗？其实非也，主流媒体担当的是引导舆论导向、倡导主流价值观的重任，而且从选题申报到后期编辑都会层层把关，对于节目的品质有着严格的标准控制。这也就是为什么有网络视频爆料后的消息，受众还是要在主流媒体上印证后才相信的原因。所以作为主流媒体的从业者，不仅要在内容上对得起受众的信任，还要在业务上提升自身的修养，做出更多的精品节目，为社会传递更多的正能量。那么电视记者在现场报道中应当怎样传递信息，反映现实生活、传递主流价值观的专题节目又应当如何运用鲜活的现场报道呢？

现场报道是记者置身于新闻现场，用同期声向观众叙述、评论新闻事件的一种报道形式。它具有强烈的纪实性，现场的情景、气氛、记者的情绪和感受一起构成强烈的现场感，从而使新闻的真实性和感染力大大增强，使观众产生一种参与感。

电视专题节目或者说电视专题片，是在电视上比较常见的节目形态之一，著名学者高鑫指出：电视专题片是电视所特有的概念，甚至是中国电视所特有的概念。所谓“专题”主要是与电视屏幕上大量存在的“综合”性节目形态相对应的。它是集中对某一社会现象和人生课题给予深入的、专门的报道和反映的电视节目形态。电视专题节目虽然不同于新闻，但是现场报道同样在专题节目中被广泛运用。

一、专题节目可以借鉴新闻的现场报道方式

电视专题节目是一种纪实性节目形态，虽然它的时效性并没有新闻那么强，但是在表现方式上可以有所借鉴。现在不少专题节目中设置了出镜记者，其实这也是借鉴了新闻现场报道的方式，向观众传达了“我在现场”的信息。除此之外，在具体的现场报道过程中，也可以适当借鉴，运用得当不仅毫无违和感，而且可以有效将观众带入现场，这种收视心理的“亲历性”感受，更突出了报道的真实性和可信性。

除了单纯的“我在现场”之外，体验式报道也是近年来非常流行的一种现场报道形式，体验式报道顾名思义，记者不但是现场报道的信息传递者，同时还是整个事件的亲历者与参与者，因此记者也承担着记者和当事人的双重角色。传播学大师麦克卢汉在《理解媒介》中将电视划分为冷媒介，他认为冷媒介是需要观众或使用者去完成大量东西以丰富自己对信息的理解。这些都需要电视观众发动自己的视觉、听觉等各个感官去感受与理解。而进行现场报道的出镜记者就充当了观众的眼、耳、鼻、手等等感官，这也许正是体验式报道受到观众认可的原因。

在专题节目中，这种方式也被大量借鉴和应用，出镜记者在现场代替观众去体验感知，并将这种感受传达给观众，让观众能够有身临其境之感，这自然是体验式报道的优点，在此不再赘述。但是专题节目不同于新闻，在借鉴的同时，要考虑到专题节目自身的特点，除了要及时准确地传递现场信息，还要注重体验与整期节目主题的密切关联，专题节目中的体验式现场报道是为主题服务的，偏离了主题就失去了体验的意义，也失去了报道的意义。比如在财经类专题节目中，如果出镜记者去体验某个刺激的娱乐项目或者品尝某种美食，单纯地向观众讲述体验这个娱乐项目的感受以及美食的口感，而且后期在解说里也没有讲明这种体验和财经有什么关系，那么就会让观众看起来觉得这是一档旅游或美食节目而不是财经节目，节目信息的传递就出现了偏差，也会影响信息传播的效果，进而失去了体验式报道在专题节目中的意义。电视前辈陈虻说过，“不要因为走得太远而忘记为什么出发”，专题节目中的体验式报道也是如此。体验式报道不是作秀，做有意识的体验

并与周围的人围绕节目主题做相关交流突出主题，否则体验则只能流于表面，无法深入立体，传递的信息量也是极其有限的。

二、专题节目中现场报道的选择与设计

一条新闻多则三五分钟，而一期专题节目至少有十几分钟，从受众接受角度来讲，如果只听出镜记者一个人的声音，是会形成听觉和视觉的疲劳，造成信息接收量的流失。从专题节目的制作角度来讲，没有节奏的节目不是好节目。专题节目是纪实性节目，但是它需要在保留自然形态的基础上，对生活素材进行提炼，让内容服务于节目主题。

在设置出镜记者的专题节目中，信息的传递、观点的表达，除了出镜记者的现场报道、采访对象的同期声，还有一部分是通过现场画面搭配解说词来完成的。这三者的关系如同中国古建筑的卯榫结构，环环相扣、相互勾连。这就需要在前期和后期对现场报道进行选择和设计，而这种选择和设计并不是作假，而是根据主题，选择哪些内容需要出镜记者做现场报道，哪些内容是采访对象的同期声，哪些内容是需要用解说完成的，避免信息重复，浪费时间。一般情况下，专题节目中作为背景信息的内容都是由解说词来完成的，而出镜记者的现场报道则是“现在进行时”的内容，对不同人物同期声的采访是对解说词和现场报道的佐证以及延伸，三者缺一即不完整。

三、专题节目的现场报道更加深入

专题节目是运用纪实的手法，对社会生活的某一领域或某一方面给予集中深入的报道，并阐明观点。没有了新闻现场报道即时、快速的时间限制，专题节目的现场报道可以做更为深入的挖掘。

所谓深入挖掘其实就是给作者留出了讲故事的空间，当编导或者出镜记者拿到一个选题时，看到的可能只是一串干巴巴的数字，或者说一个简短的新闻通稿，那么如何将这些枯燥的数字和简短的文字变成鲜活的故事？这就需要编导或者出镜记者用敏锐的眼光去挖掘线索，围绕主题寻找与之相关的

素材，用不同的人物故事丰富主题构架。

现今大部分专题节目无论是介绍地方风光，还是讲述某一领域的故事，抑或是宣传先进人物事迹，都有明确的主题，而专题节目的现场报道则应当以主题为主线，深入挖掘能够展现主题的现场，为节目注入鲜活的、真实的现场报道，让个体服从于整体。笔者在制作《咱们家乡有特产（秋收系列）——走进山西吉县》的节目时，拿到的文字资料是对当地苹果产业的一个总体介绍，比如种植面积、产量、从业人口等等。如何将这样的文字转化成 30 分钟的专题节目，在现场报道方面笔者做了这样一些拍摄计划，首先现场报道要深入整个苹果产业，不仅有苹果的种植者，还有苹果的销售者，苹果的采购者，苹果储藏、分选、包装的从业者，果园采摘的经营者，果汁饮料的生产者，普通消费者，等等，展示整个苹果产业的发展状况。如果说这是横向深入的话，那么接下来就是纵向深入，笔者采访了一家苹果专业合作社里的一位果农，并跟随果农回到了他家，果农家的房子是近几年才盖起来的，采访完之后笔者提出是否可以看看他家以前的房子，征得同意之后，笔者又跟随果农来到了他的老屋，两栋房子在视觉上有鲜明的对比，而在老屋前果农也向笔者表示，能从老屋搬到新房都是依靠种苹果。通过纵向深入的现场报道展现了种植苹果确实让当地果农受益。可以说围绕主题，展开深入的现场挖掘是专题节目的优势所在。

综上所述，电视专题节目的现场报道可以博采众长，只要是真实客观地反映现实生活，为了深入立体地完成报道，在合理合法，不违背社会伦理道德的前提下，现场报道的手法可以多种多样，但是现场报道一定要围绕主题，为主题服务。

（中央广播电视总台　李云端）

浅析记者现场报道的作用

当前，现场报道在电视新闻节目中的重要性日益凸显。相较于时效性较差的报道，观众更期待看到记者在现场发回的实时报道，在电视上观看到鲜活、具体、真实的新闻事件。张骏德认为，“电视新闻现场报道是指电视台记者在新闻现场直接向观众口头报道正在发生的新闻事实的报道方式”。①

作为报道的参与主体，记者在其中扮演着采访者、目击者、参与者的重要角色。记者在新闻第一线的实时报道，能够为电视机前的观众呈现新闻事件的来龙去脉，使观众产生身临其境的现场感，增强新闻的说服力。在现场报道中，记者不仅要负责采访事件当事人、传递新闻真相，将最新情况报道给观众，还要结合新闻事件的背景信息，发表简短的评论意见。总而言之，记者在现场报道发挥着极其重要的作用，决定了现场报道水平的高低。

一、记者现场报道将丰富新闻的内容与结构

记者在现场报道中，可以发挥不同层次的作用，如简明扼要地交代事件背景，按照逻辑顺序地讲述事件的来龙去脉，在现场视频播出的同时讲解画面内容。要发挥这样的作用，记者有不同的表现形式，他们可以深入新闻事件现场，采访事件当事人，直面镜头播报新闻，为观众提供内容翔实、结构完整的现场报道。记者不仅可以通过口头播报、实况记录与采访口述的形式，为现场报道增添细节信息，充实报道内容，还可以在适当的条件下，活跃现场气氛，拉近记者与观众的距离，丰富报道结构。也正是那些内容翔

① 张骏德主编：《当代广播电视新闻学》，复旦大学出版社 2001 年版，第 3 页。

实、结构多样的现场报道，更为接近事件发生的第一现场，带给观众真实、直观、立体的感觉，从而扩大自身的传播力与影响力。

新闻现场的情况复杂多变，随时可能有其他状况发生，这就需要记者保持高度冷静，以强大的心态来做好现场报道，尽量减少被意外因素打断的风险。作为记者，只有始终保持临危不乱、谦虚谨慎的工作作风，才能切实做好现场报道，传递真实信息。

二、记者现场报道将实现新闻的同步传播

在现场报道形式出现后，观众对于新闻时效性的要求大大提高，原有“新近”发生的报道已经无法吸引观众的注意力，观众更希望看到的是“实时发生”的新闻报道。记者的现场报道能否实现新闻信息的同步、实时传播，直接决定了观众能接收到的新闻信息量多少，影响着新闻报道成功与否。正因如此，坐在电视机前的观众，迫切要求出镜记者使用视觉、嗅觉、听觉来察看现场，重视现场每一个细节，将全部信息了然于心后，再对观众传递现场的情况。

这也就推动记者想方设法拉近与观众的距离，双方不是被电视屏幕所割裂，而是由电视媒介结合起来的传播者与受众。传播者掌握着一手的新闻信息，受众提出对现场状况的信息需求，而记者的现场报道将信息交付给受众，让受众通过电视来了解外界所发生的大小事件，足不出户便知晓天下事。

为了完成这个目标，实现信息的“无损”传播，势必要求记者充分把握新闻的时间、地点、人物、起因、经过、结果等要素，利用新闻导语、电视画面、新闻配音、同期声等部分，生产出满足观众信息需求的新闻产品。记者仅仅为观众呈现出简洁明了的信息，已经不再是新媒体时代的现场报道标准了，在此基础上，记者需要呈现出“不一般”的内容。尽管如此，记者的时间并不充裕。因为时效性始终是衡量新闻报道的首要标准，也是受众对现场报道的要求。兼顾时间上的速度要求与内容上的丰富要求，需要记者作出权衡，所依靠的正是多年实践中总结的报道经验与从业生涯中坚守的职业素养。

三、记者现场报道为电视报道增添了人性化色彩

记者的现场报道，不同于其他的电视新闻播报，是在电视媒介传播优势的加持下，出镜记者身处新闻事件的发生地，实时传回的同步报道。此时，记者与观众之间直接展开对话，观众自由地表达对现场信息的需求，记者传递那些观众可能感兴趣的内容，双方在心理上的距离大大地拉近。记者与观众的对话，成为最直接的人与人之间的现场交流，背后是鲜活而生动的个体形象，使得电视报道更为人性化。

因此，在现场报道中，记者需要扮演好"第一人称叙述者"的角色，通过亲身经历现场事件，以第一人称的方式展开报道，结合个人的经历细节、亲身感受，将那些最鲜活、最真实的重要信息传递给观众，这也是观众感受现场报道的人性化元素的好机会。记者要有鲜活生动、立体饱满的表达，让观众在头脑中浮现出新闻当事人的形象，直观地感受新闻的经过与结果，从而迅速了解新闻事件，避免碎片化内容的干扰。那些干巴巴的事件报道，尽管新闻要素齐全，但不足以满足观众的内心需求，也不足以持续引起观众的观看兴趣，长此以往，注定会被观众所抛弃。此外，记者还需要在采访之前，做好充分的准备工作，不打无准备之仗。记者在现场采访中，一方面要挑选有代表性的、突出意义的采访对象；另一方面要挑选对新闻事件有足够的发言权的采访对象，扮演当事人或者旁观者的角色，这样才能使得采访顺利高效地进行。

四、记者的现场报道将提升电视媒介的传播力

很少有媒介能像电视一样，在新闻事件发生的第一时间，24 小时连续直播来为受众传递现场情况。用户接触微博，更多地接收到碎片化的现场信息，浮现在眼前的是支离破碎的事实，而自身又缺乏还原真相的能力。用户使用微信，更多的是阅读各大微信公众号的评论，在头脑中感受不同意见和观点的交流与碰撞。而电视媒介则不同，它拥有数以亿计的观众，它能够派出亲临一线的记者，能够传递实时同步的现场报道。对于电视机前的观众来

说，能够通过收看记者发回的现场报道，从而“亲临”新闻第一线，身临其境地感受事件现场的氛围。对于电视来说，也彰显了电视媒介的强大实力，提升了电视在受众心中的形象，在无形中提升了电视的传播力与影响力。

基于记者现场报道的以上作用，记者在现场连线时应该提高对自身的要求，无论是记者有无出镜，都应当使用简洁大方的口语报道，为电视观众传递更为准确、具体、生动的现场信息，从而让观众产生身临其境的直观感受。例如，在现场播报新闻时，“我现在正在……我听到……我看到……”等词句的使用，要比单纯的播报现场新闻涵盖更多的细节信息，也更具有情感上的冲击力和感染力。例如，在2008年“5·12”汶川大地震发生后，电视媒体迅速派出记者前往一线，展开连续不断的24小时现场报道，及时为全国观众传递地震灾区的救灾状况。背后充分体现了电视媒介所具有的强大的传播力，也是电视媒介的独特魅力所在。

在进行现场报道时，记者需要注意采访问题的具体、明确，切忌大而空洞。因为采访对象一般只能从自身角度出发，面对镜头讲述自己的所见所闻所想。记者也只能从普通个体得知具体的生活信息，过于专业、抽象的问题会让采访对象无所适从，不知从何下手。例如，在2014年“8·3”鲁甸地震中，当记者采访受灾群众“请谈谈您对救灾的看法”时，被采访对象会由于问题过于宏大而无法回答，记者也无法得到满意的信息。这时，提问记者的专业形象，就会受到质疑。这也要求记者在采访过程中，要结合采访对象的性别、年龄、学历、职业、家庭等信息提问，务必言之有物，凸显从个体视角来审视事件，进而为观众呈现出不一样的事件全貌。

综上所述，记者的现场报道将丰富新闻的内容与结构，实现新闻的同步传播为电视报道增添了人性化色彩，提升电视媒介的传播力。作为电视新闻报道的突出代表，及时、准确的现场报道向来在观众心中占有一席之地，为广大电视观众所信赖。现场报道也能够提升电视媒介的市场份额与话语权，让电视新闻发挥更为强大的传播力、引导力、影响力与公信力。

（中央广播电视总台　李晓燕）

电视新闻现场报道的优势及环境选择

“在重大新闻事件中，是否有记者在现场是衡量一个媒体实力和权威性的重要标志”，许多战争报道、灾害报道以及事故报道，采用现场报道的形式更具冲击力，更能引起观众情感上的共鸣。电视记者在新闻采访中常常因为报道的需要，出现在各个新闻事件的现场，有时因为条件限制，出镜记者不能第一时间到达新闻现场，也会请驻地记者或是特邀记者出现在新闻现场或现场电话连线。现场报道中新闻记者所担负起的功能是人物采访、事件评论、信息收集和传达，通过对事件的真实性探求真伪，以观众的视角获取更多的信息，让报道真实、生动，有说服力。

一、现场是“正在变动的当下情景”

现场是新闻人物和新闻事件发生的特定场所，随着事件的进展和人物的变化，新闻现场也会随着发生改变，而新闻现场的改变也意味着信息量的改变。例如一家工厂的爆炸事故，爆炸的工厂是第一现场，也是最重要的现场，是获取信息的首要来源，包含事故发生原因、经过，随着事件的进展，新闻现场也会发生转移，医院、当地政府等反映事件进程的其他现场就会成为新闻事件的第二现场或第三现场，通过现场探寻，观众的现场感越来越强烈和真实。所以，以现场的形式报道，对于新闻事件的信息传达具有无可比拟的优势，在电视传播中具有极其重要的作用。

（一）强化真实感

真实是新闻的生命，各新闻媒体在报道中都把新闻的真实性作为提高媒体品质和公信力的要求。无疑，电视新闻现场报道就是提升新闻可信度的重要方式。新闻记者出现在新闻现场中，配合现场解说、同期声的运用以及现场画面，见证和传达事件的发展，“通过出镜记者的人格来传递信息情报”。

（二）增强现场感

现场感是新闻记者在现场报道时带给观众的一种真切感受，现场本身的环境、音效以及记者的同期声，再加上记者自身的感官和情绪，能够将现场信息有效地传导出来。现在很多大的新闻事件报道中，标题前常采用“直击”等字眼，记者通常抓取极富表现力和冲击力的镜头，将观众的感受带到特定的情境之中，现场感更强。2011 年，“直击日本 3 · 11 大地震”，通过现场镜头看到地震后惨烈的城市场景，无需过多的记者出镜，观众感受也相当震撼，对地震破坏力之强、大自然力量之大感同身受。

（三）增强可视性

现场报道与播音员在演播室正襟危坐、字正腔圆的播报新闻不同，现场报道记者置身于环境之中，可以边走边报道，也可以体验式报道，将精彩的场景和记者的观感淋漓尽致地表现出来，形式更加多样，通过丰富的表现手段让节目可视性更强。

（四）增强亲近感

电视记者现场报道可以说是屏幕的面对面交流，现场的“我”和电视机前的“你”通过摄像机，通过第一人称视角叙事拉近了观众与新闻事件的距离。

电视现场报道具有证实的作用，当记者面对镜头向观众说起“我现在的位置在……”的时候，观众因为记者在现场的出现加深了对新闻的信任，所以记者对现场环境的选择就显得异常重要。

比如 2018 年 9 月 30 日，在《黑龙江：主题灯光秀扮靓哈尔滨夜景》报道中，央视记者站在哈尔滨中央大街步行街上进行现场报道，以目击者的身份和视角出镜描述现场的热闹场面。记者选择热闹的巡游夜景现场作为典型环境，站在热闹的大街中央，两边挤满载歌载舞的人群，镜头顺着手指的方向及时捕捉典型的灯光画面，现场的璀璨灯光和巡游车的热闹场景非常鲜活真实，观众仿佛身临其境，通过典型场景的展示，声画交错，现场感非常强烈。

二、现场报道要选取与新闻事件具有密切联系且蕴含巨大信息量的环境

现场报道中的环境，随着新闻事件的发生而产生，随着新闻事件的发展而改变，与新闻本身的关联性也各有不同，因此新闻记者在现场报道时，应尽量选取那些与新闻事件具有密切联系且蕴含巨大信息量的环境，从而传递出更加有效的信息。因此，记者在选取出镜环境前应做好充分准备，注意以下方面。

（一）直观性

电视是线性传播，镜头画面一闪而过，观众对现场很多细节来不及去慢慢找寻和回味，直观性原则有利于画面镜头的呈现，记者现场的每一个肢体动作和摄像机画面镜头的呈现需要考虑到观众的直观感受，尽量从纷繁复杂的新闻现场捋出最直接最有效的信息，便于观众理解接受。

（二）真实性

新闻现场报道最忌讳为了增强表现力而故意浮夸和人为设置虚假场景。另外，类似“假直播”的现象也时常出现在新闻报道中，尤其是在记者现场连线环节容易出现。主播在播报“我们现在连线正在前方的记者”时，呈现出来的却是几个小时前录制的画面，虽然这画面在当时是真实的现场环境中的报道，但是随着新闻事件的发展，时间空间都已发生变化，冠以直播的名义违背了真实性原则，属于假的现场环境。在新闻报道中，由于一些客观原因记者无法直接到达现场环境，必须给观众一个直接的交代，切不可不做任何解释，引导观众误以为你就在现场，更不能人为制造现场环境去欺骗观

众。实际在灾难报道中，明确交代我们的记者目前还无法抵达灾难核心现场，这本身就传递一种信息，更能表现现场环境的恶劣。

（三）把握现场细节

现场环境的选择需要代表性，能够以小见大、见微知著，直接反映新闻事件的核心信息。记者在选择出镜环境时，需要充分考虑环境与新闻事件的关联度，是否能够最大限度地反映新闻事件的新闻价值。媒体人常说“眼睛像一架自动摄像机，随时随地摄取瞬息万变的生活场景”，节目报道中，记者的眼睛应时刻注意着现场环境，记录下典型的细节场景，揭示事件背后隐藏的信息，找出人物内心丰富的情感。

电视新闻现场报道对电视新闻的重要性不言而喻。有时，新闻现场消失了，但是典型环境仍存在，比如台风过后的街道房屋、车祸后的事故场景，形成新闻事件的“第二现场”，其中包含了新闻事件的诸多细节，用好它们可使新闻事件的传播更加立体丰富。有现场、有立场的新闻节目甚至成为一些电视新闻媒体的核心竞争优势，这体现了现场报道的价值。那么，新闻现场报道更应该充分利用选择现场环境，来体现电视记者的报道能力、立场和观点，尽量避免使用万能出镜的场景，以免削弱现场报道的信息量。

（中央广播电视总台　尹楠）

浅谈电视新闻现场直播在突发事件中的优势

一、电视新闻现场直播的起源和分类

电视新闻现场直播起源于20世纪70年代初的美国电视界，在80年代初，我国初步尝试现场直播报道，在90年代趋于成熟。1997年，中央广播电视总台开创了大型新闻直播节目，因此，1997年被叫作“中国电视直播年”①。

电视新闻直播是一种节目的传播方式，在现场进行电视信号的采集、合成并同步在电视台播出。电视新闻现场直播按照传播方式可以分为现场播报、现场评述、现场采访。在电视传播中，现场直播是最具时效性、准确性和最有影响力的报道与播出方式，同时也是传统电视媒体应对新媒体的第一优势。

二、电视新闻现场直播在突发事件中的优势

近年来，在互联网不断发展的推动下，微博、微信等新的媒体形式不断出现，其依托互联网技术的优势，具有范围广、传播快的特点，对于广播电视等传统媒体形成了很大的冲击。但是作为传统的主流媒体，电视在传播新闻信息过程中的作用是不可或缺的。特别是在直播突发事件时，出镜记者在现场发回的报道是在第一时间用全纪实的方法报道、摄录并同时在电视台播出，和受众的观看都是在同一时间内进行的新闻传播方式，它能够给观众带

---

① 李建滨:《电视新闻现场直播的思考》,《新闻传播》2016年第20期。

来现场感和参与感，让受众可以在第一时间根据新闻事件作出反应，及时做好应对突发事件的准备，尽量避免灾害性损失。并且能够加大媒体社会影响，有效增强电视新闻媒体的社会公信度，电视新闻现场直播在突发事件中的优势就明显体现出来了。

（一）电视新闻现场直播突发事件时效性强

目前大多数地方台的电视新闻报道，由于受技术、人才和经费的影响，还停留在拍摄、编辑、播出这样一个过程，对突发事件的报道不能以最直观最快捷的方式反映实际情况。如今，受众的需求层出不穷，永不满足，传统的电视报道方式已显现出弊端。因此电视媒体要始终跟随时代步伐，不断改革创新，才能得到受众的支持和欢迎。随着全国各大电视台陆续探索推进电视现场直播报道后，对重大突发事件基本实现了即时跟进报道，如电视现场画面的直播、现场电话连线采访等，都能在第一时间将突发事件现场的真实情况实时地播报出来，让观众对整个事件的来龙去脉都能通过电视直播进行了解，观众在家里看电视就能有身临其境的参与感，从而获取心灵和身体的双重体验。

（二）电视新闻现场直播突发事件真实性强

我们每天都会通过传媒获取各类新闻信息，而新闻的影响力，是通过其传递信息内容的真实、实用性来实现的。真实是新闻的生命，然而时至今日，虚假新闻依然不断出现，这不仅有损电视媒体自身的形象，也会对社会造成不良影响。对电视直播而言，其对真实性的要求就更高，现场是不能掺杂报道者的主观意志和感受的，只能报道事件的真实情况，才能让观众深切地感受到信息的真实性、可靠性。在突发事件直播报道中，经常会因为场面混乱、道路阻断、地面高低起伏，使摄影记者拍摄出来的画面晃动，或者画面转场太快出现画面不清晰的情况。出镜记者接到任务后，直赴现场，对衣着和形象也没有经过修饰，加之现场各种声音混杂，主持人的话语也可能出现不清晰的情况，但也正是因为这些不可预计的视听画面，更显示出了电视直播的真实性。

（三）电视新闻现场直播突发事件吸引力强

电视新闻节目如何抓住观众的眼球，提高观众的关注度，这是我们电视人目前亟待解决的问题。在新闻报道中，突发事件是最受关注的新闻，那么报道突发事件最有效的方式自然是电视直播，电视直播从一开始介入并不断地追踪报道，将进展情况和处理事件的过程都及时有效地展现给观众，最大限度地满足了观众对突发事件的信息渴求。而电视现场直播节目又是一次性完成不可能重来的，所以事件的发展和结果不可预知，具有不确定性，加上出镜记者在现场报道时，经常会留一些悬念，比如“对事件的进展情况，我们将从前方不断发回报道”等等。在一些突发事件还没有结果之前，这一悬念的设计，使很多人感到意犹未尽，一定会持续关注。这种不确定性使电视新闻现场直播产生了极大的吸引力，并形成了新闻现场直播独特的优势和魅力。

（四）电视新闻现场直播突发事件舆论引导力强

从大量的新闻报道发现，信息源的可信度越高，说服力也就越强，反之，则越低。从公众对媒体信任度的全球最新调查显示，电视台比互联网更具公信力，而国家电视台具有严格的把关制度，是最受公众信任的新闻来源。电视台在电视新闻直播现场的舆论引导更加关键，因为突发事件通常会对社会产生较大影响。突发事件很多时候是在无预警或者有预见但不确定的情况下发生的，其突发性、不确定性、发展快和扩散性强等特点明显，此时，观众有可能从一些小道消息了解有突发事件发生，但对其真实、完整的情况并不了解，出现一些猜测和恐慌心理。如果这个时候作为党和政府“喉舌”的电视媒体能在第一时间作出反应，及时发出声音，让观众真正了解事件的真相，一定会让谣言不攻自破，消除人们对突发事件的不安和恐慌心理，让事件朝着正面方向发展。因此，在营造正确的“舆论场”方面的优势也是任何新兴媒体所无法取代的。

电视媒体同时也是公众情绪的“风向标”，更是公众情绪的“催化剂”“导航员”，电视新闻直播不能仅满足于向公众提供危机事件零散的信息，还要随着事态的进展，分析事件的来龙去脉、发展趋势，作出自己的评价。2018 年 2 月 18 日，正值大年初三，一场 67 年不遇的大雾，造成海口秀英港、新海港、南港三大港口多次停航，为了应对这次突发事件，各大媒体单位的从业人员也纷纷放弃节日休假，回到工作一线，实时对出港信息进行直播。截至 2018 年 2 月 24 日，海南广电特别直播节目累计超过 202 个小时。在此次突发事件中，电视直播进行了充分报道，让受众客观地了解到现场的天气情况，同时让滞留旅客都能理性对待出现的问题，给予包容和理解。中央电视台综合频道、新闻频道、财经频道都进行了连续报道，不间断、立体式发布海口温馨提示，有效地解决海口交通压力，将海口的爱心救援传播到全国全世界观众面前。旅客也通过电视直播发声进行求助，一旅客因被困在秀英港内无法上船，妻子又正在住院，他通过电视直播平台求助后，相关部门立即进行协调处理，安排该旅客优先过海，充分体现了“以人为本”的理念，同时也传播了社会正能量，网络上也没有出现大的舆情危机，电视媒体在政府危机管理中的作用也就凸显出来。

三、电视新闻现场直播存在的问题

纵观目前我国的电视新闻直播现状，优秀的直播节目层出不穷，出镜记者的素质也在不断地提高，但电视新闻直播也还存在着一些现实问题和不足的地方。一是地方电视台，特别是区县电视台因为人力、物力、财力、技术力量的局限，根本就无直播能力，对于突发事件，只能是通过传统的模式制作后，才能将新闻播发出去，缺乏新闻的时效性。面对新兴媒体的崛起，地方电视台的生存也受到了极大的冲击。二是出镜记者的语言组织能力还有待于提高，电视新闻现场直播的出镜记者需要有较高的文化水平和语言组织能力，对突发事件的环境和救援情况要有充分的了解，这样在直播的过程中才能快速清楚地表达，观众也可通过现场记者的描述和画面的展示，完整地了解事件的经过和救援进展情况。三是记者出镜现场和采访还不尽如人意。一些记者在直播出镜时，对自己的着装没有一个准确的定位，有些女记者穿着高跟鞋、裙装就进行现场直播，完全和现场不搭。在采访时也过于简单、笼统，最多的就是提问，比如“请问您有什么感受”，或者“请您介绍一下现场的情况”等。四是声音和画面不同步，记者在描述现场的情况时，画面并没有对应上，这样让观众想看的看不到，对直播报道会有缺失感。

综上所述，在这个融媒体时代，传统媒体的优势仍然是不容忽视的，电视直播报道作为官方媒体的报道形式，其真实性、快捷性是不可能被其他媒体所替代的，对于重大突发性新闻事件的实时播报能让人们准确了解形势，了解现场的情况，也了解到党和政府对处理突发事件所采取的措施和解决问题的决心和信心，让老百姓吃下了定心丸。因此，电视新闻直播突发事件对从业人员的策划水平、报道组织者和出镜记者提出了更高的要求，发掘和任用更多的优秀出镜记者也是电视新闻直播报道突发性新闻所必不可少的需求。同时在直播时应该力求做到真实、客观、公正，以此来取到最好的直播效果和最大的社会效应。

（五通桥区广播电视台　王钰）

重新审视传统电视媒体的现场报道

电视作为视听兼备的媒介，曾以生动形象、通俗易懂、迅速及时等优势走过了辉煌的十几年。但随着新媒体的迅猛发展，电视媒体的优势特点不再显著，电视媒体面临诸多困境。业内记者精心生产的内容经新媒体加工整合才能放大传播效果；收视率的下降带来广告收入的下降，让传统媒体人精心制作优良作品力不从心；管理体制以及运行体制的弊端让报道的新闻赶不上观众需求的变化。现场报道作为最凸显电视优势的一种形式，充分体现了电视媒体的专业性、时效性等优势。但作为电视媒体的一种形式，也因电视媒体发展困境的大局面，无法将优势发挥最大效应。这些无疑让行业达成共识：正视自身不足，运用互联网思维谋求变革。

那么我们如何借助互联网思维进一步提高我们现场报道的传播效果和影响力呢？

一、厘清优劣，将固有优势做到最大化

互联网思维最早在电商圈内被提起，不同的网络巨头都对此有过论述，如马云认为互联网思维就是跨界、大数据、简捷和整合；周鸿祎认为互联网思维应该是用户至上、体验为王、免费模式和颠覆式创新。虽说法不一，但都强调以下三点：传播内容上要全，传播渠道上建立自身平台，传播行为上注重互动。这三点，无疑都是电视媒体的短板。电视栏目资源的有限性，无法将内容做全；自身平台也因缺乏技术人才、资金投入等因素，鲜有受众主动问津；电视的“我播你看”性质则属于单向传播，缺乏互动性。笔者认为，电视媒体要想弥补短板，并非是照搬以上三点，而是从这三点上看到，

他们做的一切只是为了给受众提供更好的服务，让受众拥有更好的观听体验。

但是，新媒体在以上三点见长的同时，同样也存在自己的不足。如因过分追逐时效不对新闻认真核实，造成网络谣言满天飞。这一点，传统媒体因从新闻的选题到生成到最后播出，经过层层把关，使得新闻可信度远超新媒体。当然，对于在政策性倾向力度大的中国媒体而言，传统媒体的优势远不止于可信度。传统媒体作为党和人民的喉舌，拥有诸多新兴媒体没有的采访报道权。他们能够接近政府机关、深入基层，获取权威信息，第一时间进行直播。在重大节日报道、政治活动、体育活动中，传统电视直播还能创造“媒介事件”，“这些事件使集体的心声凝聚着社会，唤起人们对社会及其合法权威的忠诚。”而这些正是在我国特殊国情下新媒体无法与传统媒体相比较的劣势，也正是电视媒体直播需要深耕的优势。

二、用户至上，将现场直播看为内容多角度开发

媒介理论家麦克卢汉认为媒介即讯息，即“一个时代真正有价值的讯息不是这个时代的内容，而是这个时代传递讯息所使用的工具，工具才是真正有价值的内容”。麦克卢汉的观点虽带有技术决定论的影子，但对于在新媒体时代重新审视现场直播有启发意义。当前，传统电视已经走过了自身的黄金期，其原有的特性基本被互联网所涵盖。电视已经成为互联网的一个内容。当前数字电视的普及则是有力的佐证——观众可以通过上网来看电视。这样一来，我们的现场直播以及我们现场直播的记者只不过是我们想要发送给观众的一个内容；相应地，我们的平台和技术就是我们的包装，我们最终的目的是吸引观众。因此，以下笔者将从直播的目的出发，在新背景下重新审视我们的现场直播，探究如何更好地发挥现场新闻的传播效果。

（一）了解用户观看电视节目行为特点

过去，我们从电视传播者的角度，将受众看作是填鸭式下的内容消费者。但新兴互联网平台却让我们看到受众的消费是参与分享式的、集消费与

生产于一体。这种属性也增加了受众对互联网媒体平台的黏性。相应地，传统媒体因此流失掉一部分观众。用户流失的教训让我们明白：原来，我们对自己的受众不够了解。因此，在这个注意力稀缺的时代，深度了解用户观看电视节目行为特点是我们改进现场直播内容的第一步。

现场直播作为电视节目的内容，在时间上不能够满足受众固定收看电视的习惯，但对于二维码互动效应的挖掘以及精品内容的打磨不失为电视直播未来改进的方向。

（二）加紧媒介融合扩大受众面

了解受众在电视面前是什么样子，进而根据受众的需求改进节目内容及形式，只能是维系住观看电视的受众。要想扩大传播效果，还得扩大受众面。

第41次《中国互联网络发展状况统计报告》显示：截至2017年12月底，中国网民为7.72亿，手机网民为7.53亿，手机网络新闻用户为6.2亿。无疑，移动时代已经到来。而这就要求电视媒体顺应潮流，加紧媒介间的融合，借助新型媒介让受众关注到我们电视媒体的现场直播，不局限于电视终端。但需要注意的是，媒介间的融合并不等于所有媒体都要全媒体化、做“中央厨房”，因为这些不仅仅是经济的投入产出比的问题，更是大时代媒介变革的趋势应用在各媒体、各地方媒体上是否会遭遇水土不服的问题。笔者认为，媒介融合重在汲取新兴媒体的思维，而不是新兴媒体的形式。

（三）提升内容质量凸显专业性

新媒体还没有形成巨势之前，传统媒体垄断着新闻信息传播，观众和媒体都缺乏参照系的对照，媒体传播内容的差错和质量的好坏需要一定的时间才能显现出来。而当下，网络媒体作为一个参照系可以帮助人们发现传统媒体的问题。另外，网络媒体能更便捷地满足人们的一般资讯需求，因此观众更看重传统媒体在干预社会现实的能力。所以，电视直播的内容要更显专业性。

首先，应该从内容上，明确哪些内容适宜做现场直播，哪些不适宜。有些记者盲目蹭热度，对于一些没必要进行直播的内容进行了直播，最终不仅导致经济的损失，还让观众对电视台的专业性产生了质疑。

另外，要有突发性事件应急机制。突发性事件是直播当中最常见的内容。但在现实中，有些记者团队的表现却差强人意。我们有的记者在遇到突发性事件时，为了抢时效，刚到新闻现场，就开始连线。于是就只能将一些道听途说告诉观众，或者使用一些含混的说辞，如传闻、据说等，后经事情发酵，发现信息有误，损害媒体权威。

即便是传统媒体本身，也曾出现过“李鬼”事件，2014 年某纸媒报道因为房价过高，许多年轻人只好住在租来的集装箱里面，这条新闻发布以后迅速被新媒体转发。事实真像新闻所说那样吗？为此央视进行了专门调查，最终发现这些集装箱确实是居住用的，但是是建筑公司租来给工地的工人临时居住或者是工地上用来办公和当作门房使用的，这可以称得上是为了炒作而导演的一则虚假新闻。

因此，为了提高我们的直播质量，我们直播团队在平时就要做好突发事件的应急统筹和安排，遇到突发事件，条理清晰、井然有序地开展直播活动。我们的直播记者必须强化自身的专业素质，夯实传统专业技能，同时还能巧用各种融媒体工具将信息第一时间传给我们的受众。让受众充分看到有着丰厚历史的传统媒体的专业性和担当，让传统电视媒体的内容秒杀流量经济追逐下的新媒体的内容。

三、结　语

在对电视媒体现场报道的背景、优劣进行重新审视后，笔者发现，电视作为传统媒体，在现场报道中有着得天独厚的优势。在借助互联网思维的基础上，地位无可撼动，可信度远高于新兴媒体。

互联网的发展和新兴媒体的兴起，改变着传统电视的报道思维和报道方式，丰富了电视媒体的现场报道视角，也带来了新的冲击。在当前，传统电视媒体要做好现场报道，首先要厘清自身优势，充分利用现场报道的采访权和第一手资源，先于新媒体“发声”。其次，将用户思维贯穿到直播的方方面面：深度了解受众观看电视节目的行为特点，根据受众喜好，改进传播形式；建立突发事件应急机制，让突发事件不失专业媒体的素养，增强现场报道的冲击力和可信度。

（肥西县广播电视台　韩建　吴霞明）

电视新闻现场直播提升传播力的策略探究

媒体传播力，顾名思义就是实现有效传播的能力，它包括媒体自身的实力以及媒体搜集新闻素材、制作新闻产品、选择合适渠道进行传播，从而对社会产生影响效果的能力。电视新闻直播是把新闻事件发生现场的各种图像、声音、采访和报道以电视信号的形式发射出去的一种新闻传播方式，其具有即时播放、声画同步和视听兼备等特点。电视新闻直播一直以来都是人们获取信息资讯的重要方式，也已经展现出了强大的影响力和感召力。本文以中央广播电视总台为例，从三个方面展现我国中央级媒体通过电视新闻现场直播提升传播力的策略与路径。

一、拓展时政新闻报道，丰富重大议题的内涵影响力

在新时期的政治、经济、文化环境之下，传统的时政新闻报道模式妨碍了受众对它的接受和认可，不能实现其应该具有的新闻价值。所以，随着新闻事业的发展，时政新闻报道的内容和形式都必须发生相应的变化。为了将重大时政议题变得更易被受众所关注和理解，各大传统媒体都在积极地进行创新尝试，其中央视作为电视类媒体，就将其所有新闻生产形式中最具优势的现场直播用于国事议题报道方式的创新。比如央视新闻频道推出的《直播长江》特别节目，就用全新模式拓展了重大时政类新闻的报道方式，通过现场直播纵览当时当刻的万里长江图，对沿江十二省市持续六天直播的高频度高时长报道，让长江全流域首次实现了全程直播，用画面去展现壮丽的长江画卷，用直播去讲述最动人的中国故事。基于习近平总书记对于长江经济带发展的战略思想的深度剖析，央视湖北站作为《直播长江》特别报道的一线

战地，结合能体现长江沿岸生态修复、沿江各省在长江大保护的前提下，如何实现高质量发展的例子而进行新闻报道形式和内容的创新构建。

第一是在方式上的创新，比如在《江湖武汉》这一集中，央视湖北站运用多维度视角，将直升机空地对接，通过空中、船上、地面、地下全方位展现武汉的长江大保护和高质量发展。直升机作为空中演播室，与船上、东湖绿道、华中科大防空洞内的引力中心、光谷的国家存储器基地等报道点，“天上和地下的联结”共同串起了武汉的过去、现在和未来。这期节目共设了 6 个直播点和两个直升机信号接收点，整个技术系统十分庞大和复杂。为了确保宏大的设想能够实现，这次直播还在武汉最高楼绿地中心和东湖中分别架设了两个直升机中继系统，充分发挥电视媒体的优势，既大气磅礴又通过抓取细节来展现生态优先、绿色发展。另外，记者的直播状态也有所调整，不再是像通常那样以旁观者的身份去介绍，而是融入其中身临其境进行体验式直播：在长江轮渡上，记者以一个“游客”的视角，带观众体验了长江轮渡，讲述过江方式和长江水质的变化；在东湖绿道上，记者以一个晨跑者的形象出现，边跑边直播，步换景移，增强了整个直播的动感和可看性。

第二是在内容上的创新，虽然直播是正在发生的新闻现场，但是这也并不意味着新闻内容的随机和无序。为了在短短的直播时间段内全面并具体地达到《直播长江》的报道要求，央视湖北站以习近平总书记提出的“要坚持把修复长江生态环境摆在推动长江经济带发展工作的重要位置”为报道指南，将展现湖北各地是如何对修复长江生态环境和推动长江经济带发展作出的相关响应措施为主要目标，在新闻内容的选择和基调的定位上创新了新闻生产思路，比如其中一集就选择了湖北宜昌化工企业的关停搬迁为直播点，直观反映湖北宜昌是如何落实习近平总书记的指示要求，进行了化工清零行动。此次直播不拘泥于重大国事议题下新闻内容的宏大叙事，而是由小见大、由浅入深，通过最直观的现场直播传播最有力的事实和态度。

由此可见，时政类新闻完全可以打破传统意义上的空洞说教和枯燥乏味，只要合理拓展新闻报道形式，将国家大事和各类重大议题融入更丰富、更有亮点、更接地气的内容当中，就能取得很好的传播效果，创作出既有威力又有魅力还具影响力的报道。

二、精准把握突发现场报道，为事实表达注入“三个力”

在突发事件报道中，新闻现场有几个特点：一是时间上的不可逆转；二是空间上的随时发展；三是现场信息上的全方位性和记录现场的选择性；四是现场采访上的复杂性和紧迫性。突发新闻的前线往往发生的是一些急难险重的事件，如何在突发事件报道中既做好新闻现场的事实呈现又精准把握报道的立场定位，并且在此基础上提升电视新闻直播的传播力和影响力，对所有媒体来说都是一项重要的考验。以 2015 年 6 月 1 日“东方之星”沉船事件报道为例，央视在此次报道中实现了事件消息、中央批示和新媒体的三首发。能达到这样的传播时效，主要与新闻前线三个方面的能力有关，即迅速的应急反应能力、抵达和深入现场的报道能力、成熟的制播和舆论引导能力，具备这些能力是地方记者站能够“永远挺进新闻第一线”去提升新闻传播力的基础。

第一个“力”是应急反应能力，一直以来央视都将“用事实说话”奉为圭臬，在“东方之星”沉船事件报道中，央视湖北站全程实时同步直击现场事实。央视湖北站迅速获取消息并在第一时间便向总台回馈了第一手信息，迅速的应急反应能力是央视驻地方前线应对“应急快反”的基本素质，不仅如此，31 个记者站都配备有卫星车和便携式的卫星传送设备以及相应的技术力量，可以随时启动现场直播，这为突发事件及时报道提供了重要的硬件保障。

第二个“力”是抵达和深入现场的报道能力。“东方之星”翻沉在地处偏远的长江江心，远程微波距离远，码头的卫星车接收不到江心的信号。央视湖北站记者在距离沉船不到二百米的岸边滩涂上，搭起卫星直播系统，并确保系统永不关机，日夜对准沉船搜救现场，支持江心核心现场的直播。从第一名获救者 65 岁老人离开船体，到“东方之星”被拖离事故水域，用不间断的直播与无剪辑的全天实时信号让世界看到这场国家救援行动的众志成城和全力以赴，正是将摄像机深入事故现场，进行更加细致的报道，才能通过现场直播窗口让公众更加及时、全面、直观地了解了救援动态，这次持续了 9 天的不间断直播，创造了电视突发事件报道的新纪录，开启了 24 小时灾难直播的报道模式。

第三个“力”是成熟的制播和舆论引导能力。让观众及时完整地看见现场，传递真相，回应关切，引导舆论，消除公众在一些认识上的不确定性，引导公众从态度判断转向事实判断是电视新闻媒体的职责。在突发事件中，应由政府及时进行信息发布和主流媒体公开透明报道，如果这条“大道”不畅通，聚集恐慌、猜疑等各种情绪的“小道”就变得极为猖狂，这种情况在“东方之星”报道中就几乎没有出现，因为央视用实际行动回应了舆论，针对观众对搜救现场的关切，央视湖北站将现场直播的镜头对准水下搜救的过程，当直播将“水下漆黑一片，潜水员几乎徒手探摸，舱内桌椅横七竖八，甚至将舱门堵住，有的舱门从里面反锁，无法从外面打开”这些画面展现在观众面前时，观众可以直观地感受到救援的难度和力度，用画面传递了事实，再通过事实去解答了社会公众和家属心中的疑问，可以看出，正是由于中央级媒体成熟的制播和舆论引导能力才让事实表达有了畅通完善的发挥空间。

三、创新“互联网气质”报道，全媒体矩阵展现融会互通力

在全媒体背景下，传统电视新闻“我播你看”的时代已经过去，互联网中最不缺少的就是新闻，受众的内涵已经发生变化，从被动收看转变为主动选择。他们既可以选择自己使用哪种媒体，也可以选择何时何地收看。媒体不再是强效果论的绝对受益者，手机等移动终端这种获取信息更加具有便捷性的设备受到广大用户青睐，于是移动终端也变成了电视媒体提升新闻传播力的重要平台。

为了覆盖更多用户，增强传播效果，央视对新媒体播出平台和移动终端进行整合，实现了与传统的新闻播出方式进行有效的互补。2018 年“两会”，央视全面发力新媒体，全新打造传统电视优势与新媒体优势相结合、充分彰显央视特色的两会报道融媒体矩阵：时政微视频、“央视快评”、全媒体直播、独家访谈、全球互动，新闻频道推出融媒体实时互动报道《两会有啥事　我们帮你问》，让代表、委员与百姓在线互动，打造大小屏贯通的

“两会聊天室”……各具特色的融媒体产品精彩纷呈，彰显出央视“随来随播，随播随评”“强化以受众为主体的第一视角”等特征，实现了上亿的用户触发。

新闻在全媒体时代应该是更具力量的生命体，全媒体矩阵形成了不可估量的融会互通力，新闻报道变得更加具有吸引力、感染力、渗透力和影响力，这都是互联网背景下的创新尝试，这些实践，都让电视新闻生产的传播生态焕然一新。

四、结　语

在新闻传播的过程中，媒体的传播力会受到多种因素的影响，包括设备、资金等硬件设施和内容、人力等软件条件，而且不同的媒体会产生不同的传播效果。在新时代背景下，我国媒体对于新闻生产有了新的要求，新的媒介生态又赋予媒体传播力新的内涵，影响传播力的因素也越来越多。第一，技术对于电视新闻的传播力至关重要，从新闻的生产、制作到分发、推送、互动、搜索等都需要新的技术作为支撑。第二，平台和渠道的拓展、完善能够直接提升电视新闻的覆盖面、到达率和粉丝量，从而影响整体的传播效果。第三，在新媒体不断发展的今天，信息传播之飞速是传统媒体过去无法想象的。因此，加快传播速度，增强时效性，也是提升传播力的有效手段。电视新闻媒体需要明确自身的特性和优势，锐意改革创新，适时转变新闻生产思路，利用好电视新闻生产的优势，充分发挥新闻现场直播的魅力，努力打造具有强大传播力的创新型主流媒体。

（中央广播电视总台　王涵）

做好现场报道　增强传播效果

随着信息时代的发展，新媒体的涌现，媒体之间的竞争白热化，对于很多走市场化运作的传统媒体如报纸、电视等来说，经受着严峻的考验。媒体接受市场的选择已经明显表现出强则愈强、弱则愈弱发展态势，谁的影响力大谁就占据制高点，而影响力的关键在于传播效果。传统电视媒体如何在不见硝烟的竞争战场中确保传播效果从而稳定自己的影响力和受众市场，从而立于不败之地，这是一个值得探讨的话题。

电视媒体的优势在于画面语言直观，受众容易接受。现场感强的报道，容易引起受众的注意，其传播效果和影响力甚好。现场报道具有直观、鲜活性、时新、敏锐等特点，是增强传播效果扩大影响力吸引受众的有效手段。

一、现场报道效果在鲜活性

新闻，顾名思义，就是新近发生的事情。从心理学的角度来看，“喜新厌旧”是大多数人的普遍特点，观众喜欢的是“第一消息”，“新鲜”的内容更容易让大家接受。从这个角度来看，现场报道在现场抢新闻，便可在新闻事件或者新闻内容开始发生的第一时间独占“鳌头”。新闻的“新”迎合了观众的心理需求，其现场效果就是保持新闻的鲜活性，以此吸引观众的眼球。

现场报道的一个主要特点是鲜活性，抓住该点“小事”也能成就“大效果”，“小点子”也能突出“大影响”。2013 年 9 月 19 日是中秋佳节，当天下午 1 点多，乐山台新闻中心两名记者在乐山大佛景区采访完旅游新闻，准备返回电视台吃午饭，行进到乐山旧大桥北桥头时，看到前面一位拄着拐杖的老人突然倒下，附近的交警、出租车司机很快围了上去帮助老人。两名记者意识到这是一则很好的现场新闻，立即下车扛起摄像机，一个现场出镜、一个拍摄，两人下意识地“抢”新闻做起现场报道来，一路跟踪拍摄到医院，并抢拍到老人便血弄脏的出租车后座，而且记录下出租车司机待老人家属赶到医院后拒绝感谢悄然离开的鲜活细节。《七旬老人突发疾病　警民携手爱心接力》在当晚的《乐山新闻联播》中播出。镜头中，老人突然倒地、民警不怕脏背着老人、出租车司机不嫌脏快速将老人送进医院并不收分文、不留姓名悄然离开等细节在现场报道中播出，新闻事件虽小但非常鲜活，彰显“小城大爱”，播出效果倍增，不少市民为出租车司机点赞，为记者点赞，表扬记者抓新闻抓得好抓得活！这条新闻当天也在四川电视台多个频道的新闻类栏目播出。体现在收视效果中，9 月 19 日的收视是当周最高的，高出最低日 3 个点之多。

现场报道（含现场直播）带来高收视，已经成为广电行业稳住收视群体、吸引受众的重要运行形式。现场报道“抢”新闻，确保新闻的鲜活性是广电媒体在激烈竞争中的制胜法宝之一。

二、现场报道基础在敏锐性

优秀的新闻报道要求记者能够抓住受众的心理需求，以其敏锐的眼光发现亮点，传递丰富的信息。敏锐性是新闻从业人员必不可少的基本功，而现场报道是检验新闻从业人员敏锐性的载体之一。也正基于这点，成功的现场报道能够带给观众丰富的信息。但不是现场看到什么就报道什么，而是现场敏锐发现观众想关注、想知道的内容并予以解疑释惑，让观众清晰地感受到记者现场带来的“精神大餐”。

现在每到夏天，很多地方容易下大暴雨造成灾害。如何报道这种极端天气造成的灾害，对于有经验、有敏锐性的新闻记者来说，现场报道不失为一种有效手段，因为大家深知，现场报道带来的传播效果更好。2018 年 7 月上旬，四川盆地范围内特别是成都暴雨成灾，岷江水位上涨，城区很多地方都被淹，毗邻成都处于岷江下游的乐山也下了几天雨，虽然没有造成灾害，但职业的敏锐性让记者没有放松警惕放弃抓好新闻的机会。乐山最担心的是岷江水位上涨，停靠在江边的10多艘上百吨重的渔船随时威胁着中心城区三座跨河大桥的安全。2018年7月12日凌晨，岷江洪峰过境乐山，能否安全过境，全市上下都在关注。当天晚上，乐山电视台派出了三组记者奔赴最危险的三个点蹲守，并个别加强了王浩儿渔港那组的现场报道力量，让参加过央视二套现场报道培训的记者组队以现场直播的方式进行全程报道，因为王浩儿渔港停靠着10多艘渔火锅船。记者采取现场直播方式进行采访，现场既捕捉到了洪峰来临之前海事部门派人撤离渔港工作人员、交警紧急疏散停在渔港岸边车辆的画面，也捕捉到了洪峰来临时渔船抬高很多导致上渔船梯道近乎直立的惊悚画面，伴随黑暗中汹涌的波涛大浪，记者现场的解说语气也急促起来，加上海事部门工作人员现场的情况介绍，新闻效果出奇地好，当天收视高出平时2个点，不少观众转发电视新闻画面，一时成为大家的刷屏热点。乐山虽然不是四川盆地这次暴雨的重灾区，但是这条反映乐山暴雨之下情况的新闻先后被四川电视台、中央广播电视总台相关新闻栏目采用，记者现场出镜也被保留播出。

三、现场报道亮点在时新性

人类对新鲜事物充满好奇，现场报道正是迎合了这一特点。现场报道形式，给观众的直观感受是记者在第一现场将信息传递给大家，从时间和空间两个概念来看，既有着现场直播的味道，又以其客观性时新性给观众新鲜感。新闻就要有“抢”的意识，增强传播效果，扩大影响力。

2008年“5・12”汶川特大地震发生后，乐山中心城区移动电话一时出现“堵塞”，惊慌的人们都跑到大街上了，当时显得很混乱。乐山广播电视台迅速启动应急预案，派出记者分别到市地震局、救灾办做现场报道，同时停下正在播出的电视剧，先是口播新华社播发的消息，之后是对记者的现场报道实行滚动式播发，让观众及时全面地了解事实真相，在当时谣言四起、万众恐慌的情况下，有效抢占了舆论的制高点，让大家明白，震源离乐山很远，乐山只是地震波及区，不会出现大的灾情，这在当时的紧急情况下，切实起到了安定民心、维护社会稳定的效果，受到当地党委、政府主要领导的高度肯定。

乐山广播电视台新闻中心多年来把“充分发挥好党委政府‘喉舌’作用、增强新闻节目的传播效果”作为办好节目的第一理念，持之以恒精心策划并组织好现场报道（现场直播），现场报道（现场直播）已经成为乐山广播电视台确保传播效果、扩大影响力的得力手段。来自央视索福瑞的历史数据表明，近 10 年来，就连行业内认为收视率提升难度最大的时政新闻《乐山新闻联播》年均收视率最高竟达到过 5.2%，乐山广播电视台以现场报道为主要形式的新闻节目上传到四川台、央视很多被看好而被采用，乐山广播电视台连续 8 年在四川台、央视采用新闻稿件数量均排在全省各市州前列而被四川广播电视台评为上送先进单位。

（乐山广播电视台　张楗祥）

现场报道人才如何培养

一、引　言

随着媒体报道技术的飞速发展，大众对其反映报道事件的深度、宽度和广度都提出了更高的标准，因而对电视报道人才的培养要求也在不断提升。在当代信息社会中，现场报道人才在信息传递、新闻传播过程中的作用十分重要，区别于室内演播室的报道，它对于报道记者的要求更为复杂严格，不能一味地看文稿、记串词，而是要“眼观六路、耳听八方”。要在一定限度内自由发挥并随机应变地处理突发事件，这考验着记者的信息获取和组织能力、语言表述能力、现场管理能力等。[①] 新闻与传播专业是现代社会的热门专业门类，随着新媒体的不断出现，更为多样化的报道形式也层出不穷，培养高质量的现场报道人才是时代所需。本文立足当前现场报道人才培养的要求和现状，针对性地提出相应策略，为培养现场报道人才提供一些建议。

现场报道是电视报道领域不可或缺的、具有高度新闻价值的重要部分，为了获取第一手的新闻信息，现场报道人才的培养则更有针对性。他们必须及时到达事发地点、与现场人员进行密切深入的交流，以视频或音频连线的方式及时向新闻总部进行信息传递，使总部在第一时间获得新闻资料。培养现场报道人才有利于完善新闻报道业的系统运转、健全新闻各方面的周转程序，促进电视媒体更加深入大众，提高观众参与度和传播效果；有助于促进报道节目形式的多样化和丰富性，如演播室内与现场报道连线，观众既可以与现场报道记者同步地“亲临”新闻现场，也可以获取

① 宋晓阳：《出镜记者现场报道指南》，中国广播电视出版社 2008 年版，第 20 页。

室内播报员更为专业系统的报道材料。这样的节目编排使得报道形式更为亲民，有利于提高节目的收视率，对于促进电视报道业的发展具有深刻的实践意义。①

二、现场报道人才培养的要求及现存问题

（一）现场报道人才的职业培养要求

1. 动作及仪态要求

镜头前现场报道记者的动作表现和表情都会被现场的摄像记者记录下来，做好动作与神态的管理显得十分重要。作为媒体人，首先应有媒体人的气质和神态，对待新闻事件要客观，不能有过多的个人情感流露或夸张的动作表现。现场报道人才要在冷静、实时的报道中突出个人风格，动作要缓急适当、不可带入个人不良习惯；由于其兼顾了记者和现场主持人的身份，因此形成个性化的主持艺术则有利于建立个人的报道魅力、增进报道的大众关注度。

2. 扎实的专业基础理论知识

由于现场报道注重实时实地性，因此基础理论知识往往被大多数人所忽视，导致许多现场报道记者的专业素养不足，专业分析能力也有所欠缺。在一些专业问题上往往措辞不当造成新闻事故，进而对媒体的公信力产生影响。这就要求我们的现场报道记者在遇到专业性较强，而自己又不熟悉的事件时，要尽快全面地向现场的专家、学者、专业人士请教，弥补基础理论知识的不足，处理好场上各种突发意外事件，确保新闻报道过程的有序进行。

3. 语言表达能力

相较于文字记者，现场报道人才的口头语言表达能力更为关键。在一般的现场报道中，现场报道人才应采用平实简练的语言来陈述现场事实，用词要生动且富有感染力，以最简洁的语言完成最大化的信息传递，将时间、地

① 戴丽岩：《浅谈出镜记者在电视现场报道中的作用》，《新闻界》2008 年第 5 期。

点、人物、细节等要素表述清楚，实现报道的高效进行。此外，是否吐字清晰、语调是否完整、普通话用语是否准确也是考验语言表达能力的重要方面。①

4. 现场应急能力及人际沟通能力

不同于室内演播厅的各方面程序完备就绪，新闻直播最考验记者的临场应变能力。

在现场报道中，尤其是突发事件的现场报道，很容易出现这样那样的突发情况，让人始料不及，这时，需要记者牢记报道主线、处变不惊，当然这就需要记者具备超强的心理素质，所以，心理素质的培养也是提高现场应急处置能力的一大要素。

此外，直播的状况下，记者的人际沟通能力也十分关键，室内播音员或者文字记者在工作时几乎不需要与外界过多交流，现场报道则不然。记者不仅需要和摄像记者、其他工作人员处理好关系，以便能在工作中高效完成任务。还要与新闻当事人和采访对象进行对话交流，获取所需的新闻信息的同时，关照当事人的情绪状态、语言表述、生活环境等，以增加观众的亲信感、现场感，增进媒体与观众的亲和力②，否则就容易引起受众的反感。

（二）培养现场报道人才过程中存在的问题

1. 理论与实践脱节，培养模式单一

由于实地操作的特殊性，往往会使得现场报道人才的理论素养与实际要求不相匹配。多数情况下，由于专业培养的模式往往较为单一，新闻业务理论知识的不足时常得不到重视，反而过于注重应急反应能力。

2. 媒体情感表达倾向把握不当

新闻传播的专业要求使得现场报道人才必须要采用平实、客观的情感态度来对待报道事件。但在实际情况中，由于报道现场的情况复杂多变，记者

---

① 刘赛：《如何培养出镜记者的语言素质——以广播电视学专业为例》，《青年记者》2015 年第 12 期。

② 张骏德、李松涛：《论电视新闻现场报道》，《新闻界》2004 年第 3 期。

的情感态度难免会有所波动，但只要记者的情感是真实而不做作的，是自然流露的，这样不但不会引起受众的反感，反而更切合实际，更能引起受众的共鸣。

所以，焦虑、紧张、悲伤、痛苦等情感都是现场感的一部分，是现场感的来源之一，出镜记者本人的情感能够直接影响观众，若是太平静则会让观众觉得记者冷漠，破坏现场感。所以，只要不做作，不是为了打动受众而刻意去煽情，记者在现场报道中真正的“有感而发”，亦是可取的。

三、现场报道人才的培养策略

（一）注重职业能力培养的全面性

现场报道记者是一个需要多方面能力素养的综合性职业，在培养相关人才时，要注重综合性，既要注重理论知识，又要磨炼实践能力；既要有专业的语言组织能力，又要懂得随机应变，处理好现场的各种意外情况。现场报道人才综合了记者和主持人的身份，是整个场面的主导者，因此综合能力素质关系着各个方面，对报道的完整性、有序性也起着决定性的作用。

（二）加强现场报道人才的理论性培养

现场报道人才的培养无法脱离实践，情境的创设至关重要，在人才培养上要在进行系统的理论知识培养基础上有针对性地进行实习实践，如模拟新闻现场、教师与学生进行直接的新闻对话、组织新闻展演等方式方法。在课程组织上应多增加实践性课程，让学生在实践中得以成长，将理论与实际相结合，并以之解决实际问题。在强化专业知识、拓展专业视野的前提下，大力开展如专业实习、社会调查等实践形式的课程活动环节，激发学生的活动意识，检验学生的现场反应能力。此外，教师在实践中要发现学生的突出特点，如应急能力强、语言组织迅速、表达清晰等，且要提升自身教学素质，针对学生的弱势方面进行重点培养，主动提出新观念、新思路，完善教学体系模式，使得实践教学形式灵活多样、内容生动且富有实践教育意义。

（三）突出现场报道人才的实践性培养

1. 养成提前做好功课的习惯

在提前策划选题的报道中，养成事前调查踩点和收集资料的习惯，学会在最短的时间内寻找到直接要素和间接要素，了解与事件相关的社会要素和背景，但凡能拿到的资料都不要放过，养成提前做好功课的习惯，在充分准备的基础上做好每一场现场报道。

2. 养成在新闻现场寻找细节的能力

细节是现场报道最重要的生命线，背景声、同期声等现场所有的声源都对现场报道起着非常重要的作用。比如在2018年2月15日央视“2018传奇中国节”节目中视频连线河北平山“红红火火过大年（传奇中国节·春满山河河北平山）”的直播现场，主持人在展现当地名吃“缸炉烧饼”这一环节中，主持人经过仔细观察发现这种烧饼的制作方法非常独特，在火候上极其讲究，为了展现制作师傅娴熟的技巧，她用了一句“手围绕着火苗擦肩而过”，而为了展现吃起来的口感，主持人利用品尝过程中咬一口发出“咔嚓”一声来说明烧饼的“酥、脆”，非常形象生动。这些都能引起观众的共鸣，能让观众印象深刻，所以养成记者在新闻现场中寻找细节的能力至关重要。

3. 出镜记者的日常训练方法

多说，训练记者成为一名杰出的复述者，经常把身边得到的消息，以更加生动的语言在不添枝加叶的前提下讲给亲朋好友听，这是培养出镜记者的一个很好的途径。突发事件的报道中复述是非常有用的，由于节目时长的限制，不可能采纳所有人的同期声，尤其是遇到一些表达逻辑混乱，口齿不清的表述者时，记者变身为复述者就显得至关重要。

多写，把平时感受和触动心灵的东西写下来，使自己成为一名优秀的书面表达者，锻炼提高自己的表达能力，不至于面对镜头说了上句想下句，对现场报道有很大的帮助。

多练，俗话说“熟能生巧”，在日常新闻采访中，记者可以模拟现场报道，让自己尽可能多地出现在镜头前，这样不仅可以锻炼自身的镜头感，同时在模拟的过程中，还可以从语言表达、报道的逻辑性以及节奏的把控等方面，去发现自身的缺点，以便后续有针对性地去练习、去弥补，为真正走上现场报道的战场做好充足的准备。

擅于总结，每次做完现场报道要善于总结经验，比如记录下出镜记者跟摄像协调沟通的过程：把行进路线，将说到的内容跟摄像说清楚，从哪个位置说起，说到什么，摄像镜头要给到什么，到哪个位置采访谁，采访时涉及的内容，其他机位要给到什么辅助镜头，把末句跟摄像说清楚，并跟后方演播室确定好落幅，还要协调跟技术人员、采访对象、周围群众等的关系，详细记录好本次现场报道有何缺陷，下次应注意什么，再次直播前翻开来看一看很有好处。

（四）搭建新型媒体平台，推进产学研合作化

伴随着新媒体的飞速发展，新兴信息传播途径层出不穷，电视媒体的现场报道方式也日趋多样化。为了适应时代需求，培养适应型人才，应注重新媒体平台的搭建，如微信公众平台、微博等大众媒体，通过网络媒体平台与大众进行交流，获取直接的信息反馈，及时把握当前的媒体动向和趋势。在注重实践的基础上，还要与相关的媒体公司、企业等加强合作，为人才发展提供更多的训练机会，推动高校和企业的深度合作，完善人才培养模式和系统。①

四、结　语

综前所述，现场报道人才的培养需在多维度多方面着眼和考虑，在明确培养策略的基础上，层层推进展开。在当今新媒体风起云涌的时代背景下，要正确分析人才培养的现状，从问题入手寻求解决途径，通过实践与理论相结合、专业素质和职业能力并举、平台的拓展和产学研的深入推进，来打造完善的系统化现场报道人才培养模式，为提升电视媒体行业人才质量，推进媒体报道行业的进步作出一些探索。

（石家庄广播电视台　黄静　袁敏）

① 朱建勤：《电视新闻记者如何做好现场报道》，《新媒体研究》2015 年第 19 期。

第二部分

现场报道的选题及结构

浅析电视现场报道的叙事结构

罗伯特·麦基说，结构是对人物生活中一系列事件的选择，这种选择将事件组合成一个具有战略意义的序列，以激发特定而具体的情感，并表达一种特定而具体的人生观。如麦基所言，故事就是选择多个事件，并按照某种方式排列而成的大事件。叙事结构可以看作是排列事件的方式。

新闻是新近发生事实的报道，无论消息报道、人物报道，甚至是评论，其实都是一个叙事的过程。说到叙事结构，就不得不提及结构主义。结构主义把语言看作一个符号系统，符号通过不同的组合产生意义。不同的组合会产生不同的意义，表达内容的深度和广度也会有极大差别。而叙事学是对结构主义的进一步发展，侧重叙事技巧的研究，比如线索、层次、情节和细节等运用。影像语言则是进行电影、电视作品文本分析的常用手段。显然，镜头（画面、声音）语言、文稿都是通过符号的一定组合，表达作者的思想。现场报道是最能发挥电视传播优势的样式，好的现场报道也要注重叙事结构设计。

本文以央视《大江奔流——来自长江经济带的报道》系列节目为个案，运用结构主义、叙事学、影像语言等相关理论知识，探讨在实践过程中该如何设计电视现场报道的叙事结构。笔者认为，现场报道首先要找到现场，然后通过影像来叙事，把信息和价值观传递给受众，其中叙事结构设计优劣是报道成功与否的重要影响因素。

2018 年 7 月 20 日到 8 月 16 日，中宣部组织中央和地方三十多家媒体的百余名编辑、记者，走访云南、重庆和浙江等长江经济带十一个沿江省市，深入报道在习近平总书记“共抓大保护，不搞大开发”精神指引下，沿线各省市、各领域的发展变化和生动实践。

央视新闻中心调动超过两百人的前后期、技术和新媒体团队参加采访活动，连续28天推出系列节目，在《新闻联播》中播出这20集主题报道。新闻频道还播发了大量相关动态消息、特写、记者手记、走基层报道和专题节目，使这一主题报道受到了国内外观众的欢迎。

一、电视现场报道的叙事结构

笔者把《新闻联播》中相关节目看作一个整体，重点分析《大江奔流——来自长江经济带的报道》的浅层结构和深层结构；按照长江经济带沿江省（市）域划分作为段落，挑选类似报道，提炼出通用结构，寻找这一系列报道局部结构中的共同点，把唯一的人物报道作为独立结构，用叙事学的方法进行分析；而对于具体的报道，则强调用影像语言的手法讲述一个个“小事件”。

（一）整体结构

透过《新闻联播》中播出的《大江奔流——来自长江经济带的报道》，我们可以清晰地看出，作者以时间和行程顺序为线索，以长江经济带十一个沿江省市为段落，进行整体的谋篇布局，组成了一个中心串联式的整体结构。

在报道中，讲述者以地域为段落的同时，在段落内还采取了以综述加典型的组合方式。比如在贵州省报道了《贵州：强产业　立制度　方得一江清水》《贵州红渡：科学规划　生态扶贫》；在重庆市报道了《重庆：通江达海　腹地变高地》《重庆：为有源头活水来》；在湖北省报道了《湖北：舍得眼前利　换得一江绿》《武汉光谷：以创新创造发展新机遇》。

值得一提的是，为了突出空间线索，报道中非常注重地图的使用。在开篇就用地图详细介绍了长江经济带所涵盖的区域，在报道贵州、四川和浙江等地时，也在地图上进行了区位介绍，帮助观众了解采访团所到的位置。以上都是显而易见的浅层结构。

从题材类别看，这次主题采访活动属于经济报道，而经济是有自身运行规律的。在云南我们看到了《云南：以花之名　谱写发展新篇章》，讲述了云南发展花卉种植产业作为经济增长点；在湖北我们看到了《武汉光谷：以创新创造发展新机遇》，讲述了光谷用先进制造引领绿色创新发展；在上海我们看到了《上海：带动长三角一体化高质量发展》，讲述了上海面向全球、面向未来的定位，在长三角的带头作用。这些报道里既暗含了自西向东的区域分工，又包含了从低到高产业层级的市场逻辑，可以说是报道的深层结构。

（二）局部结构

1. 通用结构

在《新闻联播》中播出的《大江奔流——来自长江经济带的报道》节目，除去开头、结尾、《夜话长江》《诗话长江》四期节目，其余报道结构也都较为明晰，都是由感性到理性、由点到面、由原因到结果等多重内在逻辑的组合的中心串联结构。

以《安徽：八百里皖江奔涌创新潮》为例，报道从芜湖的机器人测试场开始，我们看到了机器人的动作，听到了机器人运动时摩擦的声音，采访了公司的工作人员，介绍了芜湖的机器人产业发展，着墨较多。紧接着介绍了新能源汽车在安庆颇具规模，成为经济发展的新动能。图表、动画等包装元素是经济报道中能带来较好传播效果的重要手段，该片中就利用动画简洁清晰地介绍在长江安徽段新兴产业聚集区布局。之后介绍了在长江两岸发展新兴产业的同时，省会合肥则把发力点聚焦到了原始创新能力上。最后用数据说明，创新驱动正在引领安徽迈向高质量发展。

在这一节目中我们可以看出，现场所见所闻是感性认识，记者的分析判断是理性认识；芜湖、安庆等沿江城市以及省会合肥这一个个报道点位，共同描绘了安徽经济的全局；沿江城市打造新兴产业，省会聚焦原始创新能力，各地在不同层面上的进步，让安徽实现了高质量发展，这是因果关系。

2. 独立结构

在《大江奔流——来自长江经济带的报道》节目中，《安徽：以“林长制”换来林长治》这篇较为特别，是一期人物故事报道。这一报道讲述了某地村党支部书记，在当上林长之后，通过带领村民种植构树，发展相关产业，带动村民致富，保护林业资源的故事。

从内部构成看，片子在情绪安排上，采用了先抑后扬的手法，比如说老百姓靠山吃山的习惯，林业部门一家保护林业资源，常常顾此失彼、力不从心，最终通过种植经济苗木，在改善农民经济状况的同时，保护生态环境，有着非常清晰的情节。其中两处细节也是让人印象深刻，一处是主人公巡山的艰难，另一处是村民增收的喜悦。短短两分钟的片子，我们可以看出，主人公出现在山林、合作社、构树生态产业园等多处场景。在消息类人物故事报道中，围绕一个主要人物，展现两处动人细节，转换三处人物活动场景，厘清四条叙事逻辑，可以作为一个基本的结构模型。

（三）影像叙事

电影和电视作为一种传播媒介，它的编码语言包括文字、声音、影像，影像是它们区别于报纸、广播的最显著特点。中国传媒大学教授孙振虎认为，影像包含动态性、可视性和符号意义三个特征。电影的故事以虚构为主，电视的节目以纪实为主。

在电视现场报道中，记者在新闻现场直接向观众报道新闻事件的最新进展；观众通过标题文字知晓报道主题，通过画面声音直观感受现场氛围，通过记者的引导判断报道的价值或意义。电视现场报道最终是通过影像来呈现，而影像又是由一组组镜头组成，它们其实同样遵循着叙事的逻辑。

另外，学界还把影像分为画面语言、声音语言和造型语言。《新闻联播》对画面语言和声音语言都有着较高的要求。在《武汉光谷：以创新创造发展新机遇》节目中，记者在光谷标志建筑——武汉新能源研究院大楼楼顶出镜，镜头从记者近景开始，利用快进镜头拉出，再用全景展现光谷面貌，画面语言和声音语言配合到位。

造型语言一般用来对纪实画面给予艺术的超越与升华。这一系列报道在造型语言上铺垫还稍显不够。在系列节目结尾，央视记者打开一个箱子说“这一共有 14 瓶水，都是从长江不同节点取的，我们共饮一江水，要一起保护好我们的母亲河长江”，这是一个很用心的设计，也是很感人的环节，但是如果在报道中能够有取水的画面，增加一些情绪的铺垫与酝酿，将会更加有说服力。

二、电视现场报道的情感

无论是结构主义中深层结构的体现，还是叙事学中主题的产生，抑或造型语言的实现，都是通过讲述者不同层面的叙事，引发的观众情感共鸣。这种情感共鸣的产生，前提是讲述者饱含情感。所以，现场报道有了线索，有了场景，有了结构，其实还只是有了一副冰冷的躯壳，我们的报道只有赋予了情感，才能让节目有血有肉，变得鲜活起来。

《大江奔流——来自长江经济带的报道》系列报道中，虽多次在导语中提及采访团来到的地点，但是整体上人物行进感并未表现出来，记者的步伐、航行的船只、行驶的汽车画面太少，“行进”作为这一活动的显著特征并未凸显，观众也很难产生代入感，应该说又是一大缺憾。

就叙事而言，整体上有中心串联式和漫谈式结构，具体到报道的结构，在新闻写作中有着较细的分类，比如倒金字塔型结构、时间顺序、并列结构、因果结构、对比式结构、悬念式结构，等等。我们认为结构是形式的骨架，都是为内容服务的，结合我们对《大江奔流——来自长江经济带的报道》的文本分析，电视现场报道应该灵活运用各种结构方式，以及各种结构的复合组合，做到逻辑顺畅、场景丰富、结构完整，从而达到触动人心的目的。

三、结　语

电视现场报道是一种非常富有表现力的新闻形式，在节目策划制作中，如何选取现场，如何表现现场，如何通过现场传递我们的价值观，都是编辑、记者需要思考的问题。本文通过对央视《大江奔流——来自长江经济带的报道》节目进行叙事结构解析，探讨了电视现场报道结构设计的方向和方法。我们可以看到，结构设计在叙事过程中发挥着重大作用，可以让报道主题明确、条理清晰、层次分明，更好地表现内容，从而达到最优的传播效果。

（中央广播电视总台　赵洪敏）

现场报道中的选题抉择

电视新闻现场报道改变了过去那种先拍摄活动画面、后写文字解说、再由播音员配音播出的老一套电视新闻制作模式，时效性强，因而新闻价值大。笔者认为，现场报道的成功因素除了必要的硬件条件外，还取决于三个软件条件：现场报道什么？谁来现场报道？怎么现场报道？这里主要探讨现场报道什么，也就是现场报道中的选题抉择。

电视新闻直播能够满足观众的猎奇心理和新鲜感，提升收视率，但不是任何新闻题材都适合直播，我们在选题筛选过程中要做到宁缺毋滥。直播决策者要做好直播选题的把关工作，精挑细选一段时间里新闻价值较高的题材进行直播，这样才能保证新闻直播的质量，让直播有效、有意义。

一、什么样的选题可以做现场报道

成都电视台公共频道的大型直播民生新闻栏目《成都全接触》开办于 2004 年 4 月，是当地影响力最大的民生新闻栏目，每天直播时间长达 90 分钟。2007 年成都电视台又率先成为西南地区首家引入 SNG 卫星直播车的媒体，以卫星直播为日常直播手段，在每天的《成都全接触》主档新闻中呈现一个 SNG 直播连线的固定板块，时长达到 10 分钟左右。除了硬件条件、训练一支高效率直播队伍外，直播什么选题成为每天直播团队面对的第一个大问题。这就涉及选题来源的筛选问题。首先来看两张工作表格。

表格 1 《成都全接触 SNG 直播连线》2013 年 7 月 1 日至 10 日选题表

日期	栏目	标题	地点	备注
1 日	主档	资阳安岳洪水袭击	龙台镇	热线
2 日	午间	雨过天晴白水乡全面进入清淤阶段	安岳白水乡	热线
	两点	雨过天晴白水乡全面进入清淤阶段	安岳白水乡	热线
	主档	雨过天晴白水乡全面进入清淤阶段	安岳白水乡	热线
	18 点	雨过天晴白水乡全面进入清淤阶段	安岳白水乡	热线
3 日	主档	《盲探》明日上映	紫荆影院	行口
4 日	主档	青城山消防营救被困游客	青城山	热线
5 日	主档	特别直播石棉发生泥石流灾害	石棉回隆乡叶坪村	热线
	18 点	特别直播石棉发生泥石流灾害		热线
	900 播报	黑苦荞花节明日开幕篝火晚会热闹开场	甘洛	项目
6 日	十点	黑苦荞花节开幕	甘洛	项目
	录制	黑苦荞花节开幕	甘洛	项目
7 日	主档	违规养狗清查在即 SNG 打探犬只收容中心	温江犬只收容处置中心	热线
8 日	主档	雅安多地受暴雨袭击	上里古镇	热线
	18 点	雅安多地受暴雨袭击	上里古镇	热线
9 日	主档	江油青莲大桥垮塌	江油青莲	热线
	18 点	江油青莲大桥垮塌	江油青莲	热线
	900 播报	江油青莲大桥垮塌关注受伤人员	绵阳 404 医院	热线
	主档	温江寿安部分路段损毁 SNG 直击抢险	温江寿安镇	热线
	900 播报	温江寿安部分路段损毁 SNG 直击抢险	温江寿安镇	热线
		武警水电部队信号传输	温江寿安镇	任务
10 日	主档	都江堰中兴镇三溪村泥石流	中兴镇三溪村	热线
	18 点	都江堰中兴镇三溪村泥石流	中兴镇三溪村	热线
		武警水电部队信号传输（上午）	温江寿安镇	任务
	14 点	温江寿安部分路段损毁 SNG 直击抢险	温江寿安镇	热线
	主档	暴雨倾盆光华大道部分路段半幅通行	光华大道三段	热线
	900 播报	郫县友爱镇一大桥被水冲毁	郫县友爱镇	热线

表格 2 《成都全接触 SNG 直播连线》2017 年 7 月 1 日至 15 日选题表

日期	栏目	标题	地点	备注
1 日	主档	直击：小长假返程高峰	成雅高速	行口
2 日	主档	洗去燥热今晚降雨降温	成都市气象台	行口
3 日	主档	男孩患“罕见病”正在抢救！	成都市妇儿中心医院	热线
4 日	主档	看品牌：茶博会明开幕	新会展	项目
5 日	主档	民生欢乐颂　走进迎晖社区	保和街道	项目
6 日	主档	钱宝收获赛季首胜	双流体育中心	直播
7 日	主档	铁人三项世界杯决赛日	金堂官仓镇	项目
8 日	主档	城北海滨公园正式开建	成华区荆竹东路	策划
9 日	主档	26．2 吨进口肉类顺利通关	青白汀成都国际铁路港	策划
10 日	主档	我心中的警察英雄	市公安局	策划
11 日	主档	17 日起成渝立交这样走	成渝立交	行口
12 日	主档	解密：污水如何变清水	二三圣乡	项目
13 日	主档	户外练瑜伽共迎母亲节	蜀龙大道南段	执线
14 日	主档	首条环线地铁开始调试	中环路紫瑞大道段	行口
15 日	主档	孩子出生缺陷家人着急	高攀路	执线

两张表格记录了前后相隔四年时间内，选取同一时间段（7 月上半月）的选题来源。表格 1 中可以看到：2013 年，选题的来源主要以爆料平台（当时主要为新闻热线电话）突发新闻为主，特别是 7 月夏季多雨，我国西南方暴雨水患严重，自然灾害频发，自然成为 SNG 直播选题的主力军，采用热线爆料平台的直播条目达到总直播条目 29 条中的 23 条，一条为电影行口的选题《〈盲探〉明日上映》，之所以选择这个选题，一是因为电影本身的关注度，同时在直播窗口时段该影片的演员导演在现场有一个小型观众映前见面会，因此有直播的价值，而其余选题尽管是项目，也是因为在直播时段设计了现场互动的环节使得直播条件成立而选择了直播的方式。

表格 2，到了 2017 年，选题的来源则呈现出多样化，爆料平台也不再仅限于热线电话，热线电话平台的有效收到条数已经由 2013 年每天约 200 条缩减到了 2017 年的每天不足 50 条，更多的依托于热线、微博、微信等形成的多媒体热线爆料矩阵提供的选题，即便如此，SNG 采用爆料平台提供的选题数量也下降明显，更多的则是以行口新闻、策划项目为主的直播为主。在总共 15 条直播条目中，爆料平台 3 条；行口线索 4 条；项目 4 条；自主策划 3 条；特别直播 1 条。

二、现场报道选题的多样性

笔者带领的 SNG 直播团队每年的直播条目一直保持在 350—500 条之间，如此庞大的数量，同时还承载了来自新媒体网络直播、手机直播等带来的冲击力和压力，选题选择的重要性更加突出，甚至可以说选题选得好是直播报道成功的重要条件。

以笔者供职的成都电视台公共频道为例，正常情况下，现场直播类选题的来源主要来自以下几个方面：爆料平台、行口新闻、主题策划、项目任务，几乎大部分的选题都可以归纳到这四个方面，抓住了这四个方面，再在如何直播、选取直播角度上下足功夫，离一个成功的直播报道就不远了。

另外，必须要提到的还有比如来自宣传的纪律规定和观众的审美疲劳，例如表格 1 中提到的自然灾害，并非到了 2017 年夏季自然灾害就完全没有了，更多的是多年来观众夏天看自然灾害直播已经出现了一定的审美疲劳，除了创新直播表现形式（如航拍、工业镜头视角），更多的还需要在选题类型上进行创新、扩展和转型。

三、选题的筛选原则

有了选题的来源，当然也需要对选题进行筛选，要有预判性和前瞻性。抓住选题的几个筛选原则：时效性、关注度、鲜活度，在选题选择上，要突出地域性特点，多报道本地新闻，以观众为本位，找到最适合的直播选题，达到事半功倍的效果。只有那些与民众生活密切相关的、具有充分贴近性的题材才更有直播价值。

时效性。新闻价值学说认为，新闻事件发生与新闻传播出去之间的时间距离越小，新闻价值就越大，时效性也越强。正在发生的选题是观众新鲜感的保证，一条上午记者去气象局跑回的新闻远远不如节目播出过程中直播车从气象局发回的现场连线有吸引力就是这个原因。

关注度。如对气象、交通等的现场直播报道已经成为美国地方电视台早新闻中的家常便饭。面对突发性事件、灾难性事件，要以受众为中心，及时客观公正地报道新闻事实，充分满足受众的求知欲和知情权。

鲜活度。电视现场直播最大的魅力就是它的不可预知性，让观众有所期待。从观众的收视需要这个角度出发，但凡特大事故，只要时间允许我们要尽量直播。我们曾经关注过一场火灾的救援和扑灭的整个过程，在整个主档新闻中，我们在新闻画面的一角开辟小窗口，可以让观众通过小视窗的“画中画”功能完整看到整个事件的进展。

四、现场报道选题扩展

如果当天没有突发新闻，直播节目到底该怎么办？根据多年来的经验甚至教训，我们认为办法总比选题多。

笔者梳理了十余年来直播团队的选题，根据类型、题材的不同进行了归类整理，主要分为以下几种：

第一类选题为现场突发类选题，这类选题也是现场报道最主要的选题来源，诸如民生新闻最依赖的突发事件，如火灾、车祸、案件、突发自然灾害等。因为本身具有的现场特点，也最适合现场直播，同时体现 SNG 技术的时效性，现场报道出来的效果是最好的。

第二类选题为常态直播连线，即在当天直播窗口必然会有进程性的事件以及行口上的新闻，也包含大众普遍关注的社会新闻热点事件，长期跑口的记者会提供最及时的信息，这类信息一般也是观众最需要的，像天气、交通情况的及时通报和公布，直播也是观众长期以来最信赖、最直观的获取方式，如：交通状况（晚高峰）；市政工程建设（高架桥修建）；气候变化；机场航班信息；火车晚点信息；新政策的发布和解读等。

第三类选题为当日重点新闻的追踪，如：纠纷、官司、车祸发生在之前，但是在直播窗口期间，事件有了新的进展、新的消息等。

第四类选题为有社会舆论导向的非事件性新闻，选题根据新闻热点和宣传任务需求进行的提前策划类直播，要求较高，但主题突出、现场鲜活、观赏性较强，也较能体现直播团队的水准。如 2011 年 5 月 1 日酒驾入刑施行第一天，我们在交警执法现场设点进行连线，同时邀请律师专家在现场或者请进演播室进行深度解读。

第五类选题为策划类选题，在以上四类选题之外，根据近期社会热点策划一些可看性强的策划类选题，如：指导春季赏花的服务类节目《成都之春》策划等；这类选题一般源自于媒体自身依托特点进行的商业开发，具有一定的新闻性和可看性。通过现场设计、插片补充等形式可以做得内容丰富，具有很强的可看性。

总而言之，在现场新闻报道题材的选择时首先要拓宽选题来源，要注意新闻事件是否符合民众的认知，不能选择跟社会主流价值观不相符的新闻事件。其次按照时效性、关注度、鲜活度的原则对选题进行再次预判和筛选。然后在进行现场报道的进程中开阔选题视野，开发新的吸引观众的眼球的选题，在实际直播操作环节才能有的放矢地发挥电视媒体的最大作用。

（成都市广播电视台　肖宇）

新闻直播的系统构建和图文表达

一、直播系统概念

从制作的角度来讲，直播系统大致分为三大块：信息采集制作系统、传输播出系统和内部通话系统。

传统解释的现场直播是指“在现场把新闻事实的图像、声音及记者报道、采访等转换为电视信号直接发射的即时播出方式，就新闻事件来说，它既是报道方式也是播出的节目”。为了丰富电视语言，我们如今的直播通常会在前端进行导播切换，后端接入演播室问答，通过字幕机在线包装加入后台信息。又或者通过 EVS 等即时回放技术手段实现在线编辑，加入屏幕涂鸦来标注事件关键点。这实际上就是全新意义的采编播，正因为如此，如今的直播其实是一个团队协作的系统。

这个系统可以分为三个部分，第一部分是现场记者、摄像、视频制作、音频制作使用的信息采集制作系统，第二部分是技术人员和后台支撑组成的传输播出系统，最后一部分是编导人员和各工种达成协作所使用的内部通话系统。大到大型赛事，小到单机连线，即便是流媒体平台常用的户外手机直播，这三部分也是必不可少的。通常由于经费问题直播前端配置的人员较为精简，那么合理优化直播系统的三部分，团队人员深入了解直播系统的构成，往往能够达成低成本的高级视觉效果。

二、直播系统构建

直播系统构建的原则是安全制作、高效运作、形象表达。落实到三个部分，信息采集制作系统的构建需力求信源丰富，步骤简洁且有备份方案。内部通话系统需建立信息矩阵，如果经费有限，各点各工种即便没有条件建立互不干扰的通话能力，也需达成即时的信息传递，以便应对各种突发情况。传输播出系统应尽量减少环节以追求稳定。

信息采集制作系统的构建。在户外直播常用的信号来源一般分为摄像机音视频、放像机音视频（用于插片、插画面播放）、外来音视频信号（外来版权信号源、无人机信号等）、图文包装信号。在搭建信息采集系统前应与现场记者沟通，为现场记者的个人特色服务，在系统完成后现场记者需通过练习，熟练使用各种信号源。在直播过程中现场记者需要知道各种信号如何来，才能够判断直播是否正常。在流媒体时代，直播对现场记者的能力要求越来越高。在一个看电视剧都要使用 2.0 倍速播放、长微博只看评论的“信息快餐”时代，光凭优秀的语言表达是不足以留住观众的。那么，直播记者在节目中的图文表达方式就不应该仅仅局限于口头语言和肢体语言，更需要加上视角语言。这里提出的视角语言是指用特定手段实现的独特视角或观点的放大。如无人机带来的鸟瞰画面，潜水摄像机带来的水下画面，固定 POV 观察视角，或者包装和绘画制作的二维图示等。确定了现场记者的表达风格，就可以按照其表达风格设计信息采集系统中的信源分配。根据选题不同，地理位置和现实条件都会影响直播团队的配置。如果时间和条件允许，精细化制作节目适用于系统配置向直播前端倾斜，配置字幕机、在线包装、即时编辑系统等。但是如果追求时效，那么系统配置应往后端倾斜，极限情况单机单话筒即可实现制作，通过后端演播室的图文整合达成节目的整体表达。在这种情况下，沟通就显得极为重要，一个良好的内部通话系统是不可或缺的。

内部通话系统的构建。在直播团队建立初期，必要的内部通话通常在导播与摄像之间，现场记者与后端导演之间。这两条线路并不互通，一条保证画面，一条保证内容。导播的指令不会影响记者，但是这样就存在记者只能通过摄像师的手势获知导播的意图，不利于临时抓拍的画面的展现。如果其他摄像师抓拍到一个好画面，记者并不能通过简单的手势知道画面内容。前端导播与后端在演播室的导演也只能通过记者进行传达，对于节目包装的顺序和使用时机，前端导播并不能精确地知晓。那么，在各个岗位应当建立矩阵式的信息渠道，各个岗位能够发起与任意岗位的通话，在不需要的时候又可以屏蔽它。那么，当摄像师抓拍到一个好画面，导播也可以开启和现场记者的通话渠道及时告知，这样一来，现场记者就可以在直播中快速对抓拍画面进行表达发挥。大力打造内部通话系统能够增加团队执行力，加强直播安全性。

传输播出系统的构建。传输是直播中的一件大事。没有有效的传输，节目内容再好也不能播出。技术团队对于传输这一关键环节万万不能掉以轻心。即便是天天都在使用的通道也可能出问题，所以在每次直播前务必需要花时间测试通路的稳定性。而稳定性是通过两种方式来保证的。一是要有备份，二是必须要简洁。环节越少，可能出现问题的地方就越少。传输常用的方式一般是光纤、卫星、互联网视频流这三种。成本最低的视频流方式依赖基础建设最多，在偏远山区通信基站较少或者遇到自然灾害受损的情况下就会变得十分不可靠。光纤也是同理，需要地面通信基建的支持。卫星传输是成本最高也最为可靠的选择。到达直播地点之后，应该马上调查当地的通信基础设施建设情况。选择好最合适最稳定的直播通路。

除了安全性，传输中的另外一个必须注意的关键点就是延时问题。在一场优秀的直播中往往不会使用单独的传输方式，特别是在涉及了远程包装制作的环节中，各种传输信号的同步问题往往成为最令人头痛的问题。在一场大型直播当中，地点与地点之间跨度很大，那么通信基础设施条件也不同，那就造成了多种传输方式混合运用。例如一场马拉松赛事的报道，可能会分为多点连线。那么点与点之间首先应该注意声画同步问题，然后解决各点之间的延时如何同步，设计好点与点之间的切口交接，通过完善的内部通话系统来保证执行力。同一直播点，摄像机与摄像机之间也可能采用不同的传输方式，也同样存在声画同步与延时问题。如果现场记者的声音通过有线方式采集，画面则通过另一设备无线传输，那么，加嵌之后必然声画会错位。因此，务必要避免此类情况的发生，不能图方便。

三、直播设计规划图文信息

在明确了直播选题、地点和客观条件之后，就要确定如何给现场记者实现图文表达方式。在前方直播环境比较恶劣的情况下，图文表达手段应该放在后方实现。前方记者需要规划好口头表达及肢体语言，可提前将图文部分回传后方，然后通过内通配合展示。如果条件不允许，那么也可以将图文部分信源进行代替转化。用实物做一个替代品，再配合口头表达和肢体语言进行比喻演示。这样即便只能用摄像机信源也能够达到多元化表达的目的。如小画板、沙盘、图板等，这样对现场记者的语言把控能力要求较高。如果现场条件比较宽松，那么可在前端配置字幕员、字幕机和即时包装设备，能够与现场记者配合，展现出全新的视角，让直播节目的节奏更加分明，也更加形象和亮眼。

笔者认为，在直播环节中，语言表达、肢体表达和图文视角展示的界限越明确，现场记者组织节目的条理就会越清晰，表达也更加顺畅，更利于抓住观众。在直播趋于同质化的现在，喋喋不休的语言叙述已经让人越来越厌倦，即便现场记者能够说得天花乱坠，也避免不了让观众感到不适。电视的优势是多元化展现，电视直播绝不能做得像广播一样把观众变成了听众。因此，在设计直播节目的环节中，图文表达和现场记者的发挥同样重要。这是设计整个直播系统的着眼点，一个良好的直播系统绝不会冗余复杂，它应该简洁高效地为现场记者搭建一个图文表达方式，成为现场记者口、眼、手之外的一套三头六臂，同时要培养现场记者使用整个系统的习惯。

四、结　语

直播起步的时代已经过去了，如今正是百花齐放的时代。在多种多样的直播环境下，要反复推敲信息采集制作、内部通话协作和传输播出三个重要部分，利用这三个部分打造一个简洁实用的直播系统，并把这个直播系统作为一种强力武器交给现场记者，才能在众多直播中脱颖而出。新时代屏幕上的直播出镜人员也应该熟练掌握符合时代进步的图文使用方式，不能再单纯地靠口头表达的功力走遍天下。

（成都市广播电视台　谢佳）

论如何保证现场报道中的逻辑主线

在进行新闻现场报道过程中，新闻报道逻辑性有助于现场新闻报道的发展，一个通顺缜密的逻辑常常可以起到非常重要的引导作用。作为一名新闻工作者，在进行现场报道时需要做到概念明确，推理有逻辑性才能够成为一名真正意义上的新闻工作者。因此，新闻工作者在进行现场报道时需要加强逻辑能力的培养。

一、逻辑主线对于新闻工作者现场报道的重要意义

逻辑是正确的思维处理能力，逻辑能力也是一个人具备的一项基本素质，任何一个学科都离不开逻辑能力，对于实践性很强的新闻学更是如此。

第一，良好的逻辑思维能力有助于新闻工作者在进行现场报道时对事物进行正确认知。新闻工作的一个重要目标就是挖掘事实的真相，将事实原本地还原给广大观众。新闻工作者每天都要面临很多新情况，需要对一系列问题进行分析，对新问题作出认知和选择。在进行新闻工作之前，新闻工作者需要正确认知事物，只有正确认知事物才能够真正反映事物的本质所在。在进行现场报道时，如果新闻工作者不具备良好的逻辑思维能力，他不可能揭示现场报道各项事物之间的联系，也不可能对事实进行真实的反映。因此，培养良好的逻辑思维能力不仅有助于新闻工作者对现场报道的各项事物进行认知，还有利于对现场报道背后的真相进行挖掘，做到事实的还原。

第二，把握逻辑主线有助于在现场报道中作出正确的表达。现场报道主要是为了传递某种思想，为了达到某种宣传效果，因此现场报道就必须具备强烈的说服力，而说服力的根本就在于具有强有力的逻辑主线。因此，思维

敏捷、逻辑严密是推动新闻报道向前发展的重要因素，这也是做好现场报道的决定性因素。新闻工作者在进行现场报道时必须做到条理清晰，结构严谨，这样才能够使得现场报道具有良好的社会福利。因此，新闻工作者应当加强逻辑主线的把控，这样有助于更好地传递自身的思想。

二、当下新闻现场报道中常见的逻辑错误

在近期新闻现场报道的过程中，一些新闻现场报道常常出现一些明显的逻辑错误，这都是没有抓住逻辑主线所造成的结果，具体表现在以下几方面。

第一，概念不明确。在一次对新疆吐鲁番的现场报道中，当地记者现场报道 2018 年该地遭遇了罕见的风灾，但是由于广大农户采用了科学的管理方式，葡萄的产量较往年依然具有较大的增幅。在这场新闻现场报道中，现场报道的风灾这一概念并不明晰，存在概念上的逻辑错误。众所周知，风灾分为从一级到四级的不同等级，正常的风力不会对生产生活造成太大的影响，从五级开始会对生产生活造成一定的影响，五六级风灾虽然有影响但是不会造成灾害，因此这里的风灾应该直接定义为多少级的风灾，这样才能够使新闻报道更加明确，做到概念明晰。

第二，描述不恰当。在国外某一次野外挑战的现场报道中，新闻工作者曾指出该名挑战者不仅是挑战个人，更代表着一个国家和一个民族敢于挑战困难、积极勇往直前的勇气。这样的新闻报道往往体现出逻辑判断不清晰，一个纯商业的行为如何可以代表国家甚至代表民族，如果他的挑战失败，这对于一个国家和民族代表着什么？

第三，基本要素混乱。在 2017 年夏季暴雨突降中部某地市出现洪灾的现场报道中，当地都市记者现场连线做了一个报道，整个过程十分钟，记者精心选取了几个点位和案例，现场画面感也十足，但是却忽视了基本逻辑的安排，显得报道混乱冗长：一会儿说大树被强风刮倒，砸到汽车；一会儿说中心城区十字路口由于积水被淹，交通陷入瘫痪；一会儿又说大风使商户的窗户都被刮破了，玻璃碎了一地。没有清晰的主线安排，观众接收的信息非常跳跃，记者自己说到一半感觉遗漏了信息，又重新回头补充大雨的基本信

息，所以整个报道非常混乱，没有让人明白灾难究竟是什么情况。

三、当下新闻现场报道中常见的逻辑错误原因

第一，从宏观环境上讲，我们的教育并不重视对于逻辑的培养，很多新闻专业学生在进行新闻学习时并没有专门学习过现场逻辑这一概念。对于现场报道逻辑的把控只有在少数几个大学的新闻专业中有阐述，在很多普通高校新闻专业中都没有进行形象概述，这就导致了很多新闻工作者在逻辑思维方面欠缺能力，无法把握逻辑主线。

第二，很多新闻工作者急功近利，不重视学习的积累。一些新闻工作者为了博得观众眼球放弃了逻辑性。在进行现场报道时，很多新闻工作者都是凭着自身的生活常识逻辑去推理、去判断、去论证，这就使得现场报道往往缺乏有效的逻辑性。

四、如何更好保证现场报道中高质量的逻辑主线

新闻现场报道往往是处在临场发挥、即兴表达的基础上，有人形容为“效果好坏全凭记者一张嘴”，清晰有质量的逻辑主线，不仅会让现场报道的记者得心应手，方寸之间自在掌握，也会让观众更加明白记者所要表达的内容，抽丝剥茧，层层深入，达到更好的传播效果。如何保证现场报道中高质量的逻辑主线，可以从以下几个案例中得到启发。

第一，善于讲故事，理主线。

南唐后主李煜有一句妇孺皆知的名句，“剪不断，理还乱，是离愁”。此句用在新闻现场报道却是大忌。短短几分钟、十几分钟的现场报道，讲究的就是“话讲得明，理讲得顺，事讲得清”，绝对不能记者讲了半天海量的信息，观众却觉得“剪不断，理还乱”，没有一条清晰的故事逻辑主线。2018年夏季的降雨频繁，很多地方发生了地质灾害。地质灾害报道，记者的报道重点一般是灾害对于环境造成的破坏上，现场破坏得越强，电视画面呈现得越明显。但是，这样的现场看多了，观众也是会“麻木的”。那么，一段现

场报道如何让电视机前的观众达到“情感共鸣”呢？央视新闻中心地方部甘肃站记者 8 月 12 日下午与主播的一段直播连线报道，将“故事化”手法运用到现场报道中，一个故事两条线，就是非常优秀的现场报道范例。记者从进入一户人家开始，借助新闻现场还原了这户人家遭遇洪水后，如何不甘心地一步步抵抗洪水，一开始不愿意跑，后来洪水进了门，他又用面粉袋子和木板去堵，再后来房前屋后全是水，他才终于拨通村干部的电话求救……他的现场展示了两条主线，明线是这户人家遭遇洪水重创，房屋被淹、地基受损、作物绝产；暗线是不听村干部预警撤退的村民，给救灾工作带来了麻烦。提醒民众，必须听从安排，不要一意孤行。在一段现场报道里，明线、暗线清晰可见，关键还相互作用为报道主题服务，实属难得。

第二，遵循基本的要素表达。

学过新闻学的人都知道，新闻有最基本的六要素，即五个“W”和一个“H”，即 Who（何人）、What（何事）、When（何时）、Where（何地）、Why（何因）、How（如何）。时间、地点、人物、事件的起因、经过、结果，这些最基本的要素表达，放在新闻现场报道中是最简单的事情，然而也是最容易被一些记者忽视的事情，反而最考验记者基本功底。为什么有些电视新闻现场报道很成功，有些很失败？为什么有些现场报道令人印象深刻，有些却泛泛而过毫无亮点？从这些最基本的要素表达就可以立见高低。

第三，用逻辑主线弥补画面不足。

电视现场直播需要面对很多突发情况和不利条件，特别是画面展现需要很多客观环境支持。2015 年 6 月 2 日晚在《24 小时》中的一段连线报道中，央视记者给观众带来了一段“东方之星”沉船事件的现场报道。这段报道直播时已经是 23 点 21 分，这样的时间段特别不利于电视新闻记者做现场报道了。现场黑乎乎的，观众通过画面什么也看不见。而且他所报道的现场是水下，他本人无法进入水下，更无法跟着救援人员进入核心现场，看他们如何搜救。但是这段现场报道记者说得特别清楚：先从救援工具说起，潜水刀、潜水灯如何使用；接下来介绍救援人员到了水下，面临什么场景；进入船舱之后，搜救困难等细节点。观众听着记者的报道，仿佛自己身在水下，跟在救援人员的后面进入了船舱。为什么观众听得清晰明白，就是记者从逻辑修辞上呈现了清晰的画面感，用逻辑主线弥补画面不足，这样观众不需要付出更多的精力去费力地思考，一听就懂。虽然看不到现场，但是记者的话语已经构建了一个清晰的三维立体图像，这是非常成功的现场报道。

五、培养新闻工作者现场报道的方法

第一，我们需要加大对于新闻专业学生的培养，普及逻辑学这门基础学科。

逻辑学是关于推理和论证的科学，它的主要任务是提供识别有效的推理、论证与无效的推理、论证的标准，并教会人们正确地进行推理和论证，识别、揭露和反驳错误的推理和论证。在当代大学的学科体系中，逻辑学普遍被归类于哲学的范畴，这也造成了只有哲学系、社会学系的部分学生，才会把逻辑学作为必修课之一，相反其他专业并没有规定逻辑学的学习课程。

在当前新闻专业没有开设逻辑课程，学生参加工作后，只是通过现实生活中的生活逻辑经验，去对新闻工作进行指导，而新闻工作具有极强的严密性，现实生活中的生活逻辑无法完全指导新闻工作中所需要的逻辑，这样最终可能会导致新闻工作者在现场报道中出现逻辑把握不准确的现象。因此，需要加强新闻专业学生的逻辑培养，使他们在新闻实践中能有足够的逻辑知识的支撑。

第二，加大平时现场报道的逻辑思维训练强度。

现场新闻报道具备良好的逻辑思维能力并不是一蹴而就的，它需要新闻工作者经过长期的积累才能够完成，这样才能更好地帮助新闻工作者在现场报道中把握逻辑主线，使得新闻工作者可以应对自如，更好地做好现场报道。很多的记者都不怎么愿意进行现场报道，一方面是出于自身的不自信，另一方面是害怕“出洋相”，做不好现场报道，从而有损自身和电视台的形象。为此，针对记者不愿意进行现场报道的情况，首先应该从记者自身入手，增强记者现场报道的意识和观念。

具体而言：首先，培养记者自信心。提高自身对现场报道的认识，消除自身对现场报道的恐惧心理，例如：平时可以多做一些有关现场报道方面的训练和练习，提高自身的适应能力，从而在真正的现场报道中就不会怯场。其次，提高现场报道的能力。相关单位应该定期举行培训会，专门就做好现场报道工作，请专家学者进行培训，就现场报道变通能力、快速反应能力、语言组织能力以及观察能力，进行专项辅导。最后，设置激励机制。要激励记者勇于进行现场报道的激情，从绩效、评奖等方面给予倾斜，对于出色的现场报道进行丰厚奖励，并设置纠错机制，对一些新人的现场报道要给予包容，允许其在一定范围内出错和纠正，慢慢培养优秀的出镜记者。

（河南广播电视台　刘雪峰）

电视新闻现场报道分析
——以灾难性报道为例

在全世界范围内，灾难性事件往往以突发的方式出现，给个人与社会生活造成巨大的破坏和冲击，所以灾难性新闻因其突发性、破坏性、社会性，而具有很高的新闻价值，成为各媒体关注的焦点。在新媒体时代背景下，灾难性新闻报道是最重要的国际新闻报道类型。由于电视的画面鲜活，现场报道更直观，所以对灾难性新闻的了解，受众更倾向以电视作为最直观和便捷的途径。这样一来，电视记者做好灾难现场的报道就显得尤为重要。但是灾难性新闻一般都属于不可预知的突发性新闻，现场环境比较复杂，信息量大，相比于可预知的新闻来说对出镜记者现场报道的能力和素质要求也更高。

那么到底应该如何做好国际灾难性新闻现场报道呢?

一、出镜记者明确自己的角色定位

对于灾难性事件，出镜记者是一个观察者和体验者。在新闻现场需要迅速对大量的信息进行有效的筛选，通过现场报道对重点信息进行整合和有效传达。

一般来说，对灾难进行现场报道的记者都是以现场事件环境为背景进行报道。现场的出镜记者应该牢牢把握自己的角色定位，作为灾难性新闻现场的最直接的观察者、记录者和叙述者，通过他们的体验和感受作用于电视观众的视听感官，使观众产生“身临其境”的感觉，感受到真实的灾难情况。通过记者对现场的观察来迅速获取有价值的信息。

另一方面，出镜记者还是新闻信息的筛选者和编辑者。记者在一个完全陌生的灾难发生的新闻现场，可能对当地的情况并不了解，这时候就需要记者到达现场后及时调动现场的各种资源，对获取的碎片信息进行整合。我们知道，国内观众对国际灾难性新闻的关注点和国内并不一样。如果用做国内灾难性新闻的方法来做国际灾难性新闻的报道，恐怕效果并不理想。这时候就需要记者根据整体播出需求和受众的关注需求，对灾难现场的信息进行迅速有效的筛选和判断，分清主次，牢牢抓住报道重点，而不是眉毛胡子一把抓。

二、结合典型环境，表现现场冲击力

灾难是突发事件，而突发事件发展的不可预测性和不可控制性、新闻事件画面的稍纵即逝是电视直播的特点、难点。这就要求记者在灾难现场要进行深入细致的采访，在直播中进行现场报道要选取最具有典型性的现场环境，要求观察仔细、采访具体，注重情景交融，给人以身临其境的感受和令人信服的真实感。通过出镜记者的现场报道，不仅要使得观众在第一时间看到并听到灾难现场的情况，还要给观众带来极强的现场感和参与感。

2013 年底央视新闻频道推出《菲律宾超强台风一月》的大型直播。11 月初超强台风重创菲律宾中东部港口城市塔克洛班市，整座城市满目疮痍，伤亡极其惨重，遇难人数达到数万人。直播的时候，出镜记者选取了一个非常典型的现场环境进行现场报道。背景是一艘上吨级的大型运输船。超强台风登陆时，巨大的海浪把这艘停靠在港口的大型运输船顷刻间推到了距离海边两百多米的岸上，横在了行人密集的大路边上。足可见超强台风来袭时破坏力有多大，据当地幸存的市民介绍，现在这艘大船下面还埋着不少无法挖掘出来的死难者遗体。由于港口大片房屋被超强台风破坏垮塌，不少无家可归的人们不得不在船边散落废弃的集装箱内暂时栖身，灾后的生活困窘不堪……结合典型环境的现场报道使观众切身感受到超强台风的巨大破坏力，看到重灾之后当地民众生活的真实面貌和困苦，唤起同情心，凝聚公众的强烈关注。

三、采访有代表性人物，来深化报道主题

在国际灾难性事件中，现场报道要展示给观众的不只是结果，还有整个事件发生的过程、现在的灾情、下一步安置计划等丰富的内容。不仅如此，前方记者还需要深入现场进行深入的挖掘，寻找有代表性的采访对象，发掘“有意味”的人物故事，使现场报道有血有肉。

同样在《菲律宾超强台风一月》的大型新闻直播当中，前方报道团队在深入采访中认识了塔克洛班市重灾区的一位印度尼西亚华人谢大姐，谢大姐在港口附近做着经营旅店的生意，在超强台风当中谢大姐全家打拼半辈子攒下的全部家当损失殆尽，可是在大灾面前，心地善良、热心快肠的谢大姐顾不上为自家遭受的财产损失伤心难过，而是在尽力帮助其他菲律宾灾民，谢大姐能说一口比较流利的华语，就给中国派出的红十字国际救援队做起了义务翻译员和向导，天天忙得一刻不停，为救灾提供了很大的帮助。作为重灾区华人的典范，谢大姐的事迹在新闻直播中通过出镜记者的现场采访报道出来之后，给电视观众留下了非常深刻的印象，大灾大难之中闪现的人性的光辉令人由衷地感动。典型人物的发掘和展现使这个大型直播内容更丰富饱满，视角更多元立体，而且凸显了中国视角。此外，在直播当中，对中国红十字国际救援队的采访和现场报道也颇为精彩传神，体现了救援队队员和医务工作者无私奉献的品格和国际人道主义精神，彰显了中国国家电视台的思想立场，展现出了较高的报道水平。

四、观察和展现现场细节，辐射全局

在国际灾难性新闻现场，往往现场信息量很大，记者要对现场迅速作出判断，厘清报道思路，把握好报道逻辑，抓住灾难性新闻中的重点。千万不要忽视现场细节的力量，而让现场报道浮于表面。

2012 年柬埔寨首都金边一次群众庆祝活动中发生严重踩踏事件，造成一百多名当地群众遇难，遇难者当中大多数是 25 岁以下的年轻人。踩踏事件的发生场地在一座桥上，踩踏事件发生之后这座桥上留下了几百双鞋子，

几乎把桥面全部铺满了。这几百双鞋子当中不少鞋子的主人已经在这次惨烈的踩踏事件当中遇难了。记者在现场报道中抓住了现场这一细节和特点，几百双踩得满是脚印甚至带着血迹的鞋子的特写画面，给观众极其强烈的视觉冲击感。虽然没有亲临现场，可是画面和记者的报道却可以让观众切身感受和想象到踩踏的灾难发生时拥挤混乱不堪的现场场景，也揭示了踩踏发生的重要原因——灾难发生时民众巨大的心理恐慌和毫无组织的四散逃逸才酿成了人踩人的巨大惨剧。

综上所述，在灾难性的新闻现场报道中，因为突发事件的特性，作为出镜报道的电视记者，既要顾及镜头又要对灾情进行分析，还要对现场突发情况作出迅速准确的判断，把握事件的性质和特点，在最短的时间内形成鲜明、易于理解而又客观的口语语言和形体语言。出镜记者是灾难性新闻现场的一个重要的观察者和体验者，必须结合典型现场、典型环境，给观众带来强烈的现场感和视觉冲击力。同时，还要发掘有代表性的采访对象，来深化和提升报道主题。

（中央广播电视总台　胡慧翼）

电视新闻主题报道如何实现现场化播报

主题报道以“提高舆论引导能力”为指导，运用传播学关于“主动设置议题”的理念，由新闻媒体根据中央和省委、省政府一个时期、一个阶段的工作着力点，聚焦广大人民群众的关注点，针对社会公众舆论的热点，突出反映政治、经济、文化、社会民生等某个方面或综合性的重大主题。在报道事实的基础上，主题报道可以更好地宣传党的主张，反映百姓心声，引导社会舆论，助推中心工作。

不过，主题报道的定位和特点也让它有了一定的局限性。“订单式”的宣传主题，“高大上”的选题范围，天生具有“宣传新闻学”的特征。如果没有一定的制作技巧，很容易让报道变得枯燥无味，可看性可信性大打折扣，达不到预期的传播效果。如何把主题报道的“订单”打造成真正的新闻，让观众看得懂看得明白，从而喜欢看愿意看，提高节目的生动性和感染力，在主题报道日益繁盛的当下，成了业界普遍关心的话题。

作为新闻深度报道的一种形式，要做好主题报道，首先必须将有关精神吃透理解到位，从而来保证报道的正确性、集中性、鲜明性、重大性、时代性。在此基础上，再借助精心的选题策划和多样的表现手法来将报道内容进行呈现。本文将以此为中心，围绕怎样通过现场报道方式来丰富主题报道展开论述。

电视新闻现场报道是记者在新闻现场直接向观众以口头形式报道正在发生的新闻事实的报道形式，这种报道充分体现了电视同时性和速报性的媒体特征，能营造新闻传播的现场感和临场感，是现代电视新闻节目的重要表现形式。单从概念上来看，主题报道和现场报道是两个完全不同的新闻表现形式。主题报道（特别是总结式、成就性报道）往往缺乏时效、现场和情节，没有新闻由头报道切入比较困难，难以引起受众观看的兴奋点，与此相反，现场报道恰恰能比较好地解决这些问题。那么，如何发挥现场报道的这些优势，在主题报道中嵌入现场报道的元素，来软化主题报道的刚性特征、丰富报道形式，从而达到最佳的传播效果呢？

一、寻找“事件性因素”，围绕主题将报道事件化

具体来讲，主题报道事件化就是按照新闻的传播规律，精心选择最典型、最有代表性的突发性或非突发性新闻事件，从最具吸引力和表现力的内容进行切入，比如，制造在现场的新闻情境切入新闻，选择具有节点变动的新闻事实切入新闻，选择印证性对比的事实切入新闻等，为主题新闻找到合适的新闻由头，在传播新闻的过程中体现新闻主题，在报道典型事件的过程中，让观众自觉接受报道的主题，有效达到宣传目的。典型性事件的选择最好是正在发生的，或刚刚发生的，摒弃一些主题报道中事例陈旧、仅仅将事例当成一个引子、不做深入故事性挖掘的弊端。

二、带活新闻由头，增强节目的可视性和贴近性

目前，在“走转改”活动的大背景下，随着主题报道叙事结构和叙事角度的转变，电视新闻出镜记者的“贴近性”在新闻中越来越被强化，出镜记者从原来在片子中的一晃而过，更多地变成了全程跟踪和记录，成了主题报道的纽带。出镜记者口语化的表达能较好地建起和观众沟通的桥梁，把主题报道的“你们听我讲”变成“我想对你说”，大大增强了传播的对象感。同时，通过对新闻现场信息的逻辑化梳理，形成层次结构清晰，叙事结构合理的传播信息场，带给观众强烈的交流感。

在主题报道现场化的过程中，记者根据主题报道内容、观众接受度等具体要求，选择合适的出镜时机和方式，重过程、重事例、重细节，提升主题宣传的新闻性、时效性，能达到进一步软化主题报道的作用。出镜记者可以出现在节目的开头、结尾、串场、采访段落，在对报道主题充分把握的前提

下，通过对现场碎片化信息的有效甄别和挑选，让这些碎片化信息以段落化形式表达出来，以鲜活的现场性来服务突出报道主题。

2018 年 7 月份，央视财经频道推出了《夏天好去处 · 美丽乡村游》系列报道，要求地方台以记者出镜体验的形式，报道当地乡村旅游的亮点特色，挖掘当地特色物产及相关产业链，反映当地生态保护的成效，以及乡村振兴战略大背景下农村农民农业发生的巨大变化。接到任务后，笔者选取了河南省乡村游发展最为繁荣的栾川县为拍摄地点，以现场出镜的方式，将当地极富特色的旅游景点、餐饮美食、住宿休闲、产业发展按照逻辑串联起来，在带领观众边走边玩边逛边吃的过程中，将栾川的夏季旅游推介到了全国观众的面前，极具特色地完成了主题报道宣传任务。

具体说来，在实现主题报道现场化的过程中，要想出色完成出镜任务，还需要注意如下问题：

（一）熟悉报道主题，不遗漏任何需要现场表达的部分

和一般的现场报道不同，主题报道现场化的核心还是要表达宣传主题，现场化作为一种表达形式，要囊括的主题还是很鲜明的。出镜之前，记者要对主题内容达到相当熟悉的程度，制作详细的报道构成表，要细致到对每一个出镜的重点所在意在何为了然于胸，切忌到了现场眉毛胡子一把抓，以致冲淡主题内容。

（二）报道中突出现场细节，直击报道中心

出镜记者唯一能抓住的就是现场，所有时空要素的运用都要基于此来进行。到达新闻发生地点，记者无论是采用顺序、插叙、倒叙哪一种方式，都要以现场叙事为起点，找到最能体现报道主题的时间点，以现在时的时态来告诉观众正在发生的事情，突出新闻现场的真实感。

同时，在新闻现场的空间里，记者通过望、闻、听、摸等多种感官体验获得了丰富的现场信息。记者既可以根据一定的方位顺序，也可以依据一定的逻辑关系，来向观众展示一条清晰的观察、了解现场的途径，帮助观众充分了解现场空间情况，从而能够更深入地理解事件的发生、发展过程以及事

件的意义。不同于突发新闻，主题报道现场化的过程中可以根据现场情况设计相关的环节，相对来说，目标更明确，靶向更精准，也更容易出彩。

（三）提炼现场报道重点，适当点评

主题报道现场化中的现场是有计划有预设的现场，相对来说，记者把控比较方便容易，有充分的时间来考虑点评内容，从而使现场情况距离报道主题更加贴切，增加现场信息的理性分析，增强观众的理性认识，更好地理解报道主题。

三、丰富补充主题报道现场化中的信息量，达到最佳表现

因为报道主题的复杂宏大，主题报道要实现现场化报道，一般需要多个现场进行组合穿插报道，同时，一些关键性的数据也需要以字幕的形式着重表现，以方便观众对报道主题的理解。

随着虚拟技术在电视节目制作中的广泛应用，目前已经成为丰富主题报道形式的一个重要制作手段。在央视 2015 年“一带一路”系列报道中，在短短几分钟之内，主持人走出演播室，移步换景，走进了多个“一带一路”沿线的国家，带着观众了解当地的民生百态，不仅丰富了视觉表达形态，而且配合主持人透过现实带入现场，形象生动地剖析了“一带一路”倡议的提出给沿线国家的人民带来的福祉，借助虚拟植入技术营造了现实观感，有效地增加了报道的广度和深度，让观众感觉耳目一新。

电视主题报道主要立足于党和政府的中心工作和社会经济热点展开报道，不可避免地要涉及政策措施的罗列和成就数字的展示，如果这些内容不做技术处理，仅仅靠出镜记者来现场表述，一方面显得枯燥无味，另一方面也不利于观众对内容的理解。在现场化播报过程中，利用虚拟技术加上一些图表，对数字等做一些动画处理，再把内容进行形象化的呈现，是丰富现场报道的重要手段，可以极大地提升电视主题报道的可看性。

（河南广播电视台　顾海红　周长琴）

浅析如何做好财经事件的现场报道

财经报道正在成为中国新闻报道的一门“显学”，从宽泛的范畴来说，经济新闻是报道人类一切经济活动，或以经济活动为主要内容的新闻。经济化的大潮使人们越来越关注财经新闻，关注财经新闻的发展，财经报道也发展成为各新闻媒体的重点报道内容，各种财经事件也频频发生。

财经领域每天都有大量的会议、论坛、展会类事件，业内也有人将之称为静态新闻事件。“顾名思义，就是在动态上稍显欠缺，以发布信息为主。尽管信息本身足够重要，但因为形式单调和静态，往往在直播过程中很难形成足够的表现力。”① 经济事件与社会新闻很大的区别在于现场平淡枯燥！陈力丹曾对中国当代经济新闻的特点做过较为全面的描述，其中第一个特点就是：“大量的经济新闻是抽象的，很难用直接的形象来表达。经济新闻通常不能给读者带来具体的感受，或者带来视觉冲击，如人们无法看到利息的下降或上升、国民经济的状况，只能通过图表、曲线、比喻、举例等等说明变动的经济事实。”②

尽管“改进财经报道，写好财经报道”的呼声在新闻界一浪高过一浪，但客观地说，财经报道专业性很强，对读者进入门槛要求也甚高，因此可读性低，往往不能做到二者的有机结合；同时，财经报道本身过于理论化、数据化、故作高深和篇幅过长等问题依旧不同程度地存在着。随着财经媒体的蓬勃发展，一方面财经新闻信息传达的失效性呼唤对报道方式进行改革，另

---

① 连新民：《聚焦现场直播与现场报道——静态新闻事件的动态呈现》，《新闻研究导刊》2018 年第 2 期。

② 陈力丹：《中国经济新闻发展的几个特点》，北大财经新闻研究中心网，2003 年 9 月 18 日。

一方面财经媒体的激烈竞争也要求记者不仅要了解财经讯息，还要尽可能地深入到经济事件细节，在报道时形成差异化竞争的叙事风格。

财经故事的出现，解决了这样的难题，并找到了财经新闻专业性与可读性的结合点。多年来，笔者一直在摸索如何把经济事件的现场报道做活、做精彩，有个心得就是：找到事件或者政策影响到的人，把他们的故事做丰富、做出情感。

在财经事件的现场报道中，人物是极为重要的一环，经济事件的活动最终是由人的活动来完成的。从广泛意义上讲，财经人物指事件相关的所有人物，如消息来源告知者、事件的参与者、观察者、受影响者（受益或者受害者）等等。如果说，政策解读、权威专家、记者现场出镜等是经济事件现场报道的重要元素，那么经济事件背后的人物故事则是承载报道血肉情感的重要载体。“看到的是面孔，感触的是心灵。”透过一个个鲜活的人物，透过电视屏幕，让观众感受到经济事件的深远影响。本文重点意在探索除了以往用得比较多的政策解读、权威专家采访、记者现场出镜等现场报道形式，如何借助人物叙事方式，使财经事件的现场报道更深入、更生动。人物选择和叙事形式需要注意以下几个方面。

一、人物选择要典型，表达方式要鲜活

刚刚过去的2018年首届中国国际进口博览会，吸引了172个国家（地区）和国际组织参会，3600多家企业参展，超过40万名境内外采购商到会洽谈采购。面对如此庞大的题材，报道素材非常丰富，但是要出彩、令人印象深刻并不是一件容易的事，在铺天盖地的海量报道中，所有能想到的形式，其他媒体都会想到。这时候，在进博会现场找到个性鲜明、形象突出的人物就会比较讨巧。

此前，笔者曾经在义乌采访过众多的外商，其中有一位塞内加尔商人是当地的红人，他在义乌生活十多年，以义乌为家，说着一口地道的中文，对中国有着深厚感情。进博会前夕，恰巧听说他也来参加进博会，而且是义乌5000名采购团的成员。所以进博会开幕第二天，笔者就制作了一篇以他为

核心人物的报道。

这位商人长着典型的非洲人的脸，幽默风趣，说话还带着儿化音，一开口，就让人印象深刻。更重要的是，他对进博会的感悟，比普通的外商或者参展商都深刻得多。进博会上，他是一名采购商，因为十多年在义乌的从商经验，让他积累了丰富的销售经验和渠道，他要到进博会上淘宝，带回义乌销售。他更是一名塞内加尔商人，他的祖国也千里迢迢组团来参展，他更希望把国内的好产品推向世界，这是一种骨子里的情感。多重身份使得这位商人在进博会上特别忙碌，他的戏也特别出彩。他的报道播出后，很多观众都对这位讲着流利中国话的非洲人印象深刻。

二、体验式报道可为效果加分

如果说，大部分事件的现场报道只有一个主现场，那么财经事件的现场延伸得更广泛一些。除了一些发布政策的主现场，还有一些受政策影响的分现场。在以往的范畴，这些分现场可能会被定义成电视报道的各种特写，但不管如何定义，这些分现场的故事会牵动更多观众的心。

税，是所有企业最为关注的内容之一，而在所有税制改革中，增值税“扩围”都被看作是结构性减税的重头戏。但税的报道也是最枯燥的，而且过于专业不好表达。2012 年 1 月 1 日起，在上海的交通运输业和部分现代服务业中，率先开展了营业税改征增值税的试点。财政部、国家税务总局相关负责人也公开表示，力争在“十二五”期间将改革逐步推广到全国范围，可以说这是一场席卷全国的税制改革。笔者尝试了现场出镜、采访业内专家等各种形式，但参与了几次之后发现，这些并不能清楚地解答什么是“营改增”，这一场轰轰烈烈的税改究竟会对中国的企业带来什么样的影响。数据更新得再勤快，也都只是冷冰冰的数据，观众也无法体会到这次事件的深远影响。

2012 年 6 月，“营改增”的半年总结会上，笔者把报道现场转移到了受“营改增”政策影响的人身上。笔者找到了一位货车司机，跟着他凌晨 1 点从上海奉贤出发，通宵蜷缩在不足 3 平方米的大货车后座上，连夜前往浙江萧山送货，记录“营改增”税改后，他身上发生的变化。路费、加油费、车辆维修费能不能跨省抵扣？货车司机的税负成本有什么变化？作为最底层的税改亲历者，他有什么感受？笔者通宵跟踪采访，和司机一边吃着煎饼果子，一边讨论他的日常收支，最终制作成了报道《新闻特写：货车司机的税负成本》在中央电视台《经济信息联播》栏目播出。

片子中，记者带着观察的视线，一层层剥开真相，带领观众一步步深入到事件中。事实证明，记者的全程体验，让片子变得富有戏剧化。新闻发布会现场发布的原本是冷冰冰的数字：销售额、税率、税收……但这些冷冰冰的数字后面是12万家企业的命运，蕴藏了政策影响到的这些人的情感冷暖。普通货车司机的现场体验，一下子拉近了观众的距离，把极其专业的税改解释得清楚明白，也使税改动态发布的现场得到了延伸，枯燥的发布会现场转化成了有血有肉的财经人物故事。这则报道获得了2013年中央电视台优秀节目一等奖。

三、事件人物化，财经情感化

财经报道正日益重视叙事能力，尤其是财经事件的现场，记者不仅要了解财经讯息，还要尽可能深入到经济事件中的细节，从而在现场报道中增强可看性，如何提高叙事能力已经成为财经媒体竞争的重要法宝。财经领域每个阶段都会定期发布各种数据，CPI、PPI、GDP等等，这些数据变化都很细微，现场除了一些数据，可报道的内容少之又少。但点滴数据的变化牵动着人物的情感感受、喜怒哀乐，在这些财经事件的现场报道过程中，选择人物故事可以增加报道的故事性、可看性。

经济现象对我们生活的影响日益深刻，而观众由于种种原因，对经济现象往往难以作出合理的解释，这就需要传媒进行有深度的诠释。在财经事件的现场报道中，引入一些巧妙的人物化、故事性的叙事手法，可以有几个作用。

1. 增强报道的可读性。以往财经事件的现场报道经常过于强调专业性，更多的是术语的堆砌。现场报道中，增加人物化、故事化的内容，更多地从财经事件对社会、对老百姓实实在在的影响入手，能使报道更重实际、内容更丰富，增强可读性。

2. 注重财经事件中过程的叙述，可以展示事件及记者的调查过程，增强财经新闻的可信度。

3. 透过现场报道，可以渗透出经济事件对社会的“人文关怀”。

当然，新闻事件本身的新闻价值是新闻的核心，叙述只是工具、方法而已，尽管人物故事能为财经报道加分，但这种方法也有一定的局限性：

（1）需联合政策解读、专家分析等形式打组合拳。

人物故事更适合打感情牌，但信息传递量上还是需要靠消息、简讯等形式。此外，并非什么财经报道都一定要写成曲折故事，需要考虑几个因素，首先是媒体自身的定位，其次是财经事件的类型，一则简短的财经消息也没必要刻意去找其中的故事，那样会影响报道的时效性，同时让读者觉得报道拖泥带水，冗长复杂。①

（2）注意新闻性与文学性的冲突。

故事化手法运用于新闻写作，使财经报道呈现出蓬勃生机，然而，故事化手法突出强调趣味性、人情化和矛盾冲突，注重新闻事件的画面、细节，重在技巧的运用，这对新闻的真实性无疑构成一种潜在的威胁。所以，记者在运用故事化手法报道时，要具有较强的新闻意识，从选材到细节的写作都必须符合事实的真相，而不是新闻记者杜撰。②

财经领域，我们每天在报道数据、曲线、份额、指数……那么多数据后面牵连着谁的命运？股票涨跌牵动着股民的喜怒哀乐，期货证券牵动着投资客的神经，房价升降牵动着购房者的关注，物价变动牵动着老百姓的柴米油盐……而这些股民、投资客、购房者、老百姓正是我们的观众，正是节目影响力体现的源泉，正是我们的收视率。每一组数据后面必定牵连着一些人的命运和遭遇，我们在关注数据的同时能否也关注他们，关注他们的喜怒哀乐。虽然这不是事件主现场，但是他们身上的故事或许也能使报道更生动、更鲜活。

（中央广播电视总台　胡元）

---

① 倪洪江：《财经新闻叙事研究》，南昌大学出版社 2005 年版，第 105 页。

② 倪洪江：《财经新闻叙事研究》，南昌大学出版社 2005 年版，第 105 页。

反差——现场报道选题的重要标准

现场报道是极富电视特色的电视新闻报道形式，它由记者全程出镜、现场采访、场景设置、画面转场等要素组成独特的“语言系统”。现场报道最基础的工作是确定选题，再采用现场报道的“语言系统”去表现选题所蕴含的主题。笔者长期工作在地市级电视台新闻采编一线，近年来，偶有篇目被国家级媒体新闻栏目采用。在新闻实践活动中，笔者体会到，电视现场报道的选题有很多标准——新鲜新奇性、互动参与性、可视性等，但“反差”是现场报道选题的重要标准，需要“置顶”考虑。下面就以近年来荆门广播电视台在央视播出的篇目为例，谈谈现场报道选题的重要标准——反差。

一、反差是突破常规的“第一次”

（一）新闻的特质是“不同寻常”

1943 年陆定一给新闻下的定义是：新闻是新近发生的事实的报道。后来王中教授引入传播学概念，把新闻定义为“新近变动的事实的传布”，强调“变动”。突发事件、紧急情况，这种剧烈变化的新闻选题是显性的，是“天上掉下来的”新闻场，记者赶到现场，善于观察，选择报道角度，即能采写出新闻价值比较高的现场报道。对于没什么大动静、比较“静态”的新闻，就要善于发现、善于选题，发现其与常事常理日常节奏截然不同之处，发现其隐性的新闻价值，发现其有可能被复制的导向性，以此为选题，运用现场报道的“语言系统”，采制出精彩的现场报道。

（二）新闻选题要找突破常规的反差

在新闻选题时，要善于找到突破常规的“第一次”。

2011 年 4 月，笔者在蜂蜜店买蜂蜜的时候，发现店里多了一群年轻学生，一打听，他们是从福建农林大学蜂学学院来荆门实习的，而该学院是全国唯一的本科层次蜂学学院。这所学院当年在全国确定的实习基地和青年就业创业基地有 10 家，这其中，被评为“全国示范合作社”的荆门养蜂合作社是第一次被列入实习基地。与此同时，荆门两位养蜂农民也是第一次被聘为“校外指导老师”。

笔者认为，这是一个具有反差性的新闻选题，“校外指导老师”一般是强调职称、资历、身份，从事蜜蜂养殖的农民并没有什么职称、资历、身份，但福建农林大学蜂学学院没有墨守成规，敢于突破条条框框，更看重由实践经验积累而具有的价值，看重对学生的实践能力培养，这种对僵化的突破就是反差，就是新闻，而且在农业教育行业具有可复制的导向性。2011 年 4 月，荆门台以此为选题，策划蜜蜂养殖场和蜜蜂销售卖场两个场景，全程记者出镜，采制出《荆门蜂农被聘为大学“校外指导老师”》，先后在央视新闻栏目和新华社电视栏目中播发，受到社会的广泛好评。

二、反差是彰显个性的“最特别”

（一）反差是群体中“最特别”“走得最快”的一个

反差是以群体为参照，群体之中最有个性、最特别、走得最快的一个，突出差异。

如果只是千篇一律，在群体中几乎无差异，那只能作为普通工作材料，起到一定的宣传作用，而不是具有新闻报道价值的素材，更不必要用现场报道这种比较复杂的“语言系统”去讲述。“好马配好鞍”，要先寻找到具有反差性的选题，再去策划现场报道。

（二）新闻选题要找到“最特别”的反差

50多年前，为支援南水北调基础工程——丹江口水库建设，4.94万河南淅川群众辗转搬迁到芦苇丛生的湖北省荆门市钟祥大柴湖重建家园，由此形成全国最大的移民集中安置区。长期以来，柴湖是贫穷落后的代名词。2013年以来，湖北省“大柴湖振兴发展”战略的实施，吸引大柴湖能人回乡，发展花卉产业，带领移民脱贫致富。在全国移民集中安置区横向比较中，大柴湖是“最特别”“走得最快”的那一个。2017年，大柴湖已成为全国最大的凤梨和白掌盆花生产基地以及全国最大的花卉种苗基地。到2020年，大柴湖的花卉面积将达到3万亩，花卉产业将达到年产值百亿格局，增加农户年收入2万元。

过去一个大大的穷窝子，现在要摘掉穷帽子，这是精准扶贫中反差很大的一个例子。2018年元月，荆门台以大柴湖为采访对象，策划实施了一篇现场报道。主持人在花间漫步，在移民纪念石前展望，穿插运输商、贫困户、回乡能人、当地领导等采访，比较立体地反映了大柴湖“以花为媒”发展现代农业的不懈努力和发展路径。

三、反差是巨大变化的“这一个”

（一）反差要凸显外在契机与自身因素结合后产生的巨大变化

反差是以个体自身为参照，突出变化，凸显外在契机与自身因素结合后产生的巨大变化。反差是采编播选此不选彼的充分理由，是要寻找巨大变化的“这一个”。有了“这一个”的焦点，再用现场报道的形式去聚焦，就会收到比较好的效果。

（二）选题可以“大反差”套“小反差”

2018年央视财经频道发布《厉害了我的国·改革开放40年》大型主题系列活动视频征集启事，其中4—6月份的主题是“高考40年”。荆门有一个全国唯一的特种飞行器研究所，依托扎实的航空科研力量，依托独一无二的航空资源，荆门在全国建成了第一个“爱飞客”航空小镇，正在打造航空新城。这是荆门与其他地方的反差，笔者决定“大反差”套“小反差”，以荆门的航空特色为底色，到特种飞行器研究所去寻找一个因为高考与航空结缘的人作为报道对象。

一位全国人大代表又是中国特种飞行器研究所高级主任研究员正是合适的人选。高考之前，他压根就不知道“航空”这个名词。1989 年，从航空航天专业名校——西北工业大学毕业分配到湖北荆门，之后从事航空科研近 30 年。研发了中国第一艘实用型系留气球，在浮空器领域多次完成“中国第一”的开创性工作。高考前是航空盲，高考 30 多年后，是航空科研专家。这种巨大的变化形成一种反差，也凸显了“高考”这一外在契机在个人成长中的决定性作用。他的故事是“高考改变命运”一个比较合适的报道选题。

（三）现场报道场景设置要将反差进行到底

在采制这位研究所主任高考故事的现场报道中，记者围绕“航空”与其他选题的反差，将反差进行到底。以体现其工作状态的系留气球设备、空中单车设施、航空模拟实验室为场景，穿插他大学毕业留言册、在校园的照片、参与研制我国第一代水陆两栖飞机“水轰-5”工作照等画面，采制浓浓“航空味”的现场报道《高考让我和航空相遇》，在央视财经频道《第一时间》播出后，获得荆门观众好评，新闻播出视频得到微信朋友圈大范围二次移动传播。

四、反差满足好奇心更要引领好奇心

（一）反差要满足好奇心

由“反差”而选题的现场报道代入感强，能极大地满足人们的好奇心。

过去田间打农药靠人工，费时费力甚至还会中毒，当今农业技术的发展，使用无人机喷洒农药可以实现高效率的作业。互联网、物联网的普及，通过线上和线下结合的销售方式，更可以实现“手机点一点，无人机飞到田间地头”，将春耕服务送到农民朋友家门口。

荆门台对这一春耕现象进行了现场报道，记者在田间地头现场出镜，以正在喷洒农药的无人机为背景，用对比数据说明人工打农药和无人机喷洒农药之间的反差：如果是传统的人力打农药方式，一个人一天最多只能打 15 亩地，但是一台小小的无人机一分钟就可以喷洒一亩地，而且喷洒均匀，不重洒不漏洒，能节约 20%的农药和 80%的水，对我们的环境也更友好。一台机器相当于 30 个人，在节省人力、成本的同时，也降低了费用。

（二）反差更要引领好奇心

现场报道不仅仅要“新鲜奇特”“吸引眼球”、满足人们的好奇心，更要引领好奇心，扩大、延伸“反差”的影响，激发受众的大情怀和正能量，为建设美好生活起到不可忽视的作用。

（三）反差是新闻舆论引导力的瑰宝

在媒体融合的新时代，无论技术如何更迭，人们需要新闻，需要身临其境、极富电视特色的现场报道，而反差正是现场报道选题的重要标准。生活中不缺少反差，缺少的是发现反差的眼睛。发现了反差，更要在反差中寻找其中所蕴含的社会主义核心价值观、把握符合时代脉动的脉搏。反差绝不是“猎奇”，它满足好奇心，更引领好奇心。反差是新闻舆论引导力的瑰宝，是新闻价值皇冠上的明珠。

反差是带着露珠的鲜花，反差是灵动游弋的活鱼，反差是让人印象深刻的故事。现场报道带你采撷“鲜花”、抓住“活鱼”、倾听印象深刻的“故事”。现场报道是出镜记者带你看最特别，听最有趣，见识最新鲜，感受最感动。反差是现场报道的基础，和现场报道这种电视新闻形式交相辉映、相得益彰。让我们在新闻实践活动中用好反差——新闻选题的这一重要标准，采制更多、感染力更强的现场报道精品佳作，留下一段段新闻佳话。

（荆门广播电视台　李红）

“大处着眼”和“小处着手”
——浅论现场报道结构搭建

“现场报道结构搭建”，这并不是一个小话题。现场报道的结构往往会因为报道的题材、播出栏目需求、特别节目的整体设计、议程设置等因素发生改变。比如，时政题材的现场报道相对严肃，不适宜对结构进行过多更改；节庆报道等传统且较轻松的话题往往需要制作出不同特色，这就需要在结构上多下功夫；突发报道以信息传达为绝对核心，结构要围绕信息服务，等等。种种情况不一而足，在此不再赘述。因此，本文探讨的“现场报道结构搭建”，更多是对各类现场报道的结构共性作出的总结，简单讲就是“大处着眼”和“小处着手”。

一、60 分标准——“8 秒原则”

笔者认为，有没有达到“先声夺人”的效果，是一篇现场报道的结构 60 分的基本要求。开篇不好看，那么后面你再引经据典口吐莲花也没用，因为电视观众会换台，网友会点下右上角那个无情的小“×”。那么，如果对开篇的结构进行一个量化，大概多久必须要出现整篇报道的亮点呢？笔者认为，互联网领域的“8 秒原则”非常适用。

（一）什么是“8 秒原则”？

目前，随着互联网的发展，观众对信息的接收已经全面进入到了一种快速化、碎片化的时代。我们可以从内容传播的角度给互联网的发展做一个简单区分：如果把以文字阅读的互联网时代叫作“互联网 1.0”，把图文结合的互联网时代叫作“互联网 2.0”，把影视作品为主的互联网时代叫作“互联网 3.0”的话，毫无疑问，我们现在已经处于“互联网 3.0+ 时代”。这个“+”加的是什么？是基于 4G 乃至很快要投入市场的 5G 技术带来的短视频时代，其中传播方式的代表，是现在火遍大江南北的微信短视频、抖音、快手等产品。他们的特点就是“短”。朋友圈视频的上限是 10 秒，抖音、快手等网络视频平台对普通用户的视频限制都在 15 秒左右，这些时长的标准，是基于互联网领域一项著名的“8 秒原则”演变而来的：“用户在上网时，如果时间超过 8 秒就会感到不耐烦，如果下载需要太长时间，他们就会放弃访问。”在如今快节奏、碎片化阅读的“互联网 3.0+ 时代”，这个理念愈发深入人心。

在这样的一个大背景下，无论是传统媒体还是新媒体端，现场报道的“提速”已经成为一种内在要求和题中之义。

（二）“8 秒原则”怎么应用？

我们在这个网络概念的基础上引申，“8 秒原则”在现场报道中的应用，可以理解为在除了主持人导语和绝对必要的基础信息介绍以外，把最有亮点的内容放在记者介绍的最优先级。什么样的内容呢？我们比较常见的，有以下几种情况。

从视觉角度看，首先是触目惊心的画面。电视归根结底是一种视觉艺术，画面的冲击力决定了报道传播力的上限。对于现场报道来说，如果是现场自带视觉冲击力，那么把报道一开始的部分让给现场，理所应当。比如地震、火灾等突发现场，我们可以不要那么眷恋出镜记者的个人表现，甚至不要顾及有些新闻六要素没有介绍完毕，而是一开始就从现场切入。但是，有一种情况：原本正在发生的现场已经结束了，但是由于条件所限，我们只能在已经结束的现场回述之前发生的事件，这样的情况更加需要强调“8 秒原则”的必要性。比如 2016 年 7 月 9 日，台风“尼伯特”造成福建省坂东镇 6 人死亡，8 人失踪。在这次报道中，由于台风造成路面难行通信中断，坂东镇几乎处在与世隔绝状态。虽然央视记者作为全国第一批到达现场的记者，当晚就进入到了核心现场，但此时洪水也已经退去，只能通过老百姓手机里的视频回溯当时发生的事情。所以一开始记者是这么进行描述的：“经过几个小时的努力，我们终于跟随福州消防的救援队伍进入到了坂东镇，我们拿到了老百姓拍摄的事发时的视频，这段视频拍摄的时间是今天的上午，可以看到洪水已经淹没到了居民楼二楼……”从记者出现到切入画面一共只有 8 秒（这还包括了第一句必要的信息介绍），让现场已经变成河道的小区道路和被洪水冲走的汽车的画面，直观说服观众。这种“8 秒原则”的理念和率先到达现场的能力，也帮助这条新闻获得央视新闻中心 2016 年下半年优秀长消息一等奖。

另外，从内容角度衡量，观众最关心的信息应该放在最前面。比如地震、火灾、车祸等事故现场，大家最关注的肯定是人员伤亡的相关信息。在这样的前提下，有些原本比较小、并不具有很高新闻价值的事件，很可能因为小事故造成了大伤亡而变得全国乃至全球关注。

而在非事件类直播当中，还有一些精心的设计，也同样适用于“8 秒原则”。这样的设计，和新闻学中传统的“华尔街日报体”有异曲同工之处——其基本特征是：“首先以一个具体的事例（小故事、小人物、小场景、小细节）开头，然后再自然过渡，进入新闻主体部分，结尾再呼应开头，进行主题升华，意味深长。”

说到底，“8 秒原则”的核心思路，是把最吸引人的内容，放在最开始，用最简洁的方式介绍给大家。“8 秒”是基于一条短消息两分钟以内的前提下一个形象化的数字，并不是硬性规定。在十几分钟甚至几十分钟的报道中，这个概念完全可以适当拉长，重中之重在于，如何用最短的时间，把受众留住。

二、80 分标准——“40 秒原则”

有了“8 秒原则”这支先头部队为整篇报道打开的局面，我们正文内容部分的“主力”——“40 秒原则”就要出场了。从字面意思看，“40 秒原则”是指在设计直播架构时，我们可以把直播按照一定逻辑顺序进行拆分，掐头去尾以后，在中间正文部分形成一个 40 秒左右的小结构。和“8 秒原则”

同样的是，“40 秒原则”也是一种形象化的数字表达，并不是一种硬性规范要求，它的核心内涵是对整篇现场报道“骨架”搭设的理念：快节奏、大信息量、打出逻辑。

每个 40 秒讲什么？

“40 秒原则”，既不是每个部分平均用力，也不是列流水账，而是要结合实际掌握节奏打出逻辑，比较常见的分配方式，一般有分类式和递进式两种结构。

先说分类式。分类式顾名思义，对整篇内容结构进行简单的总结分类，一般会采用提炼关键词、形象化类比等方式。比如，2018 年春节期间，海南省海口市出现历时 8 天的历史级大堵车，一共滞留了 71 万多名游客和近 41 万辆车，平均渡海时长超过 10 小时。2018 年 2 月 26 日，记者在大滞留缓解的第一天早上做直播，是这么开场的：“今天已经是海南大疏堵的第九个早上了，站在这样一个时间点，我们有‘一个好消息’和‘一句不容易’要告诉全国所有的观众朋友们……”其实，这个“好消息”和“不容易”就是先通过提炼关键词的方式给整篇现场报道搭建了并列结构，进而在每个大结构里面，再按照“40 秒原则”提炼小结构。比如，“好消息”里，还包括了“离岛车辆已恢复春运正常水平”“解除滞留一级应急响应”“港口待渡车辆剩余 1300 多辆”等等内容，信息量大、结构紧凑、逻辑紧密，对“40 秒原则”的良好应用也帮助这篇报道获得了央视新闻中心 2018 年上半年优秀直播节目奖。

同样，递进式也是“40 秒原则”下常用的现场报道结构。递进式和分类式的应用场景其实要具体问题具体分析，但是大致区分的话，递进式偏向于“正在发生”的现场，而分类式比较适合非事件性、现场行进感不强或者已经没有现场的现场报道。由于大多应用于“正在发生”的现场，因此递进式结构往往根据对现场的预判来设计结构。

三、90 分标准——细节为王

大开大合以后，我们要做一些细致的功夫来填充结构，这就是“小处着手”。如果说“大处着眼”工作做完，你交上来的有可能是一篇还不错的现场报道，但是细节功夫做到，才有可能使得你的报道脱颖而出，步入“优秀”行列。而在这个大概念下，我想分享两个理念，分别是“比较”观点和“3B”原则。

（一）“比较”观点

先说“比较”观点。比较，一般分为类比和对比，像上文提到的钱塘潮的形象化，就是一种类比，对比则经常用于一些内容出乎意料需要体现反差的场合，比如再生材料前后对比、城中村改造前后对比、大工程前后反差对比等等。而不管是对比还是类比，都是我们平时现场报道中最常用的一种抓细节的手段。

（二）“3B”原则

和上文提到的“8 秒原则”异曲同工，“3B”原则同样也是应用于其他领域但是很适合现场报道的一种“跨界原则”。“3B”原则是由广告大师大卫·奥格威从创意入手提出的，其中，Beauty—美女、Beast—野兽、Baby—婴儿，通称“3B”原则。据调查，以此为表现手段的广告符合人类关注自身的天性，最容易赢得消费者的注意和喜欢。而在现场报道领域特别是在抓细节方面，“3B”原则同样有奇效。但是我们需要对这个概念加以拓展：“Beauty”不仅仅是指美女，还包括一切美好的事物，如美景、美食等等；“Baby”不仅仅指婴儿，还包括老人、小动物等等能引起人“怜悯”“可爱”情愫的事物；“Beast”不仅仅指野兽，还包括暴力、血腥等能引起人兽性的内容，当然，这部分内容需要在相关法规的允许下慎重使用。

央视新闻中心早些年一直有“追鸟”的大型现场报道，2016 年的“追鸟”行动，央视新闻中心浙江站站长的一篇现场报道就很好应用了“3B”原则中“Beauty”这一原则。一开篇他先抓住了“美景”这个关键词，通过画面给大家展现了念青唐古拉山和当雄——黑颈鹤生存环境的细节；紧接着，他在展现黑颈鹤迁徙画面时，故意留白让大家聆听黑颈鹤的叫声并且加以解读，通过拟人方式解读黑颈鹤之间的“对话”，这可以说是“美好的声音”的细节；再往后，他通过和专家的交流，慢慢接近观测对象的鹤群，每走一段就停下对话解读，这里尤其让人称道——因为黑颈鹤属于比较怕人的候鸟，哪怕用高倍摄像镜头，也很难捕捉到黑颈鹤特别唯美的画面。但是有了这样小心翼翼、亦步亦趋的感觉，让人从视觉上更珍惜能看到的每一个画面，似乎一不小心鹤就要飞走了似的。这种对于美好的事物“稍纵即逝”的代入感，用现在一句很流行的话来说，就是“很高级”的感觉。

四、真情实感才是王道

说到底，无论是“大处着眼”还是“小处着手”都是具体的现场报道结构搭建的技巧，这些可以被称为“现场报道结构搭建的共性”。但是，现场报道结构搭建乃至整篇的完成遇到的情况错综复杂，需要具体问题具体分析，具体用什么样的方式？一句话——用心体验。在严肃的场合结构设计过于出挑、在欢乐的场景结构设计过于死板，都容易陷入“尽信书不如无书”的尴尬境地，严重的还会引起观众不适、报道效果大打折扣。所以，以上内容从本质上来讲，只能作为现场报道结构搭建时的辅助方式，真正解决问题的办法，还是记者本人要经过大量的实地调查研究，真正全身心融入现场，通过真情实感来搭建每一篇的不同结构，这样才能给大家带来更鲜活的可以被称为“经典”的现场报道。

（中央广播电视总台　贾林）

第三部分
现场报道的内容构思

浅谈电视现场报道开场设计

电视现场报道，是记者置身于报道现场，出图像并使用同期声向观众叙述、评论新闻事件的一种报道形式。它整个过程如同一位朋友在身边将即刻发生的新闻进行现场综合报道，具有真情实感和穿透力。自20世纪六七十年代电视出现现场报道至今，现场报道已经成为一种常见的报道形式。

古人云，起句当如爆竹，骤响易彻。那么，现场报道的开场如何才能引人入胜呢？社会民生新闻栏目《街头巷尾》和时政类新闻栏目《昆明新闻》是昆明广播电视台两大品牌栏目。笔者主要结合这两个栏目中的部分现场报道，来探讨现场报道的开场设计。

一、现场记者开场位置选择及镜头配合

（一）现场记者位置选择

首先，我在现场。“如果你拍得不够好，是因为你离得不够近。”这句话出自20世纪著名战地摄影师罗伯特·卡帕，用于现场报道也再贴切不过，采访是一种抵达，在新闻事件发生时，现场报道的记者都应想方设法站在第一线为观众带来报道。在很多报道中也常常看到，现场记者不畏艰险站在地震刚刚过去的房屋旁，在大风口或者过膝的积雪、淹水中，让观众如到现场般直观感受。置身现场，是对每个现场报道记者的基本要求。

就时政记者而言，现场报道同样遵循新闻第一线的原则，大型活动或者两会期间，记者开场背景通常会选择展会活动现场或者会议标志性建筑，这样能够较为全面展现整个活动盛况，新闻也具有较高辨识度。

其次，巧构思，找代表性标志。在新闻报道现场，记者还需要一双善于发现的眼睛，寻找亮点出镜。

再次，置身其中，充当参照系。在一些场景中，通过画面很难表现和反映出现场真实情况，例如物品的大小、淹积水深情况等。这时候怎么办呢？笔者早年在《街头巷尾》曾经采访过一件趣闻，一位市民从菜市场买回一丛菌子，菌子大如脸盆，市民因为担心不能食用，打电话给电视台求助。来到市民家，发现如果只拍菌子，无法表现大小，而这么大的菌子在昆明也算稀奇事儿了。于是，在开场笔者双手抱起这丛菌子，既满足了受众想一探究竟的心理，也利用自己当了一回参照物。

（二）位置选择上的镜头配合：运动镜头与固定镜头

在现场报道开场时，记者位置选择与摄像也存在配合。现场记者在有一个内容大致构思后，有时间的情况下应和摄像有效沟通，设计镜头。笔者简单概括为以下三种常见情况。

固定镜头：运用在时政新闻及背景在快速运动时。重大会议等时政新闻现场，一般采用固定镜头，将记者固定在画面中，强调庄重感和严肃性。赛车、赛马等比赛场景中，新闻元素在快速运动，固定镜头出现场，可避免镜头无法跟拍物体导致的晃动“花眼”。

运动镜头：运用在记者无法进入新闻中心位置时。每年 4 月，傣族泼水节都会在云南民族村举办。其间，公园指定区域，游客可以相互泼水，感受节日气氛。设备贸然靠近该区域容易遭泼水损坏，此时，记者可以选择外围较近安全区域，摄像将镜头边跟拍记者边推到泼水现场。观众随着记者现场讲述，再加上逐渐推上去的中景和特写，欢乐气氛跃然而出。在火灾现场以及突发案件封锁区域等，也可以采取运动镜头。

运动镜头 + 后期剪辑：运用在表现现场氛围、强调新闻事件时。在一些热闹的活动中，让镜头跟随记者一同运动或者移动，逐步深入现场，能将现场氛围充分、有效传达。每年 5 月初，昆明教场中路行道树蓝花楹开花，犹如粉紫色浮云悬在半空非常梦幻，今年成为抖音网红后，赏花游客和市民增多。因为花在街道上方，街道长达两公里，《昆明新闻》记者在报道开头便使用运动镜头加后期剪辑，配合现场记者置身现场的描述展现鲜花之美。

在突发事件来临时，过多考虑这一部分就显得没有必要，记者和摄像应临危不乱，快速抓紧时间抢第一现场。

二、记者出镜开场说什么

作为消息的开头部分，记者开场需要最新鲜、最主要的事实或依托新闻事实的精辟议论。要叙好“凤头”十分考验现场记者的口头表达、语言组织以及控场能力等。在这里，笔者粗浅总结几种常见方式。

（一）陈述式开场，客观呈现

通过实践和关注近几年大量现场报道，笔者概括为“时间 + 地点 + 事件（人物）”，陈述式开场在民生和时政新闻中都有大量运用。陈述式开场一般是新闻事件刚刚或正在发生，记者直击现场，置身其中客观口述报道，通过“我看到、我听到、我闻到、我感受到……”表述，让观众产生心理同构效应，让报道具有渗透力。

对于一些动态或者突发事件，也适合这个模式。《街头巷尾》2018 年 7 月 22 日播出新闻《西福路：疑似工地施工震碎住户玻璃》，记者值夜班接到电话第一时间赶到现场，报道开场为：“我现在来到陈女士家，现场看到她们家客厅落地阳台窗户已经开裂，裂缝从上到下布满整个玻璃，由于现在是晚上，无奈之下，陈女士只能找来透明胶布暂时把裂缝粘住，防止意外发生。”值得注意的是，记者在现场报道中，事件依旧有可能发生动态变化，特别是直播状态下，记者在现场可以根据变化进行递进式表述，例如深井救援、抢修漏水管道等，也许相隔 10 分钟前后就会发生很大变化。

（二）设计式开场，夹叙夹议

大型主题报道往往事前已知，在报道前，记者应主动构思、设计开场内容。在这类开场时，记者需要前期做足功课，对新闻背景、活动主题，以及活动当天内容等有较好掌握，在现场报道中，不再单单是叙述现场，而能更加翔实地讲述新闻背景、点评新闻事件等。

（三）体验式开场，记者亲身实践

采访中，还常碰到新闻内容记者阐述很复杂不具象，或者需要现场验证真实性，那就请记者实际行动起来。

《街头巷尾》2018年4月29日新闻《某共享单车叫停一月市区多处仍有停放》，新闻报道了某品牌共享单车没有通过审核就进行投放，一个月前曾被市城管局等相关部门叫停，之后却在市区内仍旧可以找到。出镜记者开场直接打开手机APP软件，现场按照软件上显示的位置，在昆明部分街道找到了该品牌共享单车，换句话说，该类共享单车并没有按照要求暂停使用。

这类新闻报道，记者可以以市民角度直接体验或者利用电视画面的直观性现场验证真伪，开场用事实说话，让报道直观、易懂。

三、空镜头、同期声开场

在现场报道开场时，有些新闻记者会纠结是先记者出镜，还是先使用空镜头。笔者认为，新闻没有抢到现场或者事件现场感极强时，不妨运用空镜头、同期声开场，先声夺人。简单归纳几种常见情况。

（一）现场已成过去式

新闻瞬息变化，有时候当记者赶到现场时，事件已经结束，如今手机拍摄自媒体的出现，可以帮助现场记者较好完成“情景再现”。采访中，很多市民也乐于将自己手机拍摄画面提供给电视台记者。《街头巷尾》2018年5月27日新闻《经开区义路村农贸市场：降雨致市场被淹商户损失惨重》，由于市场被淹是凌晨3点，记者早上赶到时积水已经被处理。在报道中，记者首先展现凌晨3点左右商户们用手机拍摄的视频和图片，反映最严重积水情况；之后，记者出镜现场讲述早上淹水退去泥沙堆积路面以及商户预估损失金额。

（二）现场情景新奇或者具有强烈视觉冲击

2013 年 9 月 7 日上午，昆明市老工人文化宫主楼被成功爆破拆除，这栋大楼在 1985 年建成，整幢大楼为 18 层建筑。在那个年代，这样的高楼很少见，昆明人都争相上楼体验，登高远望昆明城。大楼曾夺下了当时“全国最高、最宏伟的工人文化宫”头衔。随着爆破，老工人文化宫就将成为市民心中永远的回忆。当时，记者出镜就不那么重要，而将爆破画面直接呈现，恐怕才是大家最想看到的内容。

（三）突发现场

2018 年 9 月 16 日至 17 日，最强台风“山竹”登陆我国沿海多地。央视新闻中，多地记者不惧危险，站在最前沿为观众带来现场报道。在 9 月 17 日晚上央视《东方时空》播出新闻《今年登陆我国最强台风“山竹”肆虐　广东深圳玻璃幕墙被吹落两次现场紧急封锁》，该新闻中，广东台记者在现场报道中，玻璃第二次砸落，新闻在一开头便采取先入“窗户砸落画面 + 解说”，再倒回来看记者现场整个报道过程。从 16 日开始，央视的其他台风相关新闻中也出现了先入“画面 + 解说词”再由记者现场报道的方式。

重大车祸现场、正在燃烧的火灾现场等突发事件，以及防爆演习、反恐演练等特殊场景，笔者认为同样不妨尝试让现场“说话”。

综上所述，现场报道也并不是固定不变的，当记者到达千变万化的现场时，还需不断探索、创新，因地制宜快速构思，力图报道精彩。

（昆明广播电视台　李琳）

论新闻现场的描述方式

在新闻报道中，出镜记者的形象并不是最关键的因素，关键的是记者在新闻现场要有话可说，还要言之有理、说得透彻，这样才能确保观众作为接收方，能接收到有价值、有意义、有趣的信息。因此，现场报道的记者需要具备的第一素养就是描述现场的能力，这种能力也可以理解为即兴口语表达的能力。简单地说，就是要求出镜记者在知晓新闻选题抵达现场后，抓住即兴表达的核心，打通思维与语言的关节点，合理运用新闻报道中的描述方法，做到抓住主旨、厘清结构，从而抓住观众的心。

一、出镜记者在现场报道中常出现的问题

中国传媒大学的宋晓阳教授在《出镜记者报道指南》一书中提到，现场描述是现场报道的主体形式，也是新闻评论工作、采访工作的前提。“描述”一词在百度中的解释是“运用各种修辞手法对事物进行形象化的阐述”。在笔者看来，“描述”放在现场报道中，就是需要记者对新闻现场所见的场景、人物、事件等认为需要进行表达的对象，把它们的突出特点、特征，利用语言进行组合再描述给旁人听的一种口语表达形式。当然，这样的理论大家都懂，但在实践操作中，仍然会有一些记者因为前期准备不充分或者经验不足等原因，在现场描述中暴露大量问题，尤其是在做 SNG、4G 连线的时候，一些出镜记者的现场描述就显得缺乏层次、重点、逻辑和专业性，主要表现在以下几个方面。

（一）无信息量的口水话多，缺乏干货

有些记者在进行现场报道时，会出现描述不精准，无信息量口水话太多的问题。出现这种情况的原因，大多是因为记者没有提前搜集关于新闻现场的“背景信息”。这时出镜记者需要结合提前掌握的新闻现场背景资料，更多地为观众介绍“是什么”“为什么”“怎么办”等，这些内容才是观众想通过记者去了解的。

（二）语言拉杂

首先，一些出镜记者在进行现场报道时用词含糊、语言既零碎又拉杂冗长，用老百姓的话说，就是前言不搭后语。其次，说话“吃螺丝”和习惯在口语表达中加“嗯”“啊”等口头禅，也是一些出镜记者存在的问题。而出镜记者带着这些问题所创作出的报道，会让受众听起来既累耳，又累心。为什么会出现这类情况？细想来，大多数原因是因为出镜记者在报道前期没有就自己要说的内容在脑中建立一个“内容大纲”，所以导致在实际操作中拿着话筒一说话，就缺乏条理和逻辑，想到哪儿就说到哪儿。

（三）轻描述重评论

有些记者在现场报道时，还没有对现场进行清晰、完整的描述，就急于评论，使得描述出现混乱。比如，在2018年全国大众创业万众创新活动周期间，众多新技术、新工艺、新软硬件的“黑科技”亮相成都主会场，一些记者在直播连线时，在对现场场馆进行大略描述后，就迫不及待地开始抒发个人感受。其实对于观众而言，想更多了解的，就是科技是如何改变我们生活的，现场究竟有哪些很有亮点的“黑科技”，它们牛在哪儿，等等。笔者认为，要避免类似这样的尴尬情况发生，出镜记者需要在报道中，找准自己的角色定位。事实上，在新闻报道中，出镜记者的角色和身份是多重的，记者是素材采集者、提问者、现场调度者、体验者等。但笔者认为：所有的身份都有一个要遵循的前提，就是：你是受众的代表者。你代替观众到现场来看、来听、来感受。观众想看什么，想知道什么你就要报道什么。只有坚

守住这个前提，报道才不会脱离受众，不会变成为出镜记者一个人的自说自话。

二、如何提高出镜记者的现场描述能力

（一）掌握现场描述的两种基本方法

静态描述法：以记者或者现场的某处标志性建筑为中心，按照一定的方位进行描述，比如从左到右、从上到下、顺时针顺序，或者是从大到小、从小到大、从南到北。这样的描述方法能让记者在报道时具有逻辑性，不至于说了上句忘下句。

动态描述法：边走边说，这样的方式会增加报道的“现场感”。在这里笔者想多谈一点。出镜记者的每一个出镜，到底应该怎么“出”？在笔者看来，每一个出镜都需要琢磨和设计，不能随便找个地儿，拿着话筒把背好的词儿一气呵成说完就算结束。出镜需要秉承的一个原则，就是你的每一次出镜都要让受众觉得有理由，不能为了出镜而出镜。

（二）提前备好“干粮”

出镜记者想在报道现场有好的描述呈现给受众，那就一定不能轻视“背景信息”。背景信息至关重要，通俗点儿说，它是出镜记者上报道“战场”时需要备足的干粮。这些背景信息，首先包含了记者对报道场地、新闻事件信息的提前打探。其次，是就这类新闻事件延展开来，查询之前是否有过类似事件发生，这类事件涉及哪些法律条文以及相关国家政策方针，等等。只有掌握了这些内容，出镜记者在报道时才能真正做到“胸有成竹”。不过，笔者在这里特别提醒一点，出镜记者可千万别以为掌握了“背景信息”，一切就万事大吉了，因为“背景信息”是做现场报道时的“配菜”而不是主菜。真正的主菜，是“现场信息”，即你身处新闻现场看到的一手细节和内容，如果只掌握“背景信息”而忽视“现场信息”，那整个报道既缺乏“真实性”“现场感”，也会让受众感觉记者不过是把提前准备的词儿在镜头前背

了一遍，缺乏专业性。

（三）日常多做语言训练

笔者在之前提到，一些出镜记者在报道中之所以会出现词不达意或者卡壳的现象，大多是因为思维混乱、缺乏逻辑造成的，而要解决这类问题，需要出镜记者在日常多进行模拟报道的训练。建议出镜记者先对自我进行业务审视，哪类报道是你最不擅长的，找到之后再有针对性地去看此类报道中其他同行是如何出色完成报道的，多看、多总结、多对比，寻找差距。然后在平时多做此类报道的模拟训练，比如预想一个包含事件主要信息、时间、地点等内容的开头，比如了解这类报道哪些内容点是必须要向观众交代清楚的，而这样的训练核心主要是培养对这类报道的思考和组织语言的应对能力。这样，当遇到实战时，就不至于无话可说，脑中自然会启动平日练习的思考模式，从容完成报道。

（成都市广播电视台　陈澄）

电视专题节目中现场报道方式方法的探讨

电视现场报道，是记者置身于报道现场，出图像并使用同期声向观众叙述、评论新闻事件的一种报道形式。与现场报道相伴而生的是出镜记者。

“出镜记者”一词产生于20世纪六七十年代的美国，原为“On-Camera Correspondent and Reporter”，翻译过来就是“上镜的通讯员和现场记者”。我国的出镜记者比西方国家晚了近20年。

“出镜记者”是记者群体的一个组成部分。在我国的一些理论研究中，对出镜记者的定义有不同的解释，朱羽君认为“出镜记者是指在电视采访中出现在镜头里的记者和主持人”，宋晓阳认为“出镜记者是指在新闻现场，在镜头中从事信息传达、人物采访、事件评论的电视记者和新闻节目主持人、新闻主播的总称”。在这些定义中，出镜记者更多指的是电视新闻节目里的出镜记者，但实际上，在很多电视专题节目里也有出镜记者，这些记者有的被称为“现场记者”，有的被称为“外景主持人”，等等，其中既有专职的主持人或者外景主持人，也有编导型出镜记者。具体到不同的专题节目，出镜记者在进行现场报道上有自己的一些特点，本文就针对电视专题节目中现场报道的方式方法进行一点探讨。

电视专题不是纯新闻，对实效性没有特别高的要求，通常是以文化教育、艺术、科学、人物、事件等为表现中心，对题材的选择和报道的深入程度要求更高一些。

本文拟以《生财有道》栏目为例，对现场报道的方式方法做一下分析。《生财有道》栏目是财经频道（CCTV-2）晚间黄金时段播出的一档财经专题日播栏目，播出时间为周一至周五 18：55—19：25，时长30分钟，收视率一直位居财经频道首位。在上星卫视财经类节目中，《生财有道》栏目的收视份额排名全国第一。《生财有道》关注创业人物、传播生财之道、助力脱贫攻坚、推进乡村振兴，围绕主题主线做了《乡村振兴中国行》《咱们家乡有特产》《中国民宿创客榜样》《精准扶贫·小康中国》《来自扶贫一线的报道》《生态中国系列》《夏日经济》等一系列专题节目，既符合时代要求又接地气，出镜记者的现场报道是《生财有道》节目的一大特点，该节目的出镜记者主要为当期编导。

《生财有道》栏目的出镜记者在节目中主要参与的内容包含以下几块：出镜（开场、转场和结尾）、现场互动（包括体验）和人物采访。为了对其现场报道的方式方法有比较针对性的探讨，本文就从这几部分实际操作内容说起。

一、出镜

出镜记者在现场报道中的单独亮相，通常就是当期节目的开场、结尾，有的节目还会考虑用出镜做转场。

（一）出镜地点的选择

专题节目不像新闻节目时效性那么强，但并不是没有时效性。既然是在现场出镜，那么现场就是出镜记者进行现场报道中不可或缺的重要元素。所以，开场的出镜不是找一个好看的地方就可以，而是要寻找典型性。以2017年12月14日《生财有道》栏目的《生态中国系列（沿海行）——海洋生态美　牧场生财忙》为例，拍摄内容为山东荣成的海洋牧场，开场可以选择的地方有很多：海边、渔船、渔村、养殖区，等等，记者最终选择的是海洋里面的海上平台，海上平台是海洋牧场第三产业也就是旅游业的集中体现，是最能引起电视观众兴趣的地方。拍摄时选择用航拍的方式从出镜记者的半身拉到一片海域，把现场非常震撼地展现出来。

当然不是每一期节目都能有这么有代表性的地点可以选择，但典型地点可以作为一个重要的选择标准。

符合节目自身调性的还有一种比较好的出镜方式，就是参与到当地人的行为中，不管是正在打渔、正在收割，还是正在采摘，等等，直接融入其中的开场更自然，将观众直接带入其中，现场信息量更充分。

（二）出镜形象的打造

出镜记者因为要出镜，所以形象就不能不考虑，在避免过度忽视的同时也要避免过度重视，这方面跟其他类型节目的出镜要求相似。在类似《生财有道》这样的专题节目中，根据节目的内容和性质，要融入当地老百姓的生活中，这时候的亲和力不仅在语言和行动上，也在外在形象上，服饰不要过于时尚，妆容不要过于厚重，不宜戴着各种配饰，也不要涂着五颜六色的指甲。如果只是追求好看的形象，那么很容易让观众出戏，也会让被采访对象有距离感，出镜记者不是走过场来看一看的，是要深入其中的，走得越近内容才会越扎实，所以做到自然而不随意，可能更适合这类节目的出镜形象打造。

（三）出镜内容的选择

专题节目与新闻节目不同，对时效性要求没有那么高，但不特别讲求实效性，并不代表不严谨，比较简单粗暴的说法就是，你的开场和结尾不能是万金油，不能用在哪期节目都可以，而是必须要贴合当期节目，切忌不痛不痒的水词。

以 2018 年 2 月 5 日《生财有道》栏目《匠心火锅生意火》中，开场词是这样说的："在成都的中心城区，有上万家火锅店，保守估计每家火锅店 50 口锅，每口锅 4 个人消费，那就意味着像现在这样一个时间点，周五晚上 6 点到 8 点的就餐高峰期，就有 200 万人在同时享用成都火锅，那是多大的消费额呢？以平均每人消费 60 元计算，总消费额上亿元。成都火锅为什么这么火爆呢？"这段词是完全配合成都火锅准备的，是有专门数据支撑的，而且这些数据很有震撼力和冲击力，能让观众对这个行业这个产业产生兴趣。如果只是说成都火锅红火，本期聊成都火锅，不是不行，但就没有了财经味道，作为财经频道的节目，必须要符合频道的定位，也要有一定的技术含量。

同样以《匠心火锅生意火》这期节目的结束语为例，"成都火锅为什么好吃？不仅仅因为它麻辣的口味、新鲜的食材，还有健康的理念，有乡愁、有情结、有传承、有创新。在消费者酣畅淋漓、大快朵颐的背后，在经营者日进斗金、盆满钵满的背后，离不开成都火锅打造者的匠心、坚守和与时俱进，我想这也正应了现在人们常说的一句话，幸福是奋斗出来的”。结尾说什么？祝福展望行不行？可以，但那是万金油，没有技术含量，出镜记者的现场报道不是为了说些可有可无的话，节目既然说生财是有道的，那就得把“道”说出来，道不仅仅在节目中用解说词说，还要通过出镜记者的口总结出来，体现出镜的必要性，也把深入实地的感受表达出来，这需要出镜记者的提前储备、现场观察和综合分析归纳的能力，言之必须有道。

有些节目中转场的部分也是由出镜记者完成，主要起承上启下的作用，在内容上设置悬念更有吸引力。

二、现场互动

在电视专题节目中，出镜记者与被采访者之间的现场互动是节目很重要的组成部分，互动是以一种交流状态的呈现，这时候的氛围相对轻松和谐，更有现场感，也会释放出更多信息量。正因为现场互动的重要性，里面就涉及很多如何更好展现节目的方式方法，下面试着从几个角度探讨一下。

（一）学会倾听

这个话题有点老生常谈，但也是一直在现场报道中不好处理的部分。记者要出镜要做现场报道，要言之有物，做这些的前提其实是倾听。听多了，听全了，才对报道内容有更充分的认识，才能更好地进行现场调控和话题把握。

有些记者勤于工作，所有的准备都做在前面，因为准备充分了所以工作起来效率很高，但这样的高效或许会影响很多新信息的获取。被采访者有些不起眼的话语，可能隐含着非常大的与节目内容相关的信息量，这个就需要记者在认真倾听中发现和挖掘。

（二）摆正位置

要学会倾听，出镜记者首先要在心里摆正自己的位置，记者不是主角，是被采访者与观众之间的桥梁，记者虽然掌控现场，但实际与被采访者是平等的，只有有了这种心理，才有助于沉下心认真交流沟通。

这个时候气氛营造又是很关键的，被采访者面对镜头紧张很正常，出镜记者要首先通过交流沟通让被采访者放松下来，这时候平等的交流沟通状态就非常重要。否则高高在上或者态度冷淡，都不会让被采访者敞开心扉自然表达。

虽然关系是平等的，但在表达表现上是有主次的，被采访者是主，出镜记者是次，记者的表述是为了引出被采访者的内容，让他真实表达、畅所欲言，此时切忌记者有所准备或者听明白后，替被采访者说，出镜记者不是代言人，只是话题引导者，但这个引导者不是支配者，不能强迫被采访者违背他的表达意愿。用倾听去了解和理解，通过交流沟通获得信任，才能获得比较好的互动采访效果。

在出镜中还有一条需要特别注意：出镜记者不宜太在意自己的表现，过多抒发自己的情绪，过多地表现自我可能会削弱对节目本身的关注。王志曾经说过："如果你过分在意自己的角度或神态，那么你会忘了你要干什么，你要问什么问题，所以在出镜时最好的状态是'忘我'，做一个具有自己个性的本色记者。"

（三）提问专业

在互动部分，提问的说法改成聊天可能更好，主要还是为了气氛的营造。要让被采访者说出你想要的内容，如何提问，提什么样的问题就非常重要。节目做久了，难免模式化，模式化比较保险，但不容易出彩。其实即使做着相同或者相似的行业，每个被采访者还会有年龄、性别、学历、家乡、入行原因、从业经历等很多不同点，这些不同点往往就是很好的提问切入点，提前做好功课，准备充分了，问到人家心里，被采访者才能畅所欲言。

（四）互动体验

互动体验是增强现场感的重要方式，但不能为了体验而体验，是有必要体验才体验，就像西方有一条不成文的规定，有现场感，适合现场报道的尽量不用其他形式，反过来看，不适合现场介绍的也就没必要非去互动不可。

以一个简单的互动为例，在节目中可能会有技艺展示，有些高超的技艺让人叹为观止，这个时候需不需要出镜记者互动体验？这个问题其实不能一概而论，体验的目的是展现技艺的非同一般，体验的方式有很多种，比如说学习、比拼，等等。如果是技艺的内容，比拼可能就不是比较恰当的体验方式，因为既然要烘托出技艺的高超，又怎是出镜记者秀两下就能同日而语的。所以了解具体内容，明确拍摄目的，具体问题具体分析，才有利于选择更合适的体验方式。

三、人物采访

在人物采访中最终目的其实就是让被采访者能用自己的语言说话，虽然有些内容后期可以用解说词来说明，但被采访者自己说出来才更真实更有感染力，不要为了拍摄方便，帮被采访者总结提炼，什么样的人说什么样的话，我们要的是每位被采访者自身的与众不同。

要想达到这个效果，有两种方式值得考虑：一种是先互动后采访，这样的顺序能使出镜记者与被采访者更快熟悉起来，有利于被采访者的自然表现；另一种是先采访后互动，这样有利于记者对整体内容的把握，更有利于发现其中的亮点，最终在节目中深入全面地呈现。至于具体采取哪种方式可以根据不同被采访者的性格进行拍摄顺序的调整。

综上所述，由当期的编导（记者）自己作为出镜记者，而不是主持人或者专职的外景主持进行现场报道，虽然还不是特别普遍的现象，但在融媒体越来越发达的今天，势必成为一种趋势。编导兼当出镜记者有其自身条件的不足，但也有天然的优势，不管是与被采访者的交流沟通，还是对节目的了解和整体把控，编导型出镜记者都会更细致和全面。不管是由谁作为电视专题节目的出镜记者，都要针对专题节目的特点，做出一些相应的准备，才会让电视专题节目有更好的呈现。

（中央广播电视总台　赵彬）

论现场报道的悬念设计

现场报道，是指“电视记者在新闻事件现场，面对摄像机（观众）以采访者、目击者或参与者的身份作报道”①。它具有时效性强、现场感强、可视性强、可信度高的特点。电视机构如能善用现场报道，就可在与新媒体的激烈竞争压力中不落下风。但实践中，现场报道中也存在各种各样的问题，尤以报道缺少悬念的问题较为突出，本文谨从叙事手段的角度，讨论现场报道中的悬念设计问题。

一、现场报道中悬念的本质

任何一个正在不断变动演进的新闻现场，都存在大量的不确定性，而不确定性的展现和消除则会在观众心中引发愉悦的观看体验，这就是悬念。至于新闻采编团队进行的悬念设计，说到底，是在遵守新闻真实性的前提下，通过对现场视听符号的挖掘和重构，让这种不确定性尽可能充分地展现在观众面前，帮助其获得最大的悬念感。要强调的是，新闻团队的悬念设计不是无中生有的向壁虚构，而是对新闻叙事方式的调整，如果忽视了这一点，丧失了新闻真实性，再谈现场的悬念设计就毫无意义。

二、现场报道中悬念的类别

从功能上，现场报道中涉及的悬念可以分为三类：主悬念、段落悬念和

① 叶子、赵淑萍：《电视采访学》，北京师范大学出版社 2000 年版，第 260 页。

场景悬念。

（一）主悬念

主悬念是新闻报道中反映新闻报道主旨、表现报道意图的悬念，它贯穿报道始终，是报道的最大卖点，可以最大限度地激发观众的愉悦感。既可以解释事件的性质，也可以表现人物的状态；可以是事件的结果，也可以是事件的原因。

记者到达现场准备报道时，对主悬念做出预估，在此基础上搜集信息，完成报道。并不是所有新闻事件的主悬念都一目了然，有些报道，需要记者挖掘并展现主悬念。如果在此类新闻现场中，记者对主悬念设置不够清晰、提示不够明确、强调不够充分，就会使观众感觉缺少悬念，进而影响接收体验；如果记者设置了错误的主悬念，则会引起观众的质疑，认为报道导向不正确。

（二）段落悬念

通常，记者在进行复杂新闻事件的报道时，只依靠主悬念是不够的，需要将主悬念分解为段落悬念，再一一展开。所谓段落悬念就是记者确定并设置的一个又一个的关键节点，每个节点消除一小部分的不确定性；各个段落悬念前后承接，不断刺激观众产生“接下来会怎样”的疑问。它对于整个报道的作用，正如同中国话本小说里每回的末尾，“欲知后事如何，且听下回分解”。

段落悬念的设置可以依照空间关系、时间关系或是逻辑关系。需要说明的是，当报道中有多个段落悬念共同存在时，基本的设置顺序是由易到难、由浅入深、由精彩到一般、由具象到抽象，要把最精彩最吸引人也是大多数人共同关注的悬念放在开篇。

首先，电视作为一种高端技术低端应用的媒介，无从筛选自己的受众；其次，电视传播又是线性的。以上两个条件，决定了采编团队如果不把最吸引人的段落悬念放在开篇，很可能观众中途就停止了收看。

（三）场景悬念

在电视报道中，记者拍摄到的某些现场画面本身就能自动设置悬念，而不需要叙述者的参与，这就是场景悬念，它既可能是一帧画面也可能是一句同期声甚至是当事人稍纵即逝的一个神态。场景悬念未必和报道主旨直接相关，其构建与解除也不一定能反映新闻的进展，但一样能引发观众的愉悦感，丰富报道的内容。

当然，电视叙事中的场景悬念的设置和解除，也可以不依靠记者、不依靠画外音，单靠画面自身完成。比如在2010年央视对西南大旱的报道《马路乡抗旱日志》中，有一个镜头是新闻主角吃玉米饭。审片时，有人问："这么干，能咽得下去吗？"记者回答："往下看。"随后，出现了这样的画面：新闻主角舀起一瓢凉水浇到碗里，大口吃起来。画面中场景悬念的设置与解除都是转瞬之间，却一样能让观众收获不小的愉悦感。

三、现场报道悬念设计的基本方法

现场报道中的悬念设计问题主要是对悬念的挖掘、表现和强调问题，是记者作为叙事者对其叙事手段的一种调整，而不是对新闻真实性客观性的扭曲。那么，如何挖掘并表现现场存在的悬念呢？记者在采访和组织报道时，要留意并表现现场中的以下几个因素：过程、障碍、关系、情感，同时还要注意根据事件的进展调整叙事视角，抛弃结论先行的报道模式。

（一）展现过程引发悬念

任何现场，没有过程，就没有正在变动的当下情景，没有了不确定性，而新闻也就成了结论播报，自然也就不存在悬念而只剩下意外。因此，悬念设计的第一步，就要想方设法展现新闻现场的过程。

应该说，一些新闻报道比如火箭发射、足球比赛，等等，其过程因素显而易见，记者很容易抓住并展现出来，但在另外一些领域比如财经新闻的报道中，过程因素就没有那么凸显，需要记者的精心设计和表达。

事实上，数据也好，行情也罢，一样是变动出新闻，只要找到变动的过程，就等于找到了真正的现场。这就需要记者突破现有报道的樊篱，以展示变动过程为目标，用具象化的叙事手法展现抽象的无形的财经事件，表现并消除不确定性，从而引发悬念。

（二）表现障碍引发悬念

事物存在不确定性的一个原因是处于事件进行中，另外一个原因则是存在障碍。记者进行现场报道，首先就要了解现场的障碍是什么、有多严重，并如何变动，同时思考如何运用视听语言符号表现这种障碍。

在财经新闻中，由于存在不同的市场主体，他们之间既可能互相合作更有可能相互博弈，其中的障碍因素十分精彩，问题的关键是记者能不能抓住并表现出这种障碍，从而形成不确定性，给观众以悬念。

（三）明确关系引发悬念

同样的新闻事实，记者如果不交代当事主体之间的关系或者交代得不清楚，最后形成的报道悬念感往往会很弱。如在“沙特记者卡舒吉失踪”事件的报道中，曾有外媒报道沙特驻美大使回国。按常理，在沙美两国因记者失踪问题出现关系裂痕时，大使回国述职是正常的，如果报道仅止步于此，就只能形成一篇动态消息，无法触发观众形成更大的悬念。因此，外媒在报道中再三强调，沙特驻美大使是沙特现任王储穆罕默德·本·萨勒曼的亲弟弟，并援引匿名消息源称，沙特可能易储。一旦人物关系明确，一条简单的动态消息立刻变得扑朔迷离充满悬念。

（四）善用情感引发悬念

在悬念设计时，采编团队最容易忽视观众对于报道的情感贴近性。客观出现的不确定性，只有当人们主观上关心、情感上贴近时，才会最终形成悬念。

（五）放弃全知视角

目前，在国内的现场报道中，记者大量采用全知视角进行叙事，其特点是无视角限制，叙述者如同无所不知的上帝。这种叙述方式让记者不仅可以了解过去、预测未来，甚至还能深入人物的心灵（后者无论是在叙事文本中还是在新闻史上都引起过很大争议）。

全知视角作为一种无限自由的叙事方式，使得故事发展完全由叙述者控制，叙述者全知全能，自然也消除了一切不确定性，形成不了什么悬念。

所以，记者在现场报道中，应该控制甚至完全放弃使用全知视角，尽量采用限知视角。现场最吸引人的地方是不确定性，也就是现场的变动，这是记者不可能完全掌握的，记者不能保证自己对现场发生的每一个细节都有充分的了解，更不可能了解事件未来的走向，也就是说，面对复杂多变的现场，记者无论是做背景介绍还是报道现场的最新变化，最好的办法就是采取限知视角，仅仅报道自己看到、听到、闻到、感觉到、了解到的内容。

需要说明的是，记者采用限知视角，并不等于报道内容的空洞。国内有论者把现场记者的作用比作导游，和导游一样，采用限知视角的记者报道的是已了解到的、已发生的新闻事实，这不仅不会让观众觉得无趣，相反，还会让观众对现场的不确定性充满期待、刺激形成更多的悬念。

那么一旦记者在现场遇到了意料之外的情况，自己又不掌握怎么办？西方新闻学教材对此的建议是，“告诉观众你不知道什么，更确切地说，是承认你并不知道一些观众存有疑问的问题的答案，但是要肯定地告诉他们报道组正在努力去获得答案”。①

（六）拒绝结论先行

“当你手里拿着锤子的时候，看什么都像是钉子。”消灭现场悬念的，除了全知视角外，还有结论先行的报道模式。很多时候，现场不是没有悬念，而是因为记者结论先行，带着一个固有的结论到现场找所谓的报道素材，在这种教条主义的报道模式下，记者往往会忽视真正的不确定性，进而错失悬念。

不改变结论先行的报道模式，就无法捕捉到现场千变万化的不确定性，

① ［美］弗雷德·舒克、约翰·拉森、约翰·德·塔尔西奥：《电视现场制作与报道》，雷蔚真主译，贾明锐译校，中国人民大学出版社 2013 年版，第 189 页。

就不可能让观众产生悬念感，而这种结论先行的报道方式还会使得现场带有强烈的人为控制痕迹，引起观众对报道真实性的怀疑。

需要说明的是，记者采访之前的报道意图设计与结论先行的报道模式并不是一回事。缺少明确的报道意图，记者在报道中很难抓住真正需要的线索。在现场报道中，由于准备时间短，更是需要记者有明确的报道意图，知道自己要在现场找什么。正确的做法是记者带着报道意图深入新闻现场，通过自己对现场的观察和梳理，让观众在观看后自己得出结论。

四、直播型现场报道中的悬念设计

以技术手段及报道是否与新闻同步发生为标准，现场报道可以分为直播型和录播型。而在直播型现场报道中，演播室通常会设置以下三个环节：主持人连线现场记者、演播室播放背景小片和主持人引导嘉宾访谈。上文已经大体阐述了记者该如何设计悬念，现在讨论在直播型现场报道中，主持人、背景小片和嘉宾该如何参与悬念设计。

（一）演播室主持人如何参与悬念设计

在直播型现场报道中，叙述者不光有记者，还有演播室主持人。二人通过拟人际传播，共同完成报道。主持人在演播室里的角色实质上是代表观众，就新闻现场最新进展对记者提问，而这些疑问的提出和消除就能形成悬念。

目前，国内一些电视媒体出于安全播出或其他方面的考虑，在直播型现场报道中限制约束演播室主持人作用。具体表现是，主持人甩出一个简单问题，前方记者接过话头后，独自完成整个报道，中间不再设置主持人与记者的对话提问环节。这种方法虽然将直播中的意外风险降到了最低，但由于失去了主持人介入，不但打破了直播型现场报道的拟人际传播形态，也使得演播室无法根据掌握的动态和观众的反馈及时提出更多疑问、设置更多的不确定性，相应的，悬念就较为薄弱。

今天，观众通过互联网平台能够及时发送对报道的反馈和疑问，也意味着，观众可以通过网络部分地参与进新闻事件的进展和报道中来。而主持人可以根据网上观众的提问，要求记者进行解答（或是形成下一次报道的基础）。因此，无论从电视媒体自身的传播效果来说，还是从媒体融合的效果来说，抑或是从直播叙事的悬念效果来说，我们都不应该忽略甚至是刻意限制主持人与记者就现场变化进行的互动。

（二）背景片如何参与悬念设计

背景片和演播室专家访谈的目的之一都是解决现场不可控的问题。因为现场不可控，直播又需要延续，一旦遇上没有现场最新进展、没有不确定性被消除时，就得由背景片或是专家访谈来延续直播。但需要强调的是，无论是背景小片还是专家访谈，都不能跳出新闻现场，不能打破现场悬念。

实践中，背景片通常包括新闻回放、新闻分析、新闻链接、新闻回溯、人物介绍、事件机制等，也包括一部分景观片。新闻背景片制作时，不光要注意给观众提供理解新闻的基础，更要注意要形成“曾经发生的事件会不会再次发生”的不确定性。

（三）嘉宾如何参与悬念设计

而演播室的嘉宾访谈也可能参与悬念的设计。通常，我们认为演播室嘉宾的作用是解读新闻，提供背景。似乎，嘉宾的出现不是形成不确定性而是消除不确定性的。实际上，对于已发生的新闻事实，嘉宾的作用确实是消除不确定性，但对于新闻事件未来的进展和走向而言，嘉宾却可能提示新的不确定性。

综上所述，现场报道中的悬念设计，就像是物理学中的势能蓄积：采编团队要综合运用演播室和前方记者的合力，从过程、障碍、关系、情感四个维度出发，以限知视角、不带结论地投入现场报道中，最大限度地发掘表现不确定性，让观众心中的不确定性如同水位一样越来越高，以此筑起高高的水坝，也就是设置悬念，最后再通过记者对现场的了解、事件的最新进展，消除不确定性，也就是提起水坝的闸门解除悬念，最终让观众在悬念的设置和解除过程中获得巨大的愉悦感和满足感。

（中央广播电视总台　张嫱）

论悬念设计在当代广播电视新闻中的重要性

在当代广播电视新闻中，现场报道已经越来越广泛地使用在电视新闻报道节目当中。而贯穿节目始终的出镜记者则是新闻现场的直接观察者、参与者以及采访者，同时也是新闻直播的控制者，所以出镜记者在新闻报道中的地位不言而喻。笔者认为，合理地在出镜过程中设置悬念，能够让节目变得更加鲜活以及更加引人入胜。而随着新闻事件的循序渐进，悬念被最终揭开时会给观众带来精神层面上的极大满足。所以，在现场报道中如何进行悬念设计对节目的品相而言至关重要。

一、悬念设计的必要性

（一）有助于增强新闻可看性

美国剧作家威·路特在《论悬念》中提到：“戏剧性故事的讲述者运用更有诱惑力的技巧……来吊你的胃口……从广义讲，他埋下一颗炸弹，这颗炸弹可能是物质的，也可能是感情的，然后把它留到最后爆炸。就这样，他把戏剧中的能量释放出来，而这种能量就是悬念。”其实悬念的设计不仅仅体现在戏剧和影视作品中，在新闻现场报道中特别是出镜记者在现场中加入一定悬念的设计，能更加吸引受众的注意，锦上添花。纵观全国各大民生新闻栏目，从中央到地方，出镜记者在进行现场报道时的惯有方式总是现在是×年×月×日我所在的位置是××× 我们可以看到×××××，这样的出镜方式虽然直观，但难免千篇一律，容易给受众带来视觉疲劳，在看过新闻之后几乎留不下任何深刻的印象，但如果在记者出镜的时候能够加入一些悬念的设置，为新闻的主题埋下伏笔，就更容易促使受众对这条新闻产生浓厚的兴趣，以至于锁定节目继续收看下去。

（二）有助于带动观众的积极性

传统广播电视媒体要有效传达社会主流意识形态，必须借助悬念的设置，使宣传的方式变得通俗易懂引人入胜。但是需要注意的是，如果在现场报道设置悬念的时候过于笼统和集中，则是欲速则不达。笔者认为，设置悬念的原则是好钢用在刀刃上。一句话，就是要把节目中的亮点和戏扣放到悬念之中，从而激发观众牢牢锁定电视节目的欲望。如笔者于 2015 年 7 月 1 日对四川省成都市金堂县某养鸡场遭遇黑熊袭击的新闻《一夜间养鸡场遭毁灭性打击　疑似黑瞎子耍酒疯所致》进行报道，新闻对一处开设在深山中的养鸡场被黑熊袭击的来龙去脉进行了叙述。而这样的新闻原本就具有一定的可看性和猎奇性，若按照传统做法其实也能够将事情的前因后果表达清楚。但平铺直叙会破坏这条新闻的可看性和趣味性。所以笔者并没有遵照传统，而是以养鸡场主人罗某一边走动一边接受采访的形式作为新闻的开头，“就是这里，死了好几只鸡，这里的防护栏上被弄了个大洞，应该是它弄的”。笔者个人认为这样的开场，既鲜活，又能够迅速引发观众的好奇。受访者口中的那个“它”，到底是指什么？到底是什么东西将防护栏弄开了一个大洞？到底是什么动物咬死了好几只鸡？等等。观众会由此引发一系列的猜想。那么接下来就该揭开谜底了吗？还远远不够。紧接着，笔者进一步设置悬念，替观众抛出一系列疑问：是狐狸干的？是人偷的？还是黄鼠狼干的？然后以现场出镜的方式，对这一系列的假设进行一一否定。最后，由受访者本人，揭开谜底，他是如何发现“罪魁祸首”的真身。笔者认为，现场报道中的悬念设计可以贯穿新闻始终，并不需要固定局限在开头或者结尾，关键是要掌握好新闻事件发展的节奏，该抛则抛，环环相扣。只有这样才可以将悬念的作用发挥到最大，给观众带来强烈的精神享受。

（三）悬念设计的必要性

悬念的设计是由广播电视媒体本身的叙事特性所决定的。从文本形式的意义上来说，所有的电视节目都是一种叙事性的文体。因此，巧妙地借用文本创作之中的悬念就理所当然。之前笔者也曾提到，在现场报道中，出镜记者的作用至关重要，如果通过出镜记者在出现场的过程中设计一些悬念，既能为新闻本身埋下伏笔，也能让受众产生强烈的兴趣。

（四）悬念的设计能化腐朽为神奇变平庸为经典

在处理一些新闻性比较弱，原本冲突性就不太强的偏“软”新闻题材时，适当地加入一些悬念的设计会起到意想不到的好效果。如笔者于 2018 年 7 月 27 日为央视财经频道拍摄的新闻《炎炎盛夏觅清凉　游山玩水好去处》中，用了这样的一个开场：炎炎烈日下，包括记者在内的四人正在麻将桌前忘情打麻将，尽管是三伏天，但打麻将的四人却相当惬意，看不出丝毫的汗流浃背。此时镜头转到记者的小腿处，原来，记者等四人是在清澈的溪水中打麻将，而这就是四川成都邛崃天台山景区的一种独特的避暑纳凉方式——水中麻将。这样的悬念设计，既生动有趣，同时还能将偏“软”的游玩题材新闻变得让人印象深刻，一举两得。

二、现场报道中设置悬念的技巧

（一）在导语中设置悬念

在广播电视新闻中，导语的重要性不言而喻。新闻导语不仅对整个新闻节目展开至关重要，也直接影响到观众继续收看的欲望。而开头实际上是设置悬念的最佳时机。一个优秀的电视新闻节目，必然会在开头抓住观众的眼球，先声夺人。

（二）出镜记者在新闻叙事过程中设置悬念

出镜记者可以说是新闻报道中的标志性符号，也是新闻的引导者和亲历者，受众是通过出镜记者的体验和指引进一步了解新闻的。如笔者在新闻《“瓦力”现身昭觉寺变电站？这里有个呆萌设备巡检员》中以这样的方式出镜埋下伏笔："眼下正是我市用电的高峰期，变电站内的巡检工作就显得尤为重要，这里的2000多项点位的检测工作以前需要工作人员仔细地查看三天才能完成，不过最近，这里来了个厉害的巡检员，只需要不到一天的时间就能轻松搞定，这巡检员到底是何方神圣呢?"记者说完之后，受众此时已经对此产生了兴趣，这时候就揭示谜底吗？不，紧接着，记者又来到一处仅仅只有半米来高的小房子前，进一步介绍，"这里就是这位巡检员的家，这位巡检员对吃喝住要求都不高，可谓是一人能顶三人"。这时候，观众会更加好奇，这巡检员到底是什么？为何蜗居在这样的一个小房子里呢？此时，随着画外音乐的响起，机器人巡检员从小房子里缓缓开出来，让观众会心一笑，由此达到一个很好的宣传效果。

（三）通过后期包装剪辑设置悬念

对于广播电视新闻而言，有了好题材好创意好文本加上出镜记者画龙点睛的"串场"，是否一条高品质好品相的新闻作品就诞生了呢？也不尽然，有的还需要对电视新闻进行声音和画面的剪辑，以及美化、补充、完善工作，也就是业内常说的包装。如果能通过一些技术手段设置悬念，能够对新闻的品相起到锦上添花的效果。例如部分科教类专题片的片花、预告甚至新闻作品叙事的过程中经常用到的充满悬念和神秘感的配乐，以及新闻中一组最精彩、最能抓住观众眼球的现场和解说，等等。对于一条悬念感十足的好新闻而言，这些元素都是不可或缺的。

综上所述，就像悬念大师希区柯克所说，悬念是艺术永恒的魅力。一个好的新闻作品同样也是值得细细打磨的艺术品。广播电视新闻工作者以真实为生命，应该从媒体自身的特性出发，根据新闻题材、节目需求和观众心理等精心设计新闻的标题、开头、发展、高潮、结尾，巧妙自然地引入悬念，激发观众的收看兴趣，从而获得最佳的收视效果和收视率。

（成都市广播电视台　赵大卫）

巧设悬念让现场报道更出彩

在电视新闻中，现场报道是最鲜活的报道形式，记者或主持人在新闻现场，通过摄像机镜头以采访者、目击者或者参与者的身份向受众讲述、评论新闻事件。电视新闻现场报道能让观众产生强烈的共鸣，会给受众以极强的代入感和现场感，让人们有一种身临其境的感觉。现场报道是突出新闻记者“在”现场的一种报道形式。迈入新媒体时代，电视新闻传播艺术也随之不断发展，具有独特的现场真实感的现场报道，被广泛运用到了电视报道中，成为一种十分重要的新闻报道形式。那么，一个新鲜的新闻故事或一件正在发生的新闻事件如何呈现给受众，怎么能在很短时间内抓住受众的注意力，使之产生继续看下去的愿望，迫不及待地跟进事件发生发展的过程呢？这当中，悬念的设置尤为重要。

一、什么是悬念？

悬念，指受众对文艺作品中人物命运的经历、未知的情节的发展变化所持的一种非常期待的心情。通过对剧情做悬而未决和结局难料的安排，引起观众急于知晓结果的迫切期待心理。设置悬念是吸引受众关注的重要艺术手段。

许多学者认为：“新闻故事类似于戏剧表演，故事中要有明显的冲突矛盾，时刻保持故事的紧张感和现场感。”许多优秀的新闻作品，有一个共同的特质——神秘。在现场报道起初就会抛给观众一个悬而未解的问题，更容易吸引观众到后面的节目中去寻找答案。新闻作品完全可以借鉴文学手法，用悬念去吸引受众，撼动受众的情绪。那么如何在现场报道中设置悬念呢？

二、设置悬念要准备足

在现场报道中设置悬念，并非信手拈来，记者要在现场报道开始前做大量的功课和充足的准备，做到知己知彼，百战不殆。

首先要调整好心态，做好心理准备，树立采访的信心，明确报道的目的。心理素质对记者来说至关重要，新闻工作的特点要求记者永远在与时间赛跑，常常面对陌生的环境、人和事，这就需要较强的心理承受力和健康的心理做保证。无论面对怎样的采访环境、采访对象和新闻事件带来的压力，都要树立起职业自信，展现出个人自信，不卑不亢，通过与采访对象双向互动，营造出良好和谐的采访环境来。

随后是采访内容的准备，要围绕报道的主题、采访的人和事，展开事前的调查和资料的收集，了解事件的背景，拓宽报道的视野，提前拟订采访提纲，认真做好策划构思。在准备工作中，要与被采访对象提前建立联系，深入沟通，以获取丰富的一手资料，全面了解新闻事件的来龙去脉和背景意义，用敏锐的判断和眼光去发现新闻事件背后隐藏的有价值的信息，去捕捉能引发观众兴趣的线索；对这些信息点进行认真梳理提炼，对发现的细节放大来看，从受众心理、受众兴趣出发去考虑，多问几个“为什么”。他们对哪些信息感兴趣？他们迫切想知道的是什么？事件变化会对他们产生哪些影响？等等，这些有信息量、有关注度的问题在现场报道中就是悬念设置的基础，有事可依，悬念就会变得实实在在，具有很强的说服力和引导力。

遇到突发新闻事件，记者没有更多的时间去做准备，这就要求记者在日常工作中不断积累和学习，做到“时刻准备着”。准备的过程就是发现“包袱”的过程，就是“打埋伏”的过程，要敏锐地捕捉事件和推动事件发展的一些关键点。这些点往往很小、很细，淹没在庞大的信息中，稍不留心就很容易被忽略，而这些微小而重要的信息点往往就是引发悬念的引线、爆破点。

三、设置悬念要切准脉

现场报道中，设置悬念遵循哪些原则呢？悬念一般都设在现场报道的哪些位置，才能起到事半功倍的效果呢？

一是悬念设置要先声夺人，从标题做起。比如，央视新闻 9 月 1 日所做的现场报道《“云端”里修路 “禁区”中施工 青藏高原看藏区公路如何贯通》，标题寥寥数字，却是点睛之笔，如何在“云端”修路，又如何在“禁区”施工？立即引发受众的好奇心，吸引大家去关注在生命禁区中，中国公路建设者是如何工作的？他们是怎么做到的？有这么厉害吗？我倒要看看，从疑惑到引发兴趣，悬念的作用就产生了。

二是悬念设置要层层递进，有章可循。在标题中设置悬念是第一步，接下来是导视。延续上例，现场报道的导视是这样说的：“这里海拔 4700 米，位于川藏青的边缘，被称为‘太阳部落’‘云端里的村落’。”四川藏区通乡通村道路将在今年年底全面完成。“云端”里修路，“禁区”中施工，建设者面临怎样的挑战？一条村路将给当地的人们带来怎样的改变和机遇？藏区交通扶贫还面临哪些攻坚战？抛出一个个问题，既可以让观众了解到节目的大致内容，又能引发观众强烈的关切之情，充分调动起好奇心，急切地想知道“后事如何”。

三是悬念设置要有问必有答。悬念并非为设置而设置，必须紧扣报道主题，烘托报道内容，把新闻中的亮点放在悬念中。如果为设置而设置，则有故弄玄虚、牵强附会、无中生有之嫌。

这样的情况在新闻实践中也不乏存在。在一次灾后重建房竣工的现场报道中，记者一开始就告诉观众：“重建安置房已全部建成，受灾群众喜迁新居。”而在随后的报道中，记者站在建好的房屋里发问：“重建房到底建到什么程度了？受灾群众什么时候能入住？”很明显这是明知故问，与之前信息矛盾，画蛇添足，让节目出现了很明显的硬伤。

另外，悬念中提出的问题，也要随着节目的推进一一抽丝剥茧，层层释惑，揭示悬念结果，最忌讳的是悬而不解，使观众看得莫名其妙，一头雾水。

四、设置悬念要重事实

电视新闻有“三性”，纪实性、典型性和故事性。讲好故事就离不开矛盾与冲突，离不开悬念的嵌入。通过调整结构营造悬念，特别是开头一定要注意“‘啊’效应”，让观众看到开头就“啊”的一声，不得不看下去；当观众搞清楚始末松一口气时，又是一个悬念，再“啊”一次……像剥笋一样，最终把所有新闻事实呈现出来。意想不到的事件发展和跌宕起伏的人物命运，带给观众心灵上的强烈冲击和震撼，进而产生精神上的满足。

对新闻报道来说，故事不能造假，但悬念可以营造。始终不能背离的是，新闻是客观事实的报道，悬念设置必须以新闻事实为前提，必须符合实际情况，不能违反真实性原则；在尊重事实的前提下，用设置悬念的技巧，推进事件的发展，既避免了平铺直叙，又为新闻报道画龙点睛，增加了感染力和表现力。

同时，悬念的设置要把握好时机和尺度，悬念不宜过长、过多、过于笼统，否则观众可能会失去耐心，起到相反的作用，那么设置悬念就毫无意义了。

（酒泉广播电视台　夏艳婷　梁镇云）

现场报道中非语言要素的作用

电视新闻的现场报道是一门综合的报道艺术，它融合了记者的现场介绍、现场讲解等现场报道的语言要素，同时，也综合了现场画面、环境展示等非语言要素的运用。现场报道的非语言要素包括了现场原生态环境，以及人为设置的诸如主持人衣着、道具等。应该说，电视新闻现场报道的非语言要素是现场报道中不可或缺的一部分，它既是对于现场报道语言要素的印证，同时也是对现场报道语言要素的补充、延续。在现场报道中发挥着非常重要的作用。

一、现场报道中对现场原始自然环境的全方位展示

作为现场报道的非语言要素的一个重要的方面——现场的原生态环境，笔者认为就是现场已经具备的，没有人为设置、人工干预的现场画面和声音等环境因素。对于现场原生态环境的展示就是对现场原汁原味的还原。现场报道中对现场原生态环境的全方位展示，不仅能直观地展现现场，让观众身临其境，更能引起观众的观看兴趣，吸引他们更快融入报道中。

首先，原生态环境的展示，能直观地展现现场，给观众身临其境的感受。相较其他新闻报道形式，电视新闻现场报道的优势在于它的声画结合，传达效果直观，正是这种传播的特性，使得我们在现场报道中，可以通过镜头对原生态环境的展示，让观众全面了解现场，先发制人，给观众营造出身临其境的感受。

其次，现场原生态环境的展示可以迅速吸引观众的观看兴趣。相较于其他的新闻传播形式，电视的魅力在于它的画面表达，在于它现场的纪实性，

通过画面和现场对周边现场的全方位展示，让观众感受到记者想要营造的现场氛围，迅速吸引观众的观看兴趣。

二、人为设置现场报道的非语言要素

人为设置的现场报道非语言要素是现场记者为了更好地表达现场报道的主题而特意设置的元素，人为的现场元素，包括主持人的衣着、现场设置的道具等。人为设置的现场报道非语言要素不仅可以起到烘托现场主题的作用，也可以作为现场报道的诠释和补充。

首先，在现场报道中，我们突出的就是现场感，这种现场感要展现一种什么样的氛围，要向观众表达一种什么样的主题，通过一些人为设置的现场表现元素，则能开宗明义表达出来，有图有真相，让观众一目了然。2018年春节，石家庄电视台和央视四套合作，在平山直播《传奇中国节·春节》，直播一开始，伴随着欢快的民乐，踩高跷、打树花、蒸年糕、贴福字、团圆宴，将近一分钟，红红的色彩，欢快的节奏，虽然没有主持人出现，没有现场的解说，但一种浓浓的喜庆的过年氛围，一种家的情怀却已经跃然荧屏。随后，现场主持人入画，大红色的传统服饰，加上平山的民俗表演“抬皇杠”作为背景，不用太多的解说，仅仅通过画面，就让观众感受到欢乐、喜庆、团圆的过年气氛。同时，也能让观众明白节目所要表达的欢乐、团圆的主题。所以说，在现场报道中，对这种人为设置的现场元素，主持人的衣着、现场的表演等非语言要素如果能够充分利用的话，能够让观众更好地感受现场的氛围，理解节目的主题。

其次，合理运用人为设置的现场非语言要素，是对现场报道的诠释、补充。现场报道展示的是现场，这种展示必定是全方位的，可是受到时间、机位、专业等众多因素的影响，记者想要通过语言就把现场介绍清楚，让所有观众都能理解，都能有直观的印象是非常困难的，有时可能是不能完成的，这个时候，就需要人为设置一些现场的非语言要素，诸如特定的现场道具、现场示意图等，用道具来弥补、补充现场。2018 年 7 月 20 日，央视《新闻直播间》有这样一条报道《甘肃舟曲：滑坡体排险进入泄洪阶段》，记者在现场报道了甘肃舟曲滑坡体的排险工程，在这篇报道中，记者通过向观众展示一张手绘的草图，把水电站、拦水坝介绍得清清楚楚，让观众对于整体的位置有了明确的了解，同时，也把如何引导上游积水的情况说得明明白白，应该说，就是这样一张简简单单的手绘的草图，对这篇现场报道起到了一个非常重要的补充，缺少了它，即使是对现场进行了航拍，安排很多机位，也不能给观众一个如此直接明了、如此全面的介绍。同样是在这篇报道中，记者向大家展示了一件抢险人员穿的衣服，被厚厚的油和泥覆盖，几乎看不到原来的颜色了，就是这样一件衣服，为记者介绍抢险人员每天只睡两小时、昼夜奋战在抢险一线做了一个完美的诠释，让观众非常直观地感受到抢险人员日夜奋战的艰辛。图纸、道具等人为设置的一些环节现在经常被用于现场报道中，这些人为设置的现场报道非语言要素就是记者为了报道具有更好的传播效果，为现场解说做的诠释和补充，让观众更加直接、明了地了解现场。

应该说，电视新闻的现场报道是一种综合的新闻报道，语言要素和非语言要素在其中相辅相成、互为补充，缺一不可。记者现场的介绍、解释，能够引导观众了解现场，了解和现场相关的信息；而作为现场报道的非语言要素，不论是对原生态现场环境的展示还是现场人为设置的元素，在电视新闻这种通过声画传播的节目中，同样是为了更好地直观地展现现场，传达现场的信息。所以一篇好的电视新闻现场报道一定是现场语言要素、非语言要素都能合理运用、完美结合的报道。

（石家庄广播电视台　李勇）

现场报道：多点连线的直播创新

电视新闻现场报道，是记者或节目主播置身于新闻现场，通过镜头直接向观众叙述、评论新闻事件的报道形式。它既可以在现场直播出去，也可以录像回来再经剪辑播出。报道方式大致有现场直播、现场播报（报道、采访、评述均在现场完成）、电视访问等。本文讨论的是现场直播中多个现场出镜的连线运作。

一、以现场的立体化展现，彰显媒体表达的创新

我们日常新闻栏目中的现场报道，常常是单个现场的采制。而多点连线的直播，则在报道手段上有了新的突破，它包含了事件现场、现场记者（多路记者）、后方演播室（含总主持人、嘉宾、专家）、背景资料（含文字、镜头资料、专题、人物采访等）、节目包装（含总片头、小片头、宣传片等）等多种元素，形成全方位追踪剖析事件的立体报道方式，克服了单个现场报道的先天不足，呈现多重优势，实现电视表达的创新。

（一）在时效性的基础上，增强了信息含量

单个的现场报道固然也具有其自身优势，比如，它改变了过去先拍摄画面，后写文字解说，再由播音员播出的老的电视新闻制作模式，采取了无剪辑摄像，省略了编辑合成工序，与新闻事件进展作同步新闻传播，这就为观众提供了最快最新的信息，使观众产生与事件进展的同步感。多点连线的直播，则在占有上述优势的同时，更增强了信息量。因为多点连线来自不同现场，各个现场的报道之间存在信息互补的关系，后方演播室的嘉宾点评、背

景串联等作为信息的补充，前后方共同形成一个完整的信息拼图，让观众接收的不仅是快捷，更是全面的信息。

（二）在现场感的基础上，增强了表达深度

单个的现场报道中，记者作为新闻事件的目击者甚至参与者，向观众讲述事件的细节，加之直播画面、大量同期声，以多种传播符号直接进入观众视听范围，带来了强烈的现场感。但仅此还不够，特别是对于可能有多个现场的动态性的复杂事件来说，多点连线的直播，带来了多现场的信息，把握信息之间的递进关系，就能形成深度解读，增强现场报道的深度影响力。

（三）在面对面传播的亲近感基础上，增强了权威影响

由于单个的现场报道是完全的直接传播，减去了中间的转述层次，信息几乎没有损失与变形，新闻传播的真实性、可信性均较强。多点连线的直播，则在此基础上更进一步，当不同的现场以连线的方式呈现，多路记者面对事件多个层面的相关者，事件当事人、点评专家、现场群众等，从不同层面进行陈述，让新闻事实及发展的报道，更加立体而权威，让新闻不仅亲切，更是可信。

镇江广播电视台时政新闻频道，在时政报道的改革中，大力压缩会议报道，突出强化现场报道，并抓准契机组织多点连线的现场直播，让时政新闻因现场感、信息量、权威度的综合提升而更添魅力。如 2018 年的高考直播，跳出以往记者在某考场单一现场做单篇现场报道的模式，组织了多考点的连线直播，达到了信息量、时效性、权威度等方面的共赢。从直播考点的选择看，体现代表性，选择了镇江下辖的市区及丹阳、扬中等三个点；从直播内容的设计看，体现特色性，让不同考点的直播内容体现特色，绝不雷同；从直播时序的安排上，进行多个现场的交替呈现，用平行交错结构来安排直播，避免了线型传播的单调；从直播手段的运用上，引入新媒体网络直播，并预先宣告，引发网民关注，增强信息的传播。在直播中，丹阳考点抓准了送考家长特别少的特点，分析出了当地生源优质、家长心理淡定、师生都有平常心等新气象，并现场宣读了一篇家长给孩子的鼓励信，颇有新意；市区

考点出现了感人一幕，一个十多年前救助过某考生的交警，恰恰在考场外与这家人相遇了，家长的感谢、交警的感触、群众的赞许等，让这场高考直播增添了情感的力量；扬中的考点，全面报道了“雷锋车”送考的故事、交警值勤的忙碌、校方对考场的周密安排、家长期望的深切，并抓准了现场家长们穿鲜红旗袍的细节，意味着旗开得胜、开门红，充满了喜气和热度。三个考点的连线切换播出时，观众感受到了高考的不同侧面，既有现场的共时性，又有信息的含量，更有深度的解析，多点连线的直播捧出了一个立体化的现场，让媒体的表达呈现创新的效果。

二、以统筹的深层次把握，彰显媒体策划的创新

单个的现场报道，即便是突发性报道，其实也需要策划，除了抓时效，也要求视角新、立意高、开拓深，不仅带给受众信息，还要努力带给受众有深度的思考，揭示新闻事件的内涵和实质。

多点连线的直播，在策划上更进一步，更加精准。在预知新闻事件即将发生时，在充分认识、预测所要报道的新闻事实基础上，以受众的心理需求为依据，以同步报道播出新闻现场及相关背景材料的有机整合为内容，对报道方式、人员组织、设备调度、摄制播出等诸多环节进行系统化精心准备，对现场新闻事实以全方位、立体化的呈现，以获得传播效果的优化。一句话，多点连线的直播，需要在统筹上实现创新。

（一）视点选择的策划，即“传播什么”

一般须考虑以下几个方面，即事件的重要性、独特性、突发性、可看性、及时性。人们常说：“报道在现场，但功夫更在现场外。”要对选题进行筛选和判断。如果是突发事件，第一时间就要迅速作出判断，找出相关的背景信息。要尽可能多地了解新闻事件发生的时间、地点、人物，事件的起因、经过、结果、外围背景等。如果不是突发事件，而是一个有预见性的新闻事件或新闻活动，那就更应该提前策划，提前介入，把准备工作细化，把案头功课做足。

（二）叙述手法的策划，即“怎样传播”

多点连线的直播，其功夫尤其表现在协作中，而策划让协作更顺畅。比如，出镜记者和摄像的合作，才能挖掘出现场的实质性内容；一个现场与另一个现场，看似各尽其责，但存在现场的互补关系，各路连线记者在采访前、采访中，甚至后期编辑制作过程中都要加强沟通；前方各路连线记者与后方演播室主持人、报道组织策划者、技术制作人员、信号传输人员等都有合作，共同完成报道任务。

（三）直播效果的策划，即“传播得怎样”

多点连线的直播，传播效果是可预估的，当然不排除有现场突发的亮点，超越预估的传播效果，但完备的预案是多点连线直播的常态，而新媒体的介入是多点连线直播的又一创新。现场连线不仅在传统电视呈现，更在新媒体中同步展示，并且形成互动，让观众不再是看新闻，更是参与新闻，推进新闻。

三、多点连线的直播，以全景式串联，彰显媒体编排的创新

单个的现场报道，栏目编辑只需要在节目中设置一个接入点，通过技术手段接入现场信号，就大功告成了。而多点连线直播，却可以变革传统编辑方式，实现全景式串联，实现编辑创新。

（一）记者从导语的讲述者，转化为贯穿式体验者

以往单个的现场报道中，记者常常执行导语式出镜报道，会出现一条导语管全篇、后续场景转换跟不上的弊端。多点连线的直播，则切入多个不同的现场，让记者以事件的目击者、追踪的采访者、事件发展的参与者等多重身份贯穿不同现场，使“我在现场”的视角，呈现连续而不是中断的效果，牢牢地贯穿报道始终。这种全景式贯穿体验，在节目编排中可以带来更多的

变化。

（二）记者从信息的抢发者，转化为信息的综合者

单个的现场报道，时效是第一因素，抢发信息为第一要务。但是，现场报道的环境、情节、人物动作、表情等要素纷繁复杂、稍纵即逝，很难一一捕捉到位。多点连线则可以从容应对变化的事件，选取最有新闻价值和典型意义的事实，快速整合新闻信息，并且确定不同的角度，把新闻有效地传递给观众。节目编排的思想，可以在记者的多现场报道中，进行有预判的推进。

（三）记者从第一现场的坚守，转化为 N 个现场的全视角

出镜记者的现场报道既可以交代新闻背景，也可以按照事情的逻辑联系跳跃式地报道新闻；既可以在新闻现场担当新闻的开头与结尾，也可以揭示画面背后的内容。丰富的现场环境，事件报道的全视角，给编排创新带来极大的空间，多点连线的直播，就实现了节目编排结构的多样化。

综上所述，多点连线直播，让现场报道更深入，更全面，更有效，它构成了地方台电视新闻报道创新的重要手段，在实践中还有待深化理念，丰富实践，以求更新突破。

（镇江市广播电视台　李军　范梅源）

突发事件电视现场报道的决定性因素
——以成都电视台SNG直播为例

人们看电视新闻时，对于生产新闻结果的重视远大于生产新闻过程，电视观众通过画面、声音和文字直观感受到的是记者呈现出来的“结果”，他们看不到记者在采访过程中所遇到的困难，以及很多客观存在的障碍。对于现场直播报道来说，在短短的时间内，不仅要将事件表达准确、清楚和深入，还要通过镜头语言、导播切换等形式来填充和丰富该事件，使事件自身的立体性和全面性得到充分展示，这本来就具有挑战性，而突发事件现场直播报道中的“突发”二字，则对我们提出了更高的要求。在我们的日常工作和生活中，类似于火灾、地震、泥石流和交通事故等多种社会、自然现象都可以被称为突发事件。由于突发事件总是“毫无征兆”，因此，不可预知性和高时效性成了它最大的两个特点。突发事件往往在很短的时间内结束，如果没有及时捕捉，突发事件会很快失去新闻价值。在探讨突发事件的现场直播报道时，我们常会分为事件正在发生时和事件发生后一段时间内的直播报道两种情况，而无论哪种情况，笔者认为，决定突发事件现场直播报道好坏的因素都可以分为以下四点：出镜记者、摄像、导播和团队配合。

一、出镜记者：头脑冷静、善于发现和捕捉细节、会讲故事

王晋宁在《如何当好突发事件报道中的记者》中提到：“突发事件是受众最为关注的新闻点，也是媒体引导社会舆论，扩大自身影响力的机遇，出镜记者必须要具备善于与人交流的基本素质，不但要有准确的现场判断力，还要有出色的口语表达能力、灵活的现场应变能力以及得体的外在形象，在

进行新闻报道时，准确选择合适的时机出击，把握好突发性新闻报道的规律，做一名优秀的出镜记者。”①

首先，出镜记者应该避免过于兴奋的状态。尤其对于刚入行的出镜记者来说，在面对突发事件的直播报道时，往往由于状态过于兴奋，出现忘词、忘句，甚至不知道接下来该说什么，该如何提问等情况，慌忙中出错的可能性变得非常大，时刻保持头脑清醒就显得非常重要。

其次，对细节的放大和表达是决定一名出镜记者能力高低的一个重要指标。例如：在2018年1月4日《成都全接触》SNG卫星直播板块播发的《雅西高速因大雪封路》直播中，出镜记者在最开始就通过两个细节展示了当天的大雪情况以及目前的恢复情况，一个是脚下积雪厚度的变化，另一个则是记者经历了什么样的过程才抵达直播地点，把大家关注的信息用形象的画面和讲故事的方式表达出来，很快就能够吸引受众。

第三，出镜记者在面对突发事件时，如何取舍现场同期声，在一段同期声进行的过程中什么时候主动介入采访，也是一门重要的技巧。同期声在突发事件的直播报道中是最能够直观反映和烘托现场气氛的一种表达方式，却常常被忽略。

第四，出镜记者应具有敏锐的新闻敏感性和判断力。例如，2011年，笔者接到突发事件选题：市区某高跨桥下，小轿车与公交车发生碰撞，正值早高峰出行期间，公交车上几乎满员，车祸发生后伤亡情况不清楚。笔者抵达现场后，交警已勘察完现场并撤离，只剩拖车正在拖离发生故障的公交车，乘客全部疏散完毕，整篇采访仅仅只有公交司机的简单几句，显然不符合播出要求。而跳开事件之后，笔者发现，出事地点恰好位于高跨桥下辅道处左转车道，目测左转弯道距离桥梁垂直高度不超过2.5米，出事公交车车体显然高于桥梁高度。如果该公交车要执行左转操作，那么要么违反道路交通安全法，要么与桥梁发生碰撞。观察后笔者发现，该路公交车的确在直行道进行左转。有此新闻点后，笔者选择用附近目击者的采访以及公交公司对道路和桥梁设计的无奈采访播发了一条新闻。

---

① 王晋宁：《如何当好突发事件报道中的记者》，《新闻世界》2012年第4期。

第五，语言的组织能力，起承转合的语言细节表达方式也是为突发事件直播报道加分的关键所在。在突发事件的表达上，应力求简洁明了，语言直白，直指要害，切忌拖沓和摇摆不定。

第六，用语言来生动描述已经发生过的事件画面。对于突发事件，我们大多不能在第一时间捕捉到，那么就需要出镜记者用语言来还原事发时的情况，语言表达的好坏直接影响观众对于事件的感知和判断。

当然，要做一名优秀的出镜记者需要的是内外兼修，在平时做好知识储备，积累报道经验。记者应该是一个上知天文下知地理的杂家，头脑中储备的知识越多，现场触发新闻敏感的机会也就越多。除了内在修养外，记者在出镜时的仪容仪表也很重要，穿着要大方得体，精神饱满。

二、摄像：会找画面、换画面、保留画面

突发事件现场直播对于画面美感的要求并不是十分严苛，重点应该放在画面所展示和表达的内容上，要配合出镜记者，尽可能做到“言之有物”。因此，对于摄像的能力要求也相对较高。

首先，摄像记者必须具备较快的反应能力，才能更好地驾驭突发事件直播中随时可能发生变化的直播现场。

其次，对于所要拍摄和表达的内容，应当先讲求“有画面”，有画面大过一切。一些摄像往往因为追求构图效果、光圈亮度和焦距虚实等因素而错过很多能表达突发现场紧急情况的画面，突发事件的现场，需要摄像在基本功扎实的情况下，学会迅速调整拍摄目标。

第三，要有较强的补位意识。对于多机位的突发事件现场直播来说，被拍摄的对象往往会出现和导播、摄像的预判不同的位移，这时，需要各个机位根据自身情况，及时补救能够展示直播内容的画面。

第四，镜头的摇摆。镜头摇摆指的是在内容所需的情况下，通过甩镜头、摇摆镜头快速拍摄到被摄目标的行为。对于突发事件来说，镜头的摇摆是一个大概率出现的情况，根据我们所拍摄的内容以及突发事件带来的紧张气氛，镜头摇摆在某些情况下是很有必要存在的。

最后，在突发事件直播还未开始的时候，每一名摄像应该迅速熟悉自己身边的环境，做到心中有数，同时还要预判主持人可能会讲到的内容，为直播做好准备。

三、导播：全局意识、调度意识和控制意识

突发事件现场直播的导播一定要具备较高的电视行业综合素质。一名优秀的导播要具备以下三种意识：全局意识、调度意识和控制意识。这三种意识的高低直接决定一条突发事件现场直播类节目的好坏。

全局意识：导播首先应该对自己所处的直播环境有一个清楚的了解，这样才能有效且合理地去设置我们所需要的摄像机点位布置。对于画面而言，导播应清楚地知道什么样的镜头有冲击力，能够讲清故事的来龙去脉，能够有效地连接出镜记者所表达的内容。在导播的全局意识中，预判也很关键，导播要预判在直播中现场可能出现的变化，以及变化所带来的结果，只有有了良好的预判，全局把控才能做到更好。

调度意识：调度意识的前提是良好的机位布置。对于一次多机位的突发事件现场直播，往往会设置三台及以上的摄像机位来进行直播。首先，这几台摄像机的设置最好有很强的目的性。例如，微波摄像机跟出镜记者，便于出镜记者在现场来回穿插走位；而另一台有线摄像机主要捕捉细节，放大细节；第三台摄像机主要捕捉环境大景，让观众清楚我们直播所处的环境是什么样的，会有什么样的变化。在直播过程中，面对突发事件中随时可能产生的变化，导播要清楚地知道这几台设备之间的关系以及画面范围才能做好调度工作。

控制意识：在遇到直播现场比较混乱的局面时，导播应当沉住气，切忌漫无目的地切换。控制好现场的先决条件是导播必须具备“走一步想三步”的提前思维，在切换到一个画面的时候，要思考接下来的三个画面该如何连接和展示，这是导播必须思考的问题。另一方面，导播在切换台工作也应当控制现场的直播安全，预判可能会给出镜记者、摄像等工种带来危险的镜头设计，是否有必要继续进行，怎么样安全地通过镜头表达导播想要的内容。

一名优秀的导播，同时也是一名优秀的新闻剪辑人员，而相较于编辑新闻来说，现场直播对于“一遍过”的剪辑方式提出了更高的要求。在突发事件的现场直播当中，导播切换的节奏同样至关重要，在展示一段重要同期声或是现场的时候，应当根据现场情况具体分析。

四、团队配合

本文所提到的团队配合主要是指出镜记者、摄像和导播三者之间的配合。以笔者所在部门直播团队为例，我们在突发事件现场直播报道中，设计了多个手势，用手势实现导播与出镜记者之间的沟通，而通常，这样的手势需要导播将想要表达的内容精准地告知摄像。例如，导播需要出镜记者加快现场报道的语速和节奏，那么摄像会以顺时针画圆的方式告诉出镜记者，等等。我们应当学会归纳总结，将容易遇到的沟通问题，通过手势表达。其次，每一名优秀的导播都有自己独树一帜的切换风格，每一名摄像都有他所擅长的拍摄手法，导播与摄像之间的配合更多地要靠日积月累的配合，这样在面对突发事件的时候才能从容不迫，高效优质地完成直播。而对于出镜记者而言，语速、节奏以及说话的方式方法，也需要导播和摄像经过千百次的磨炼之后才能够做到很好地去配合，团队有了默契，直播也能事半功倍。

众多的突发事件现场直播报道，直播团队没有充足的时间进行事先的沟通和交流，平时的日积月累尤为重要。而突发事件的现场直播报道水平高低，直接影响该媒体的社会形象和公信力，报道内容的准确及时，甚至关系到政府的形象与社会的稳定。因此，突发事件的现场直播必须力求真实、客观、公正，要有大局意识，合理布局，以求达到最好的社会传播效果。

（成都市广播电视台　李谦）

突发事件现场报道需要把握“战略”和“战术”

突发事件具有以下两个特点：一是不可预知，二是影响重大。鉴于此，突发事件中的现场报道对于记者而言，就像是一场“战役”，需要全力以赴。“战役”的打法不能是盲目的，要讲究战略和战术。否则，很容易出现思维混乱、紧张断片儿的现象。

一、突发事件现场报道的“战略”

在军事战役中，有军事战略；在企业管理中，有企业战略。所谓战略，就是从全局出发，为实现长期目标而进行总体规划。战略不同于战术，战术是实现战略的一种手段。①

那么，突发事件现场报道的战略是什么？笔者认为，突发事件虽然事发突然，但是其现场报道绝不是盲目的，需要把握以下几点战略。

（一）体现社会温度

突发事件为什么要进行现场报道？其主要目的无非是服务受众，及时传递信息，满足受众的知情权。因此，记者的现场报道需要立足于受众，体现贴近性原则。除了脑海中的五“W”一“H”组成的六要素之外，还需要迅速捕捉对受众有用的信息。在突发事件的现场挖掘对受众有用的信息，增强

---

① 陈振明：《政府再造——公共部门管理改革的战略与战术》，《东南学术》2002 年第 5 期。

新闻的服务性、贴近性，体现社会温度，此为战略之一。

（二）体现及时性

突发事件为什么要进行现场报道？其重要目的是体现媒体功能价值。无论是传统的报纸、电视，还是新媒体，都是在比拼媒体价值。对于电视媒体而言，在突发事件中进行现场直播报道，是体现媒体优势的最好机会。记者赶到现场，需要及时地掌握信息，尽快报道，不可犹豫不决，从而错过了新闻传播的大好时机。哪怕是暂时掌握的信息还不完整，只要信息来源是真实可信的，就可以将掌握的信息先行报道，后期再逐步跟踪。时间就是价值！

此外，还有一种情况是，记者掌握了大量信息，而现场报道的时长可能有限。那么，记者该如何在有限时间内实现报道价值的最大化？在这里，就需要采用“倒金字塔”的报道手法，将信息的重要性进行快速的排序，先说重要，再说次要。这样，就能让有限时间合理分配，不至于浪费有价值的信息。

（三）当好报道把关人

即使突发事件的现场报道需要快速高效，但是请不要误会，这种及时的现场报道绝不是盲目的。什么话都和盘托出？这万万不可。突发事件尤其需要考验出镜记者做把关人的能力。因为普通的新闻报道，记者的稿件层层把关，而在突发事件的现场报道中，出镜记者很可能就是唯一的把关人。他需要对自己报道的信息负责任。因此，出镜记者日常工作中就需要树立较高的政治意识，培养良好的职业素养和职业习惯，在突发事件来临之时，做到不乱方寸、冷静客观，不违背新闻报道的原则和底线。

二、突发事件现场报道的“战术”

战术的含义大家都明了，就是具体的“打法”。在一场突发事件的现场报道中，如何使得报道成功，甚至精彩？笔者认为，有以下几点战术。

（一）保持直播团队一直“在线”

一个直播团队，包括各个岗位的人员和设备。突发事件是不可预知的，是突然发生的。笔者所在的东莞广播电视台前几年就有一档节目叫《直播现场》，专门建立了一个直播团队，通过各种途径发现突发事件，第一时间开着直播车奔赴现场进行现场直播。大多数情况下，团队的每一个人员和设备都能及时到位，但也出现过个别情况。直播团队随时在岗，突发事件却长时间不发生，难免部分人员会出现懈怠，这时候突如其来的突发事件，就会让大家措手不及，以致错失良机。因此，加强值班制度，配备充足的人员，提高团队协作能力和战斗力，保证直播团队一直“在线”，才能做到有备无患。

（二）用好关键的“那几分钟”

突发事件的现场报道，除了考验团队的协作能力，很大程度上是考验出镜记者。出镜记者在岗期间，随时准备好着装和妆容。从接报突发事件现场报道的任务开始，就要马上着手准备内容。虽然还没有赶到事件现场，但是记者也要从各个渠道来搜集信息，哪怕是道听途说一些信息，也比没有信息好。因为道听途说的信息可以为你提供切入点，到了现场可以马上核实。注意用好爆料人、用好手机，向爆料人打听尽可能多的信息，用手机了解其他媒体是否已经有相关报道，了解事件发生的背景和相关联的信息，储存在脑海当中。信息储存越多，越胸有成竹。

而这个几分钟，不仅仅是出镜记者需要准备，摄像等岗位也要快速商议和拟定直播方案，规划一下拍摄镜头，谁拍近景，谁拍中景，镜头如何切换，这些都需要同步进行准备。

用好接到爆料到开始直播中间的几分钟时间，非常关键，虽然时间短暂，但是却对报道成功与否、精彩与否，起着关键性的作用。

（三）给团队安排一个高水平的“教练”

一个直播团队在突发事件中直播报道的效果如何，很大程度上取决于团队负责人的水平。直播团队的负责人需要对直播各个岗位的工作都非常熟悉，既要了解镜头如何拍摄、切换，又要了解新闻的价值点，还需对技术层面相当熟悉。此外，他还得是个冷静的指挥者，给团队减压，不要制造紧张气氛，让每一个岗位都能淡定从容地进入突发事件的现场。如果一个直播团队中，指挥者性格冲动急躁，很可能会让团队在突发事件的现场不能默契地配合。

（四）团队的日常操练和“备战”

俗话说，台上一分钟，台下十年功，这也适用于突发事件的现场直播团队。突发事件不是时刻都有发生，但是一旦发生，就得立即投入“战斗”。如果团队各个岗位不能各司其职，不能熟练地相互协作，便无法在短时间内打赢一场“战斗”。因此，在日常工作中，直播团队需要时常进行操练，模拟一些突发事件发生后的现场直播。其实，无论是拍摄、切换，还是出镜报道内容，都是有规律可循的。掌握了规律，就可以做到有备而来。当然，出镜记者需要在日常更加努力地做好知识储备，多关注每天的新闻，自我训练，多梳理脑海中的知识，才能让自己在突发事件中，尽量以“专家”的知识储备量面对镜头。

（五）掌握几个重要技巧

要呈现一条突发事件中完美的现场报道，还需要掌握一些技巧。笔者下面就分享几条比较实用的技巧。

1. 重视特写镜头的作用

特写为什么重要？因为特写展现出的细节，可以呈现故事，触碰到人的内心。宏观的描述再有高度，都不如一个细节那么容易抓人眼球。在地震现场，一个人的眼神，身上的细节，往往能够打动人心。在2018年的台风“天竹”过后，笔者和央视财经频道做了一个现场连线报道，报道台风过后市区的恢复情况。如果仅仅从马路上障碍物被清除，车辆恢复通行、学校复课的角度来报道，不是不可以，但总觉得缺少点什么。笔者选择了一个马路边的停车场，这里停着一辆孤零零的损毁的车，由这辆车车身被损毁的痕迹来判断台风来临时这里遭遇的一幕，显然比宏观的报道更有故事感。

2. 增强体验感

出镜记者在突发事件的现场，需要帮助观众体验现场。比如台风“山竹”来临之前，笔者就奔赴海边做了一场现场报道。当时，狂风呼啸，笔者被风吹得左右摇摆，雨点打在脸上生疼，手中的雨伞突然被吹翻过来；记者的语言也没法连贯表达。这一幕真实的场景，不仅体现了记者爱岗敬业的职业形象，也让观众身临其境。体验新闻现场，让新闻活起来。

3. 动静结合

在突发事件的现场，记者到底是站定不动好？还是动态更好？这不仅靠出镜记者的习惯来决定，更应该根据现场情况来决定。镜头里的画面需要在动静当中寻找平衡。动态的背景，记者就安静下来；静态的背景，记者就动起来。动静结合，符合大多数人的审美。

综上所述，做突发事件的现场报道虽急却不能乱，把握住“战略”和“战术”，方能做出引人入胜的好节目。

（东莞广播电视台　阳玉明）

浅谈突发事件现场直播中“大屏”较“小屏”的优与劣

一、突发事件中“大屏”直播与“小屏”直播的发展及现状

（一）大屏直播的发展及现状

2001 年的“9・11”事件，“CNN 在第一架飞机撞入世贸大楼 4 分多钟后，旋即展开现场直播，甚至比军方反应还要神速”。2011 年 3 月 11 日的日本强震，“NHK 在地震波抵达地面前十几秒就已经开始字幕直播，短短 30 分钟后，直播海啸来袭”。2008 年汶川地震，“央视在震后 22 分钟开始报道，并持续直播了 1400 小时”。突发事件的现场直播从它出现的那一刻起，就成为电视新闻报道的秘密武器，以其时间上的最大优势吸引受众。

央视新闻频道于 2003 年正式开播，以播送整点新闻、现场直播和字幕新闻为主。发展到现在，只要有重大突发事件发生，收看央视新闻频道都是很多观众的收视习惯，而大家了解最新事件动态的主要途径就是记者发回的现场直播报道。接下来的几年时间，城市电视台陆续引进卫星直播车，组建专门的直播团队。2007 年，成都电视台成为西南地区第一家引进 SNG 卫星直播车的电视台，直播团队在 2013 年 4 月 20 日芦山地震发生后进行了优秀的现场直播报道。随着大屏直播的案例越来越多，以突发事件中大屏直播为主的业务探讨和培训也越来越丰富，更多记者能够在大屏直播中给出扎实的内容。

在小屏直播盛行的今天，电视媒体也在寻求大屏和小屏的融合发展，这一点在技术设备方面的体现尤为突出。SNG 卫星直播车使用的频率有所降

低，4G 背包成为不少电视台的首选和主要的直播方式，在设备受限的情况下，手机直播也被搬上大屏幕，大屏直播团队正在激烈的竞争中不断探索。

（二）“小屏”直播的发展及现状

技术带来变革。随着互联网的发展壮大，网络新闻直播渐渐改变了大众对于新闻的收视收听习惯，人们获取新闻的途径也从电视终端向手机终端转换。据统计，截至 2015 年 12 月，我国的手机网民规模达到 6.2 亿，也就意味着我国 90.1%的网民用手机上网。

2016 年被称为直播元年，当“人人都是记者”的时代到来之时，传统媒体开始向新媒体直播转型，无论报纸还是电视，都开始创建属于自己的新媒体客户端。

小屏直播平台的记者呈现出年轻化的趋势，“95 后”比比皆是，他们在技术上能够很快上手，而他们所在的平台，正在努力给这些年轻人拓展出一条业务能力的上升通道，以期小屏直播的平台能够更加具有新闻性和专业化。

二、突发事件中“大屏”直播较“小屏”直播的优势

传统媒体早已被贴上了“夕阳产业”的标签，冲在电视台第一线的卫星直播团队也似乎不再拥有过去的优越感，电视台员工去往互联网行业，尤其是新媒体平台谋求新发展的现象越来越普遍。不过，在笔者看来，夕阳和朝阳相比，毕竟摸爬滚打了一天，经验仍旧值得被肯定。

（一）n× 记者＋n× 摄像＋导播，多角度专业化体现

绝大多数突发事件的大屏直播，都是“现场＋插片”的形式。插片在西方电视直播中被称为“罐头”，用来记录直播之前存在的“现场”，或者在直播中没办法展现的有空间和时间跨度的场面。也就是说，大部分直播是在事件发生后留下的现场进行，这就给了电视直播团队更全面展现直播现场的条件。以成都电视台 SNG 直播为例，突发事件的现场直播，一般会

设置 3 个机位：一个跟主持人的机位，一个游机，还有一个车顶的大景机位。在直播的过程中，所有人员听从导播的现场调度，镜头中既有宏观的环境交代，也有细节的捕捉。出于对直播效果的考虑，有时也会在一个直播现场设置多位记者出镜。2018 年 7 月初的一场暴雨导致青白江大道上一条隧道积水，交警在 500 米外的路口设卡劝返车辆，在只有十多分钟准备的情况下，直播团队果断决定两位记者一起直播，一位在隧道口近距离观测积水深度，采访现场工作人员的抽水方案部署，另一位在临时管制的路口针对隧道积水带来的影响和解决方案进行报道。从专业呈现的角度来说，成熟的大屏直播团队更有优势。

（二）时间短，可控性强，未知度低

和动辄一小时的小屏直播相比，大屏直播的时长往往较短。以成都电视台 SNG 直播为例，一般被控制在 3—5 分钟，如果遇上地震、暴雨、山体垮塌、泥石流等重大突发事件，直播时长可以达到十几分钟，或是进行多次直播连线来关注事件的进展，每次时间不过几分钟。例如遇上火灾，直播团队在抵达现场的几分钟后便会进行第一次直播，抓住现场，把时间、地点、事件等要素传递给观众，直播时长也就 3 分钟。第一次直播结束后，插片组会深入直播车无法进入的更近的位置拍摄插片，准备第二次内容更翔实更完整的直播。对于大屏直播团队来说，他们在大多数情况下，知道自己直播的这几分钟时间内现场是什么模样，也基本上能够预计这几分钟内现场的变化，他们的现场比小屏直播的现场更可控可知，毕竟一个小时这么长的时间能发生什么，谁说得准呢。

（三）记者报道精练，容易抓住观众

由于直播时长有限，大屏直播要求记者逻辑思维清晰，总结概括能力强，语言组织和表达迅速流畅，回想一下你脑海中优秀的大屏直播记者，他们基本上没有时间去“呃”“嗯”和“这个”。他们习惯做的几件事：第一，迅速抓住现场细节并放大，用最直观的画面和语言把你带进他们的直播节奏；第二，把自己对现场的感受，或者对于新闻事件的总结，用一、二、三

点的方式罗列出来，清晰明了。生活在快节奏社会的人们，很难静下心或是抽出时间来看一个小时甚至更长的直播，更别说看完之后还需要自己去归纳和总结，基于此，大屏直播的内容可能是更多关注突发事件的人愿意看到的。

（四）中老年收视群体较稳定，营造家庭生态圈

作为一名城市电视台的现场直播记者，笔者常被街上的叔叔阿姨和爷爷奶奶认出来，他们亲切的笑容和言语让笔者幸福感陡增，却也在强调着这样一个事实——电视新闻受众的老龄化。并不是老人才爱看电视，而是习惯看电视的人慢慢变老了。在笔者看来，80 年代之前出生的人，是电视受众中的主力军。而通过观察发现，这其中喜欢看电视剧的女性，大多已经开始通过平板电脑等设备追剧，而注意力集中在新闻上的男性，仍旧热衷于收看电视新闻，在有重大突发事件发生的时候，大屏直播自然成为他们的关注焦点。这部分人算得上是大屏直播较为稳定的收视群体，再来看看这些人扮演的家庭角色，往往是愿意和晚辈们谈论政治、经济、文化和社会的一家之主，当关注度高的突发事件发生时，一家人边看直播边讨论，在人人都做低头族的当下，对于营造家庭生态圈来说绝对是一件好事。

三、突发事件中“大屏”直播较“小屏”直播的劣势

（一）直播窗口相对固定，时效性打折

突发事件一发生，网络直播平台可以随时开启直播窗口，大多数记者从赶往现场的路上就开始直播。而对于电视台来说，每一天的新闻播出窗口相对固定，最常有的做法就是先把 SNG 直播车派往现场拍摄插片，等到有窗口的时候再进行直播，时效性大打折扣，关注度随之降低。面对这样的劣势，央视新闻频道全天候的直播算是一种弥补，而就城市电视台而言，需要的是大胆打通时段，开启特别直播。2013 年 4 月 20 日芦山地震发生后，成都电视台新闻中心启动特别直播，演播室多位主播接力坐镇，多路记者赶赴

灾区。在2018年7月11日特大暴雨洪灾出现后，成都电视台公共频道也在午间时段开通了一小时的特别直播，这些尝试都表达了传统电视人的态度。

（二）不易接近核心现场

2017年6月24日，四川茂县叠溪镇新磨村发生山体高位垮塌，事发地点位于松坪沟景区内，为了尽可能保证抢险救援的设备和队伍顺利抵达事发地，所有社会车辆和媒体车辆都只能停在大约6公里外的盘山公路上。成都电视台的SNG直播团队派出两位记者徒步前往核心现场拍摄短片，一两个小时后和直播车汇合再准备直播。而和他们一起进入核心现场的，有不少小屏直播的记者，他们的直播早已开启，更重要的是，他们的直播现场就是事发的核心区域，无论在直播画面的直观性上，还是在关注现场救援进展方面，都有优势。当然，在这次突发事件的报道中，央视也把手机直播搬上了大屏幕，虽然效果受到了一些影响，但这条路成为很多地方电视台不断完善的方向。

（三）无法和受众互动，单向传播劣势被放大

单向传播，没办法及时收到观众的反馈，这是传统媒体都存在的劣势，而在突发事件的现场直播中，这样的劣势被放大了。小屏直播的界面可以看到网友的留言和反馈，记者既可以根据大家的意见来调整自己的直播内容、环节和方向，也可以随时解答网友的问题，信息传播的有效性增强。

四、对未来突发事件中大屏直播的思考

笔者眼中的“近黄昏”并不代表消亡。民生新闻从2004年开始兴起，经历了几年辉煌后，早已开始走下坡路。近几年，虽然很多地方民生新闻频道的广告收入大幅下滑，把重心从做节目转移到经营上似乎成了一条为了生存而不得不走的路，但是，只要有重大突发事件发生，电视人心里的热情和使命感还是会把他们推向新闻事件的最前线。因此，笔者认为，我们仍旧需要思考突发事件中的大屏直播未来如何发展。

（一）优化硬件，把“小屏”的便捷投到“大屏”上

正如前面提到的，传统媒体一直在进行媒体融合。以成都电视台公共频道为例，新媒体工作室早已走上正轨，针对热点事件在其“看度”客户端上进行直播。4G 背包的使用也成为日常，他们的设备叫 TVU，不仅能够和摄像机连接，也可以通过手机进行大屏直播。只不过，用手机进行大屏直播的信号和画面质量还不能得到完全的保障。如果能够在技术上有所突破，将便捷的小屏直播清晰流畅地投到大屏上，再和传统 SNG 的直播相互配合，既有即时性的表达，也有深度的挖掘，或许能够在突发事件发生时给予强有力的硬件支撑。

（二）强化软件，用专业和创新征服观众

说到优秀的现场直播报道记者，你或许能列出几个名字，然后你会发现，印象深刻的几乎都是大屏直播的记者。从经验和专业性来看，大屏直播记者都占优势，不少大屏直播的记者也逐渐涉足小屏直播领域，即便有不同的主观体验感，但是对于受众来说，他们的小屏直播也都质量颇高。这说明无论哪个平台，记者本身的专业性都能起到一定的决定作用，这也是为什么很多新媒体直播平台会邀请传统电视媒体记者去给他们的员工培训：对新员工来说，是让他们更了解直播、学习直播；而对过去不做直播的老员工来说，则是要转变他们的思维。

不过，优秀的大屏直播记者只是少数，在最能考验记者能力的突发事件直播中，很多记者还在不断提升自我。笔者认为，他们一方面需要多看。虽然现有的关于现场直播报道的书籍不多，但优秀记者的直播案例值得研究。另一方面，学着创新。这是一些年轻的小屏直播记者拥有的闪光点，对于很多电视人而言却成了一道难题。在保证新闻要素齐全的前提下，如何创新表达的形式和内容，拥有和放大自己的观点，显得尤为重要。

（成都市广播电视台　林锐）

第四部分

现场报道的制作技巧

论电视新闻现场报道的核心要素及表达语态

一、引　言

电视现场报道始于20世纪60年代，在我国兴起于80年代，它是指电视记者置身于新闻现场，面对摄像机，以采访者、目击者和参与者的身份，向观众描述新闻现场、叙述新闻事实、点评新闻事件，同时伴以图像报道的报道方式。现场报道的出现，打破了以往新闻报道画面加画外音的解说形式，把现场的各种元素同时摄入，体现了报道的“第一时间”，因而最能发挥电视快捷、直观的传播特点。从表现形式上，现场报道主要由时空要素、语言要素、视听要素几部分构成。在采制过程中，只有把握好这几个要素，才能使观众产生身临其境的现场感，进而产生深刻的印象。

二、电视现场报道的核心要素

（一）时空要素（快捷与同步）

新闻事件的发生，必须在一定时空内进行。要使观众通过电视屏幕对现场产生感知，就必须围绕时空要素来进行采访报道。

在一般的新闻报道中，叙事所用的时态一般是过去时，而现场报道要求的时态却是现在进行时，这个特点决定了记者本身是现场目击者，要在现场告诉观众正在发生什么。但记者并不是每次都能在现场等待新闻事件的发生，他们或许是在事件进行过程中赶到现场，或许是在事件已经结束后才赶到现场，因此，在叙事顺序与事件发生的时间顺序上，往往存在顺叙（按时间顺序从头说起）、插叙（从某一时间点开始叙述）、倒叙（从事件结束后留下的痕迹开始叙述）几种方式。但对于现场报道而言，现场永远是放在第一位的，无论哪种叙事顺序，都要以现在时来告诉观众正在发生的事情，在报道上与新闻事件保持同步。零时差“Now News Now”（现场新闻现在报），将现场实况同步展示给观众，体现了新闻报道的“最高境界”。

空间指的是新闻事件发生的空间范围，以及记者所在现场的空间范围。对现场记者而言，不管事件发生的空间范围有多大，他在报道中所要关注的只是他所处现场的空间范围。在这一空间范围内，记者通过视觉、听觉、嗅觉、味觉、触觉等多种感官体验来获取与新闻事件相关的现场信息，然后根据一定的方位顺序，从点到面，从上到下，或者依据一定的逻辑关系，让观众对现场空间的情况有清晰、充分的了解，从而更深入地理解事件的发生、发展过程以及事件的意义。

（二）语言要素（现场口述）

语言是描述事件、表达思想、交流感情的重要工具，现场报道既是思维发展的过程，也是快速组织语言进行表达的过程。为了充分体现及时迅速、真实参与等方面的播报优势，记者通常要完成以下环节：介绍事件核心内容并告知所处地点—描述现场情况并感受现场细节—告知到达现场之前发生的事情或背景（对当事人或目击者进行采访）—告知后果（对事件发展趋势或影响做出分析）。这样一个相对完整的报道流程，就是通过记者的现场叙述和采访对象的现场阐释来完成的，其主要的载体，就是语言。它们必须在准确的前提下，精练、明晰地传达最有价值的信息。

1. 记者的现场叙述

作为报道者，记者自始至终在现场随着事件发生、发展的进程，边观察、边采访、边报道，他的叙述在整个报道中占有相当比重，具有介绍、描绘、衔接、串联、访问、评议等作用，所以，练就好嘴上功夫尤为关键。记者能否充分发挥“现场”这一优势，能否完整而连贯地进行叙述，思路是否清晰，逻辑是否严谨，表述是否利落，都对报道起着至关重要的作用。

记者是客观事实的见证者和传播者，是观众和事件之间的桥梁。如何做到先声夺人，尽早把观众“引入”新闻现场，通过现场描述，传达给他们在电视机前不能感受到的东西，是报道成功的关键。事件背后的细节和意义通过记者的讲述传达给观众，形成了报道的感染力，这考验着出镜记者的发现能力，也考量着他的即时表达能力。

2. 采访对象的现场阐释

在现场报道中，记者身在现场，却并非事件当事人，往往需要通过寻找采访对象、进行有针对性的提问来获取关键信息，从而展示事件全貌。这里的采访对象是事件的知情者、当事人、有关人士，其发言具有一定的代表性和权威性，可以为报道提供必要的新闻背景和发展趋势。

通过采访对象的现场阐释，使表面话题得以发展，进而实现采访主题的有效深入。它使观众对新闻事件的认识开辟了一条生动、形象的感知渠道，当观众通过完整的事实和深入的背景自己完成了“从了解到理解，从认知到认可”的过程之后，“传播”与“到达”的距离就不远了。

（三）视听要素（信息零损耗）

除了语言方面的叙述和阐释外，现场报道还可以同时传递即时、生动的画面和声音，让观众直接看到和听到现场的人物活动和事件的发展经过。这种未经剪接、连续完整的视频音频信息，既形象直观，让观众看得真切、听得真切；又没有中间环节，不会造成信息损耗，比起传统的报道方式，现场报道的立体感更强、获取的信息量更大、信息强度也更强，使传播效果增值不少。

画面能够展现事件真相。有了好的主题、好的叙述、好的采访，没有精彩的画面，同样不能成功。镜头是记者和观众建立面对面交流形式的有效载体，通过镜头，记者所展示的不只是对事物做了精确描述，还有他对所发生事件的过滤方式。对视觉元素的关注，能帮助记者在故事中找到更多的细节。作为观众来说，他们也在影像画面的基础上积极地品味并构建着故事，与事件建立起情感关联，他们对视觉的信任程度远远超过其他感觉。例如在抗洪抢险现场，抢险队员的身影一次次进入齐腰深的水中，打捞淤堵的阻塞物，他们身上挂满了树枝、草秆，汗水、泥水、雨水从脸上流淌下来。这个瞬间的镜头和画面，具有强烈的感染力，为报道注入了鲜活的生机。

将观众“拉”到新闻现场，不单要让他们看到画面，还要听到现场的声音，感受到现场气氛，这样才会产生身临其境之感。作为现场报道特有的语言，声音不但能增加报道的现场感、可信性和感染力，而且往往比记者的转述更形象、更具体、更活泼。

真实的世界才是最精彩的。原生态的现场声增强了报道的感染力，特别是雷声雨声、机器轰鸣声、交谈声、爆炸声等这样的背景声，在补充内容、介绍环境等方面起着重要的作用。声画的双重刺激，再配合出镜记者的所闻、所见、所感，调动视觉、听觉、嗅觉、触觉等多种感官，才能立体地感知新闻现场，了解新闻事实。事实上，融入采访环境、调动不同感官所传达的信息，给观众带来的震撼比单纯的语言更有力量。因此，在现场报道中，在靠近现场音效的地方进行采访，能有效增强现场感。选用声响时，无论是主体、环境还是背景声，都要注意它的典型性，即选择最能反映事物本质、最具代表性、最能说明问题、最具有现场感的声音。

当然，现场报道也会存在环境、噪音等难以控制的不良因素，正因为它是现实生活真实存在的，也就越具有可信度，越能使现场效果淋漓尽致地发挥出来，同时这也考验着现场记者的应变能力和处变思维。背景声在现场报道中起到了关键作用，但作为记者，必须在视觉和语言上做到妙趣横生，才能穿破所有的噪声，将观众的注意力吸引到视频音频的核心内容上来。

三、电视现场报道的表达语态

现场报道中，出镜记者工作的本质是“主要叙事者”，或者是“指导”观众的人，他在每一刻都引导着观众的注意力，指导他们要看什么、要听什么、要理解什么和感受什么。由于改变了文字传播的间接性，少了中间的转述环节，这比单纯由播音员在演播室念稿、配画面来得更直接、更生动、更有贴近性和吸引力。

（一）表达的核心——前期准备

在研究现场报道的表达语态前，先来强调一下拍摄的目的和计划。优秀的出镜记者在报道之前一般会事先考虑好几个基本的要素。

首先，清楚报道的目标。与任何传播方式一样，从一开始必须清楚报道的目标，也就是每个时刻我们想要达成的目的是什么。这个答案会决定在建构故事过程中的画面、声音、叙述、采访等诸多决策。针对这个问题想得越清楚，报道获得的成功就越大。

其次，了解面对的观众。你在为谁做报道？他们想了解哪些内容？是对事件有基本了解的人，还是在与完全不了解话题的观众进行沟通？认识到目标观众是谁，将会帮助记者更有针对性地进行报道。

最后，拍摄前充分地思考。报道的结构、所有的对话、场景的选取、展示的内容、呈现的画面镜头移动的方式，都要有一个通盘考虑。希望讲述什么样的故事，报道的角色是什么人，将以什么方式进行拍摄，哪里可能会有矛盾冲突，画面应该如何推进，叙述怎么串联……在拍摄前思考的越多，越知道什么时候应该拿起话筒和摄像机。

（二）表达的关键——如何表达

之所以要清楚报道的目标、了解面对的观众、做拍摄前的思考，目的只有一个，那就是明确报道与观众的关系，明确报道应采用哪种“说话方式”。对现场报道来说，“接近现场，第一时间接近现场”“跟踪新闻，全力跟踪新闻”“报道事实，更深入报道事实”，就是记者应有的态度。

长期以来，电视新闻的播报追求权威、大气、严肃，字正腔圆、居高临下的语态始终与观众保持距离。现场报道的出现，改变了电视播报的方式，记者直接面对镜头与采访对象和观众进行交流，不需要事后整理素材、撰写稿件，也不需要做复杂的加工，这种由“播新闻”向“说新闻”转变的新的“说话方式”，在一定程度上改变了新闻报道中长期以来存在的生硬、枯燥的状态。

由于本身所具有的真实性、时效性、现场感、参与感等立体传播特性，以及“现场采访”“纪实拍摄”“效果声”“同期声”等核心要素的存在，决定了现场报道必须采用人际交流的口语化方式，消除媒介与观众之间的界限和戒备，使信息接收具有人际交流的角色认同和情感互动的愉悦体验。成功的现场报道往往是那种胸有成竹、只有提纲和关键词而没有成稿的口语表达，在语言、语气、重音、停顿、语速等方面都与传统播报有很大的不同。所以，现场报道切忌人为摆布、组织、导演，生硬背词儿和临场组织语言的区别就在于是否有交流感和亲切感。

态度决定一切，当我们拥有了一种真诚的态度时，把过去居高临下的新闻播报变为贴近生活、关注受众的现场讲述，其实并不十分困难。

四、结 语

综上所述，有音响、有画面，有故事、有细节、有人物、有思想，辅以语言、神情、形体动作，增加现场采访、引进谈话元素，这才是现场报道应有的核心要素和表达语态。考虑观众接受心理、尊重观众审美趣味、一切从观众角度出发的现场讲述方式（而非“播报方式”），才是电视最好的回归。

实践证明，现场报道是电视发展的趋势，没有它，就犹如抽掉了电视的精髓，使新闻失去活力，变得沉闷单调，无法引起观众共鸣。随着新闻改革的深入和受众需求的增强，现场报道将成为电视新闻的主流模式，特别是重大、突发事件新闻传播的最佳形式。如何运用好现场报道的核心要素和表达语态，充分发挥其传播优势和潜力，还需要更多电视工作者努力去开拓。

（昆明广播电视台　马静怡）

多技巧运用让电视新闻现场报道更“精彩”

随着中国电视业的发展，电视新闻现场报道凭借贴近生活、真实性、现场性、直观性、时效性等优点，在电视观众日常新闻信息获取中占据着越来越重要的地位。这种报道形式也被更广泛地应用在多种新闻报道中，笔者今天将和大家探讨一下如何运用多种技巧，使电视现场报道的内容的呈现更加丰富多彩。

一、电视新闻现场报道前要做好充分准备

在做电视新闻现场报道的时候，记者需要提前到达现场，向在场的相关人员提前全面了解新闻事件的主要情况，对报道主题做到心中有数。新闻现场报道需要记者出镜，因此要注意不同报道场合的服装搭配。如果是会议等时政新闻类报道，记者着装要端庄大方，以正装为主，颜色要和报道主题相吻合。如果是重大建设施工现场类报道，则要身着休闲类工装，必要时要戴上安全帽，符合新闻现场的施工技术要求。如果是生活类新闻现场报道，则可以轻松活泼一些。总之，记者着装一定要符合新闻现场。记者出镜应当适当化自然妆，但是不宜浓妆艳抹，在报道的时候配合适当的表情和手势。如果现场报道需要走动的话，则需要提前和摄像师商量好，并制定出合理的行走路线，保证新闻报道的顺利播出。同时还要注意提前与摄像、技术和播出后方栏目信号做好对接沟通，保证播出信号畅通。

二、电视现场报道要准确把握新闻事件核心

电视新闻现场报道一定要准确把握新闻事件的核心，要明白你的报道价

值是什么，观众最想知道的是什么。记者在报道中一定要准确交代新闻事件发生的时间、地点、主要人物、目前新闻事件的进展程度等等。如果是重要会议报道，会议规模、参会嘉宾的身份、会议进展程度、专家的主要观点、活动的主要亮点等都是重要的元素。如果是现场事故类报道，则要说清楚事件目前的影响范围、人员受伤情况、救援救护情况等等。目前，电视新闻现场报道主要分为突发性事件报道和常规性事件报道。

突发性新闻报道中，有时候新闻现场稍纵即逝，因此需要记者快速行动、快速反应，能够从细节中发现新闻报道线索，并及时采访拍摄记录。常规性事件报道则需要记者善于从大众化报道现场中，发现独特视角和观点，发现创新之处，善于独辟蹊径，能将常规新闻做出新意、做出创意，从而体现一名优秀记者的积累和功力。

总之，在电视新闻现场报道中，内容是灵魂，缺乏有血有肉的新闻事实，记者出镜就无所依附，出镜报道的必要性和重要性也会减弱。记者出镜如果被不当运用或因记者能力欠缺，导致记者出镜的语言变成了背台词，那么这个出镜报道就是有瑕疵的。只有在遵循新闻规律的基础上，恰当、灵活地运用记者出镜，新闻报道才会生动鲜活。

三、电视现场报道出镜场景要有选择与设计

电视是视听媒介，电视新闻画面承载着视觉通道上的所有内容，因此在进行电视新闻现场报道的时候，报道地点的选择也很重要。记者应选取新闻现场最典型的场景、合适的位置出镜，还可以优化镜头语言，延伸画面表达空间，营造独特的视觉意境。2017 年 12 月 6 日，西安北站首发开往成都东站的 D4251 次列车，标志着西成高速铁路正式开通运营。西成高铁是国家“八纵八横”高铁网络规划中京昆通道的重要组成部分，它的开通标志着千年来阻隔中国西北与西南的秦岭天堑从此贯通，蜀道难成为历史，西安到成都的火车运行时间由以前普通快速列车的 11 个小时缩短成 4 个小时。当天笔者承担了西成高铁开通运营的三场现场直播报道工作，笔者把三场直播场景分别定在了西安火车站首发列车的站台上，250 公里时速运行的列车上，和到站

后的成都火车站站台。在首发列车直播的时候描述了首发列车的外观、造型、载客量、票务销售情况等内容。采访了出发前和列车兴奋合影的旅客，西成高铁的建设者代表，列车长等。在运行列车上，用语言描述和摄像机镜头呈现了首发列车载歌载舞的表演者，浓浓民族风格的车厢布置，在车厢内精选直播了一段精彩表演，展示了当地的精美小吃，现场感十足。西成高铁穿越秦岭山区、汉中平原、大巴山区等，全程桥隧比高达92%，秦岭山区隧道群首次采用了大坡度设计，地质地貌十分复杂，建设难度非常大。那么开通之后，列车的运行平稳性到底如何呢？在直播过程中，笔者专门设计了一个小环节，将一杯水放在小桌板上，用最生动直观的镜头告诉观众——列车非常平稳。而在成都到达站直播中，笔者除了采访刚刚乘坐首发列车旅客的第一乘车感受，还采访了成都铁路局的工作人员，介绍了最新的西成高铁列车时刻安排等，通过多场景、多层次、多维度的设计，使观众在电视机前和记者一起全方位感受西成高铁，大家一起“坐着火车去旅行”。

四、现场报道中对人物采访要有技巧

记者在电视现场报道中，由于新闻主题不同，会面对多个采访对象，有知识分子、工人、农民、专家、官员等等，因此记者要善于运用多种手段采访不同的对象，争取呈现出最好的播出效果。

开门见山法。电视新闻现场报道需要在有限的时间内，为观众传达更多的信息量，因此记者一定要争取对核心新闻事件的核心人物进行现场采访。比如在两会报道的时候，对观众关心的房价、医疗、教育等问题，当记者能采访到这些领域的权威人物时，一定要抓住时机，直接就核心问题进行提问，有时候也许最关键的几句话，就增加了整体新闻报道的权威和分量。

联络感情法。在电视新闻现场报道的采访对象里，经常会遇到不善言谈的人，面对摄像机镜头紧张得什么都说不出来。但是他又是主要的新闻人物，他的发言非常有代表性，采访非他莫属。这时候，记者就要发挥良好的沟通技巧，可以先和采访对象聊聊家常，态度一定要温和平等，从情感上拉近和采访对象的距离，消除他的紧张情绪，然后慢慢引入新闻主题，必要的时候甚至可以运用善意的“谎言”，比如告诉采访对象，我们不开机试录一遍，然后通过和摄像师的巧妙配合，在采访对象完全放松的情况下拍摄出最佳采访效果。

提问分解法。电视新闻现场报道的采访问题要避免“大而空”，比如提问：你有什么样的感想？谈谈你的想法。这样的泛泛提问很容易让采访对象不知从何说起，因此，记者要善于把总问题分解成几个具体的小问题，方便采访对象回答，避免出现空话和套话。

五、电视现场报道要注意细节呈现

在电视新闻的现场报道中，除了摄像机镜头，还应该有第二双眼睛观察镜头以外的很多细节，要将镜头外有效的细节内容，迅速地增加到镜头画面中加以展示，这需要记者提升现场的洞察能力。对于突发性事件的现场报道，记者要凭借对新闻现场的观察、分析、归纳和构思，进行及时、有效、恰当的报道，这一切应该在瞬间完成。电视新闻的现场报道很多都是因为有现场而生动，因为有细节而让人印象深刻。所以，细节是现场报道富有生命力的法宝，而出彩的细节又来自于记者现场敏锐的洞察力。2017 年 7 月，笔者在云南省保山县大瑞铁路大柱山隧道采访铁路建设者，这个全长只有 14.5 公里的隧道，于 2008 年开工至今 9 年仍未贯通，被称为中国前所未有的最难掘进的一条隧道。在隧道建设中，灾害成了日常，9 年施工中涌出了 10 个西湖的水量，90%的时段铁路建设者都在和突然涌出的大水和泥浆作战。在采访当天，十几位工人们在处理一处大涌水，现场冰冷异常，所有的施工人员都站在水里作业，他们全身被水柱冲刷着，浑身全部湿透，已经连续奋战了四个多小时，而这只是他们日常工作中最普通的一幕。于是笔者以在冰冷水中工作的铁路工人为背景做了出镜报道，通过镜头真实记录了新闻现场，同时从水中请出了一位工人代表进行采访，全身湿透的衣服、冻得瑟瑟发抖的嘴唇，直播镜头捕捉和记录下了这些感人的瞬间，播出效果非常真实震撼。而在另一个隧道出口的施工现场，由于先天地热影响，隧道里的常年温度达到 41 摄氏度以上、湿度达到 83%，在这里待几分钟就会觉得呼吸困难、浑身冒汗、心跳加快，而工人们还要完成爆破施工任务，为了缓解炎热，现场堆满了冰块，工作间隙用冷水冲个凉、用冰块擦擦身体、喝口冰水，就是大家的消暑方法，喘口气后还要继续奋战施工，由于现场高温高湿，连摄像机都不能正常工作，拍摄画面变得模糊，在现场报道中，摄像记者记录了全部艰苦的场景，通过41摄氏度的温度计、汗流浃背的工人、冰块等细节展示了建设者的艰苦环境，节目播出后引起了较大社会关注和反响。

六、电视现场报道记者要注意职业素养

现场新闻报道在面对敏感新闻题材的时候，出镜记者应该把握好“职业道德”与“轰动效应”的选择。1993年，一位南非记者在战乱的苏丹采访时，见到了这样一幅震撼的场景：一个骨瘦如柴的苏丹女孩趴在马路上，身后一只虎视眈眈的硕大秃鹰正盯着她，随时准备在女孩死亡的时候，扑上去把女孩当作“美餐”，弱小的女孩是那么的凄惨和无助。这一瞬间被那位南非记者用照相机定格下来，强烈的视觉震撼，使这幅作品获得了当年新闻界的普利策大奖。但它的轰动却引起了社会的轩然大波！事发后，这幅作品被全球各大媒体的记者频繁报道、批判和评论，很多人批判现场记者在面对孩子死亡的时刻，居然还在拍摄新闻作品，这位记者一度成为众人唾弃的对象，在经受不住外界舆论的压力下，这位记者选择了自杀，而事实上小女孩获救了。在现场报道中，我们很多记者也会面临这样的情况。如不拍摄报道，也许新闻报道节目有些遗憾，但是保护了新闻当事人的隐私，也给予他们应有的尊重，这是一名合格新闻记者最起码的道德素养。

总之，一篇优秀的电视现场新闻报道作品，除了做到以上几点外，还需要注意现场原生态的呈现与环境声的捕捉与应用，运用好报道转场方式和技巧，营造现场的气氛，同时记者还应该掌控好报道分寸，并和摄像师在视频画面应用上默契配合，等等。当记者把以上要求根据不同的主题充分落实后，一定会呈现出丰富精彩的电视现场报道作品。

（中央广播电视总台　王哲）

浅谈新闻报道中细节的发现与呈现

对于一段成功的现场报道来说，随着时间的流逝，受众可能会忘了这段报道的情节、内容，但精彩的细节往往会深刻留在受众记忆中。就好像一首经典老歌，即便记不起开头，也不会遗忘副歌高潮的内容。因此，现场报道中细节的作用和特殊魅力，是出镜记者们不容小觑的。

一、现场报道中细节的作用

（一）增强新闻报道可看性

综观近年来各卫视、地方台新闻，从党政新闻到民生新闻，都有一个固定的操作套路，模版化、脸谱化、程式化严重。之所以会出现这样程式化的报道作品，原因有很多，其中细节的缺少就是一个最重要的原因。没有细节的现场报道，带给受众最大的观感，就是没印象、记不住。如果我们在新闻现场，能及时地捕捉到一些一般人注意不到的细小又关键的点，将它放到报道中，那就会增加自己新闻报道的可看性，让报道内容更加丰富饱满。

（二）增加新闻报道可信性

俗话说，百闻不如一见，这个“见”，从现场报道的角度来说，就是要有视觉形象。真实的细节在新闻中起着见微知著的作用。如果说，主题和结构是新闻作品的骨架和灵魂，那么真实的细节就是丰满的血肉。一些优秀的现场报道作品，就是利用真实的细节，通过出镜记者的语言让受众如临其境、如见其人、如闻其声，从而增加新闻的真实性和可信度。

二、如何捕捉细节

每一个记者，都希望在现场报道中抓住细节，丰富自己的报道，但总有记者有心却还是找不到细节。如何实现这一点，首先，要有敏锐的发现能力；其次，要调动自己的感官，带领受众来感知新闻现场。出镜记者是受众与新闻现场的重要桥梁，出镜记者在现场报道的工具，有语言表达、肢体动作和摄像机拍摄画面，观众通过出镜记者语言的描述和画面对新闻现场进行感知。很多时候，出镜记者的现场报道不仅仅局限于对新闻事件本身的报道和新闻画面，此时记者的感官描述也是报道的重要组成部分。这里建议，摄像机镜头可以传递给受众的信息，出镜记者就不要在现场报道中重复报道了。需要报道的内容是摄像机画面表达不出来的信息，比如：在某些突发现场，你的鼻子能闻到什么味道？你喉咙感受是什么？你的身体肌肤的具体感受是什么？媒介理论家麦克汉认为，媒介是人体各个感官能力的扩展。出镜记者的电视现场报道，就是受众各个感官功能的眼神，而出镜记者的现场感受就是受众现场感受心理的替代者。记者可以积极调动自己的感官去听、去看、去尝、去触摸，将电视画面没法呈现的体验，通过描述让观众立体感受到。

三、如何筛选细节

选择新闻细节的原则是“新闻事实细节与报道主题之间的密切关系”，简单说，就是你选择的细节得为你报道的主题服务。新闻细节的筛选首先考虑的范围是与新闻的五要素最为贴近的元素，即对新闻发生的时间、地点、人物等要素的外延拓展。其次，新闻细节的筛选主要通过新闻“实物”来体现。

四、如何呈现细节

细节在新闻报道中的呈现，秉承的原则应该是要求出镜记者带着可视化的角度来进行呈现，利用在现场一切生动、具体、可用的道具来进行表达。例如，2018 年 4 月 27 日，笔者参与成都市广播电视台《飞越龙泉山　奋斗新天府》6 个小时航拍直播报道，通过直升机我们从成都崇州起飞，飞过都江堰水利系统及其灌溉渠、郫都区战旗村、新都中车产业园、龙泉山城市森林公园……全程共 11 个点位，介绍点位的画面由三个部分构成，直升机上陀螺仪拍摄的俯瞰画面，外加前期拍摄的陆地画面，还有出镜记者在机舱内的现场报道画面。为了丰富在机舱内报道的画面，让内容更加生活化，笔者将点位中有亮点的细节提炼出来，准备了相应能体现这些细节亮点的道具带上飞机，比如在战旗村的上空，出镜记者在机舱内拿着提前准备好的该村特色麻饼，由此展开介绍战旗村的现状和人文风貌。接下来，每到一个飞行点位，出镜记者都拿出一个道具来辅助报道，如此一来，机舱内的报道画面就更有可视性，信息也更加丰富，表现形式也要更全面。

五、细节呈现上要规避的问题

在新闻报道的细节呈现上，最需要避免的就是为了呈现而呈现。如果造成摆拍式出镜，反而丧失现场报道的真实性、现场感。

总结下来，一条好看且有价值的新闻报道，除了该有的要素不能缺失外，细节的发现与呈现同样不能丧失，而要做到这一点，需要出镜记者在日常生活和工作中不断观察、练习、积累、筛选，同时还要知道如何恰如其分地运用，这样才能真正利用小细节辅助做出精彩的新闻报道。

（成都市广播电视台　杨乾鑫）

如何做好电视新闻现场报道中的细节呈现

细节，从字面上解释是起关键作用的小事。广义指在文艺作品中与故事情节、人物性格、事件背景等产生联系的局部叙述单元，使作品构成更加完整。在电视新闻现场报道中，细节是指能够突出现场报道中时间、地点、人物、事件和环境的最小单位，以彰显新闻事件和新闻人物的本质。现场报道中的细节描写可以生动客观地展现事件发生始末，对阐明新闻主题有重要意义。现场报道中的细节包括内容上的细节、画面上的细节和声音上的细节。

一、新闻现场报道中细节的分类

（一）内容上的细节

在新闻现场报道中，往往事件背后的细小内容，才是整个现场报道中的关键和亮点。内容上的细节具体包括：环境细节、动作细节、外貌细节、语言细节等等。内容上缺乏细节，就像一棵干瘪的枯树，毫无生机。同样素材的现场报道，如果出镜记者在新闻事件叙述时加上内容细节的呈现，会吸引观众的目光，让人过目不忘。出镜记者在刚到新闻现场时，要提前考虑到可能存在的内容细节，出镜时才能有条不紊地既抓“大”，也不放“小”。新闻现场报道中，内容为王，抓住内容上的细节，才能让整个现场报道充实丰满，也显示出出镜记者对整个事件和现场情况的了解，使记者现场报道更具有说服力和公信力。

（二）画面上的细节

画面上的细节是指在电视新闻现场报道声画同步播放时，插入进来的一些能补充叙事、引发观众思考的画面。生活中各种各样的事物都是推动新闻事件发展的细节，有经验的出镜记者在现场报道中，可以捕捉到那些具有细节呈现力的画面。例如当地人的生活习惯、自然环境的特点、采访对象的音容笑貌等。通过合适的角度、机位、景别画面放大细节，可以使观众在观看画面后留下深刻印象，获得更为丰富的信息。在 2008 的“5·12”汶川特大地震发生后，央视记者在断裂的公路上做现场报道。当他正在描述现场当地政府部门如何抢修道路时，河对岸的山体突然滑坡，大量泥石倾泄而下，现场变得危险紧张起来。此时，出镜记者立即停止正在进行的描述内容，停顿数秒，让镜头对准山体滑坡，拍摄下整个山石滚落的惊险画面，先让观众身临其境感受现场。一段现场声后，记者才开始描述山体滑坡的现场情况。举此案例，是想说明重点画面的发生进程，也可以是画面细节的一个重要方面，可以让现场报道更具现场感。

（三）声音上的细节

声音上的细节是指在电视新闻现场报道声画同步叙事中，穿插能补充新闻信息的声音。具体包括：现场声的细节、同期声的细节、解说词的细节、采访的细节、音乐音响的细节等。声音上的细节对于无法完全通过画面传递的信息，尤其是介绍事件发展的始末、人物背景、预测未来等声音细节，可以使叙事简练，补充现场报道的信息含量，让观众不仅见证了现场报道发生的历史性时刻也获得了更多相关信息。比如在春节等节庆活动的现场直播报道中，常用手法是画面从高空航拍开始，现场声切入开场。“未见其面先闻其声”，锣鼓喧天的热闹现场声，渲染现场气氛，听到热闹的现场声音，让观众迫不及待想进一步看看现场画面。声音上的细节，可以更好地为整个现场直播报道服务。

二、细节呈现在新闻现场报道中的作用

（一）增强新闻感染力，使突发事件更具真实性

在新闻现场报道中，记者光靠眼睛看到的内容陈述新闻事实，是远远不够的。记者要用耳朵听、用肢体触碰、用心感受，亲身体验，描述现场事件背后不为人知的信息，用具体、生动的细节支撑，才能真正打动观众。尤其突发事件现场报道往往具有突发性强、结果不可预知等特点，捕捉画面细节是突发事件现场报道不可或缺的一部分。2011 年，受冻雨天气影响，道路结冰，贵州广西交界路段公路封闭，致使广西南丹境内滞留 1500 多辆车和 8000 多名人员。笔者第一时间赶到，从早上 8 点到下午 5 点，9 个小时中，笔者一直守候在现场，与央视做了 7 场记者现场直播连线报道。在其中一场现场直播报道中，笔者介绍滞留车辆的原因，为了表现路面到底有多滑，笔者用被冻僵的脚搓地冰面，让镜头给出脚在冰面上艰难行走的特写，告诉观众道路冰滑，行车的危险性。在描述现场温度低和冰冻情况时，拍到了车身上挂着的柱状冰凌、树叶上一层厚厚的冰霜、方便面在室外冒着的热气、政府给滞留人员发放的棉被和军大衣等。这些突出的细节，增强了新闻感染力，让现场报道更具有真实性。当晚，央视《新闻联播》“贵州、广西、湖南遭遇大面积冻雨紧急启动应对措施”播出上述出镜片段，在社会上引起强烈反响。

（二）提高信息传播效率，强化观众记忆点

在现场报道中通过对细节的直观刻画，放大新闻事件中的人物、背景、情节发展等细节，可以强化观众记忆点，提高新闻信息的传播效率。在如今网络技术飞速发展的新媒体时代，观众获取信息的途径大大增多，阅读时间也变得碎片化，对信息的获取要求“短、平、快”，这更凸显了细节呈现对于现场报道的重要性。在现场报道中，出镜记者可以通过各种技术手段，用最短时间挑选最直观、最有意义的声画细节，先入为主，从而减少声画信息的模糊性和歧义性，提高信息传播的效率。2010 年，广西来宾因暴雨发生

地陷，某村房屋和道路出现不同程度裂缝，裂缝有多大，如何让观众有一个直观的认识？在现场报道中，出镜记者用手插入房屋裂缝，用胳膊放入地面裂缝，告诉观众，房屋有些裂缝宽度相当于记者手掌的厚度，道路上的裂缝宽度最大的可以放下记者的胳膊。这样放大细节，让观众一目了然，富有视觉冲击力，可在简短时间高效传播信息，强化观众记忆点。

（三）揭示新闻本质，传递深度信息

在突发事件现场报道中，对细节的呈现在一定程度上可以揭示新闻本质，传递深度信息，激发观众思考。通过对现场报道中细节的合理把控，使稍纵即逝的电视现场报道可以给观众留下广阔的思考空间，激发观众情感上的共鸣，新闻主题得以彰显，这比单纯的抒情手段要自然、真实许多。

三、如何用创新意识做好现场报道中的细节呈现

出镜记者如何用创新意识在有限时间的现场报道中，巧妙地呈现细节，生动形象地讲好真实故事，突出主题，强化内容，让观众身临其境？

（一）出镜记者要有强烈的好奇心和敏锐的洞察力，要善于发现细节

在现场报道中，细节具有一定的隐秘性和偶发性。出镜记者作为连接现场和受众的重要桥梁，要有强烈的好奇心，要善于观察、发现、判断，并树立细节意识。在注意被采访对象的同时，紧密观察周边客观存在的事物，捕捉切合主题的细节。这样在后期的新闻报道中才能多角度、多层次地对新闻事件进行全面的报道。尤其是突发新闻的现场报道，对出镜记者的整体专业素质提出了更高的要求。

（二）捕捉具有视听冲击力的细节

由于现在网络的发达，打造独家新闻变得非常艰难，往往一个新闻出现会有多家新闻媒体共同报道的情况。面对这样题材同质化的现象，更需要记

者在现场报道中添加具有视听冲击力的细节。电视现场报道要在有限的时间内完成信息的输出，需要精准地使用视听语言，尽可能在较短时间内传达更多细节信息。

（三）抓住独一无二的细节，凸显独特性

细节的巧妙运用可以深化现场报道的新闻主题，使报道更具感染力。但需要注意的是，在细节真实的基础上，合理选择细节。第一，对于细节的选择必须符合真实原则。细节的来源必须是真实的生活，不能为了吸引观众而凭空设想一些细节，这违反了新闻的真实原则。第二，现场报道中的细节非常多，需要挑选那些符合主题的细节，和主题没关系或者偏离主题的细节，即使非常精彩也要舍弃。第三，记者需要转换观察事物的角度，在现场报道中应挑选具有特色的细节，打造现场报道的独家性。出镜记者在现场报道时，可以从“我的特色”切入，突出出镜记者本身的独特性、所在地点的独特性，以便吸引观众好奇心。

（四）特色道具是不可忽略的细节，可以增强现场互动感

在电视新闻现场报道中，出镜记者挖掘细节，往往会借助一些现场的道具。选择好特色道具，以小见大，可以增强现场互动感。

2017 年，中央电视台和广西电视台联合制作党的十九大特别节目《还看今朝——广西篇》，在全国 31 个省（自治区、直辖市）中排在第一批播出名单中，呈现当今广西新气象、新作为、新风采，具有一定的示范意义。其中，《数说广西》“家在青山绿水间”是用出镜记者现场报道的方式结合先进的特技而成。画面优美、大气，笔者身着少数民族服装在漓江竹排上出镜，喂鸬鹚，生动活泼，有趣味，接地气。

（五）出镜记者体验式出镜，让现场报道细节呈现更生动形象

出镜记者体验式出镜，带着观众跟记者一起体验，让现场报道细节呈现更生动形象。比如，在《还看今朝——广西篇》中，笔者在江边体验式地骑自行车出镜，把自己当作市民找到自己饭后在河边散步运动的感觉，把“调

值”降低，很休闲惬意地表达：“广西人喜欢饭后散步，为此，为了方便市民，全区很多城市在河边建了这样的步道，方便市民散步。”

（六）巧妙运用细节，提升现场报道的高度

在现场报道中，避免不了一些数据的对比，特别是和财经有关的连线报道，要提升现场报道的高度，展现财经视角。例如：2017 年 3 月 30 日，中央电视台财经频道栏目《第一时间》播出“唱海歌　品米酒　广西壮族三月三歌圩节热闹非凡”的记者现场直播连线。笔者独具创意地乘着竹排在水面上开场直播，身后 40 位来自东盟各国和蒙古国的国际友人乘竹排顺流而下来到钦州“三月三”活动现场。在直播中，笔者用壮语和普通话向全国观众介绍了钦州海边壮族歌圩节的民族风俗，钦州大蚝、坭兴陶等特产以及“三月三”给广西带来的经济效益。笔者按照当地习惯现场生吃大蚝，一口大蚝，带出生蚝一年给当地带来 20 亿元的经济效益；举例上年号称广西双十一的广西“三月三”电商节仅网上销售额就达到 10.7 亿元。目前，广西“三月三”已成为广西假日经济的新引擎。

综上所述，细节呈现是电视新闻现场报道的重要组成部分，能够增强现场报道的真实性和感染力。细节虽小，却能以小见大，有时候现场报道中的细节会起到画龙点睛的作用，可以深化主题，揭示新闻本质，提升现场报道的整体质量。这就要求出镜记者在掌握好新闻理论知识的同时，在实践中培养敏锐的洞察力，善于发现细节，并加以真实、客观、生动地呈现，从而创作出高质量的电视新闻现场报道作品。

（广西广播电视台　满熠）

浅谈现场报道中出镜记者的专业素养

作为新闻报道过程中最直接的体验者，事件现场最接近的参与者，出镜记者第一时间会将切身感受向观众进行传递。作为电视媒体中的独特群体，出镜记者以更加直接的形式逐渐成为电视媒体不可或缺的生产力。要成为一名优秀的出镜记者，不仅需要过硬的专业知识、敏锐的新闻感，还需要良好的政治素养。只有具备这些素养，才能够接近新闻事实，传播新闻真相。

一、新闻报道中出镜记者的政治素养

在如今的全媒体时代下，记者的身影可以说是非常活跃，记者出镜报道，是现场报道的基本特征。出镜记者成为现代电视新闻的先锋，出镜记者的现场报道更是成为一种常态。而作为主要承载信息传播和社会舆论引导功能的电视新闻，则愈发成为媒介竞争发展的前沿阵地。

正是因为出镜记者的这种特殊性决定着其需要具备较高的政治素养。新闻记者是党和人民的喉舌，在报道中需要坚持正确的舆论导向，将政治标准放在首位，为社会和人民服务。具体而言，需要坚守正确的政治立场、政治方向、政治观点，具备较高的政治理论素养。

首先，作为社会主义宣传工作人员，需要时刻保持自己良好的政治素养，只有拥有过硬的政治素养，树立牢固的马克思主义世界观、人生观、价值观，才能真正地为党和人民发声。

其次，作为一名出镜记者，需要从国家与人民的角度出发，切实增强政治信念的坚定性，政治立场的原则性。在报道过程中，应正确把握报道动向、确切找准评论立场，精心选取报道题材和素材、精确择取角度与方向。

二、新闻报道中出镜记者的新闻知识素养

新闻报道非常讲究实效性，出镜记者需要在短时间内，展现出最佳的状态，呈现出最佳的报道效果。这要求出镜记者必须接受规范的新闻专业知识，掌握系统的新闻理论知识。对于出镜记者知识结构而言，其新闻知识素养是基础性条件。

首先，要具备深厚的新闻业务理论知识。新闻业务理论知识是每个出镜记者都应该具备的基础知识，正确的新闻业务理论知识对出镜记者的实践具有指导作用。

其次，要培养善于思考的能力，要让新闻业务的理论与实践有机地结合。出镜记者需要学会细心观察，善于思考，不断培养自己的新闻敏感度，及时发现好的新闻线索与新闻视角，给观众带来新颖而有意义的采访活动。通过现场模拟报道，不断积累经验、更新知识、提升专业素养。

（一）新闻报道中出镜记者的知识储备

新闻报道的多样性预示着出镜记者需要具有多重属性，一方面，他们是信息的传播者；另一方面，他们也承担着大众传媒文化人的角色。因此，除了需要掌握相关的专业知识，出镜记者也要广泛涉猎其他领域。出镜记者的采访对象涵盖面非常广泛，不同阶层、不同地区、不同文化等都会涵盖。因此，广博而完备的知识储备和结构非常必要，特别是出镜记者的人文社会科学知识和文学根基，是其现场报道必不可少的基础条件。例如在2018年兰州市举办的马拉松直播活动中，出镜记者要为全国人民介绍兰州的地域特点、人文景观、历史文化等，这就是对出镜记者知识储备的一种全面考验。

视觉因素是提高节目传播效果与影响力的重要因素，出镜记者的外在形象是影响节目传播有效性的重要条件。在传播视野下，节目不同，出镜记者的形象和特质也不同，包括肢体语言、服饰等。其中最特别的是肢体语言，作为一种直接而特殊的人际交往和传播方式，肢体语言非常关键。

第一，出镜记者的动作能够暴露自身的心态。出镜记者的手势，如果无意义、过于频繁，就会分散观众的注意力，因此，自如的体态语言运用能够

为自身塑造良好的屏幕形象，从而强化传播效果。

第二，出镜记者的面部表情是强化沟通效果的关键因素，信心十足并且大方自然，对观众会起到非常显著的感染作用。

第三，出镜记者需要注意自身的服饰装扮应与节目定位、环境要求、采访对象及电视观众的视觉心理相适应。在什么场合穿什么服装进行采访，这是对观众的一种尊重，也是对被采访人的尊重。

（二）新闻报道中出镜记者的语言素养

一名优秀的记者应当具有丰富的社会阅历，只有这样，才能够具备较强的新闻敏感性。新闻报道模式不再局限于传统的单一形式，所以对于出镜记者而言，积极的社会活动能力和水平是非常基本的职业素养。因此，出镜记者要多进行社会实践，多接触社会，提高自身对事件的判断和反应能力。

第一，表述需要口语化，避免使用书面语和一些较为生僻的专业术语。对于出镜记者的报道而言，口语化是最显著的特征，尤其是在一些灾情现场报道当中。比如兰州市前段时间因强降雨天气，有部分周边村落受灾，这时出镜记者应使用通俗简洁的语言进行报道。在人物采访过程中，使用口语化的表述，会更贴近生活。因此，出镜记者要尽量使用朴实生动的语言，向观众传递更加准确的信息。

第二，情感融入现场。新闻记者随着现场情况的变化，情感也要随之变化，要展现出真实的新闻现场。因此，需要有效灵活地调节自己的语气，收放自如，营造出朴实亲切的现场氛围。

第三，吐字清晰准确。在现场报道中，一些不确定因素会使得报道质量受到影响，例如噪音、信号传输不畅等，这对出镜记者吐字的清晰性和准确性提出了较高的要求。

第四，在报道过程当中，出镜记者驾驭新闻的能力要强，把握好适度原则。要灵活调整新闻现场的进程和采访方法，做到以情带声，用真情实感感染观众，通过高强音来吸引观众。

（兰州广播电视台　王凌）

论现场报道中出镜记者所需的专业素质

随着高新科技不断被运用到电视等传媒领域以及电视现场报道内容与形式的多维度发展，出镜记者越来越受到关注，使其成为电视新闻等节目报道中不可或缺的重要元素。记者在新闻现场出镜报道，带给受众如身临其境般更加真实的体验感，这种极具“代入感”的人际化传播方式满足了人们多样化、高层次的信息需求。可以说，出镜记者是电视传播事业不断发展和行业内分工进一步细化的必然产物，而时代的进步也对出镜记者的专业素质提出了与时俱进的新要求。

在2003年中国传媒大学朱羽君老师和中国人民大学雷蔚真老师合著的《电视采访学》一书中，有关出镜记者的定义是这样的：“出镜记者是指在电视采访中出现在镜头里的记者和主持人。”①2008年，中国传媒大学宋晓阳老师在《出镜记者现场报道指南》一书中对出镜记者的定义是：“出镜记者是指在新闻现场，在镜头中从事信息传达、人物采访、事件评论的电视记者和新闻节目主持人（新闻主播）的总称。”②

相比较而言，笔者更认同2014年由邓秀军和刘静两位老师编著的《出镜记者案例分析》中对出镜记者的定义：“在新闻现场或外景场地的报道中，能够引领电视镜头，从事信息传达、人物访谈、事件评论的电视记者和节目主持人的总称。”③

在本文中，笔者将主要针对现场报道，也就是电视新闻节目中出镜记者的专业素质来进行相关的分析与探讨。作为信息的传播者，出镜记者的现场

---

① 朱羽君、雷蔚真：《电视采访学》，中国人民大学出版社2003年版，第13页。

② 宋晓阳：《出镜记者现场报道指南》，中国广播电视出版社2008年版，第29页。

③ 邓秀军、刘静编著：《出镜记者案例分析》，北京大学出版社2014年版，第4页。

报道改变了传统新闻节目的表达形式，以人际化的直接交流形式，将受众直接“代入”新闻现场，体验强烈而真实的现场感。那么，出镜记者的专业素质主要包含哪些方面？如何能不断提升专业素质，将丰富而有价值的信息传送给受众？以上都是出镜记者需要思考的问题。下面，笔者就从新闻素质、语言素质和综合素质三个主要方面对出镜记者的专业素质加以分析。

一、出镜记者的新闻素质

作为新闻工作者，新闻素质无疑是现场报道中出镜记者必备的专业素质之一。

新闻素质既包括新闻业务知识的梳理与更新，同时也涵盖对政治、经济、军事、文化等社会生活不同领域发生的新闻事件、新闻话题的最新进展和发展趋势的判定。新闻素质的广度、深度、宽度和厚度，决定了记者的报道视野、思考方式、对问题的判断以及解析的角度。①

笔者认为，对出镜记者而言，良好的新闻素质应该包括树立正确的价值观，具备扎实的新闻业务知识和整合、传达有价值信息的能力。

首先，出镜记者要树立正确的价值观，要明确社会主义核心价值观的内容。习近平总书记曾指出，“要倡导富强、民主、文明、和谐，倡导自由、平等、公正、法治，倡导爱国、敬业、诚信、友善，积极培育和践行社会主义核心价值观。富强、民主、文明、和谐是国家层面的价值目标，自由、平等、公正、法治是社会层面的价值取向，爱国、敬业、诚信、友善是公民层面的价值准则”。

“不谋万世者，不足谋一时；不谋全局者，不足谋一域。”出镜记者要从大局出发，从党和人民的长远与根本利益出发，把培育与践行社会主义核心价值观时刻放在心头，不断更新自己的新闻业务知识。要在尊重新闻“客观真实性”原则的前提下，找准报道的切入点和着力点，坚持正确的价值取向、舆论导向，弘扬真善美、鞭笞假恶丑。更要注重充分发挥正面宣传鼓舞

① 宋晓阳：《出镜记者现场报道指南》，中国广播电视出版社 2008 年版，第 205 页。

人、激励人的作用，帮助人们实现心中美好的“中国梦”。

同时，要牢记出镜记者是信息的传播者，能够及时整合、传达出真实而有价值的信息尤为重要。

笔者认为，出镜记者应保持高度的新闻敏感，做好前期的搜集背景资料等准备工作，积极主动地到新闻现场去观察与感受，尽可能多地整合出五个W（Who何人、What何事、When何时、Where何地、Why为何）和一个H（How如何）等相关的细节信息，并通过对所有信息的判断与甄别，选择、提炼出有价值的信息报道出去。

笔者认为，出镜记者应该在社会主义核心价值观和新闻理论的指引下，时刻保持新闻敏感，积极主动地对时事资料等新闻信息进行了解与积累，不断提升、整合、提炼有价值信息的能力，这样才能在报道时做到“心中有数”。

二、出镜记者的语言素质

出镜记者要在镜头前开口说话，语言能力尤其是有声语言的表达能力自然是非常重要的专业素质之一。既要注重文字语言功力，还要潜心钻研有声语言的表达技巧。解决好“说什么”和“怎么说”的问题。

“说什么”指的是内容，和前面提到的新闻素质有很大关系，简而言之，就是要选择有价值的信息，做到言之有理、言之有据、言之有度、言之有物。

“怎么说”指的是有声语言的表达方式，其语言素质主要包含：普通话准确清晰、语言生动流畅、沟通舒畅、副语言的贴切得体。

笔者认为，在镜头前报道时，出镜记者要有“眼前无人、心中有人”的“对象感”。具体而言，出镜记者的心里和脑海里要有受众，即交流的对象。直面镜头报道时，要像是“看着受众的眼睛在倾诉、在表达”，可以通过把受众“具象化”的方式帮助自己找到“对象感”，比如把镜头想象成某个熟悉的亲友的眼神，向他或她娓娓道来。

一个出镜记者应该首先了解事件，知道利用表现力，学会全身心地与受众交谈。确保自己所说出的语言是经过自己斟酌与思考的内容，“你报道新闻时的承诺与投入的程度，是使你区别于你的竞争对手的东西。”①

笔者认为，出镜记者所呈现出的对象感，因其真实、真诚的表达更容易引起受众的共鸣，也更有助于受众对信息的理解。

作为中央广播电视总台财经频道国际组的出镜记者，笔者曾于2018年5月与中央广播电视总台报道团队一行赴俄罗斯对圣彼得堡国际经济论坛进行了采访报道。在其中一则名为《圣彼得堡国际经济论坛开幕》的新闻中，笔者在与摄像记者提前选好的论坛外景场地做了一段出镜报道：“圣彼得堡国际经济论坛素有‘俄罗斯的达沃斯论坛’之称……在为期三天的时间里，与会嘉宾将会在各个分论坛上，就‘变革时代的全球经济’‘反对贸易保护主义’‘促进民众、商界和国家之间达到一个全新的信任水平’等热点议题进行交流和探讨。”

在这段出镜词中，笔者希望在能体现出圣彼得堡地域特色的新闻现场，通过比喻和提炼信息等方式，将“圣彼得堡国际经济论坛”在俄罗斯的重要程度以及论坛的时间、形式和热点议题等经过甄别而选择的有价值信息集合在一起，真诚、自然、流畅地传达给受众。

当然，语言素质除了表达的形式，更重要的是所表达的内容。笔者认为，在“内容为王”的前提下，自然真实、生动流畅的有声语言表达无疑将更明确地体现出镜记者良好的专业素质。因此，重视语言素质、不断提升语言表达能力，是出镜记者需要不断学习与练习的业务技能之一。

三、出镜记者的综合素质

一个优秀的出镜记者应该爱岗敬业、认真专注、踏实勤奋，注重培养一专多能的综合素质。在综合素质中，最应该重视的是学习能力、沟通与团队协作能力以及多维度的传播能力。

---

① ［美］弗雷德·舒克、约翰·拉森、约翰·德·塔尔西奥：《电视现场制作与报道》，雷蔚真主译，贾明锐译校，中国人民大学出版社2013年版，第285页。

首先，要树立“终身学习”的信念。只有通过长期的努力学习，掌握必要的理论知识与专业技能，不断提升综合素质，才能适应这日新月异的新闻传播事业发展。

要善于学习，寻找知识的源头，学到真知识、真本领。比如通过阅读书籍、观摩视频等方式，向国际、国内优秀的前辈、同行学习；通过约谈等方式，向身边那些优秀同事们取经请教，获取现场报道方面的意见、建议；通过“以教为学”的方式，进行“自我教育”，定位自己是教“如何成为一名优秀的出镜记者”这门课程的老师，主动获取新知，因为“要想给人一碗水，自己要先蓄满一桶水”。

其次，出镜记者应具备良好的沟通与团队协作能力，因为从主管领导、制片人、主编、策划人，到记者、编辑、摄像和在线包装的技术人员等等，电视节目通常凝聚着集体的智慧，拥有良好的沟通与团队协作能力，常常会事半功倍。比如在现场报道中，出镜记者与摄像记者之间的相互配合就显得举足轻重。

最后，出镜记者要具备多维度的传播能力。这里指的是注重高新科技在媒体传播中的应用，比如数据图表、图版和动画等在线包装技术，力求出镜报道的内容更加丰富、视觉效果更加有吸引力。

多维度传播能力还包括出镜记者最好能参与到所要报道节目的前期筹备、现场报道以及后期制作的各项环节中来，熟悉整体的报道流程，避免各个环节之间的脱节，有利于提升节目的整体报道质量。

习近平总书记在博鳌亚洲论坛2018年年会开幕式上曾说过这样一句话，“幸福和美好未来不会自己出现，成功属于勇毅而笃行的人”，对于出镜记者而言，日臻完美的专业素质同样需要勇敢尝试、不怕失败和勤学勤练。因为广大受众对出镜记者专业素质的期待会随着时代的发展“水涨船高”。“机遇是留给有准备的人的”，只有不断地学习和吸收新知识，不断地践行与积累，才能不断提升专业素质，适应飞速发展变化的客观世界。

（中央广播电视总台　朱燕飞）

浅谈突发事件中新闻记者现场报道能力

突发事件是所有新闻媒体关注和报道的重要内容之一，是指突然发生，会造成或者可能会造成重大人员伤亡、财产损失、生态环境破坏以及严重社会危害，危及公共安全的紧急事件，具有突发性、复杂性、破坏性、异常性、交叉性等特点。突发事件的性质和特点决定了其强大的社会影响力，也更容易吸引受众的注意，衡量一个新闻机构业务水平的标尺也毫无疑问地将是否能做好突发事件的报道纳入其中。在当前信息传播日益迅速，传播新媒介日益多元化、信息来源日益广泛的背景下，现场报道是传播效率最高、真实性最强的新闻报道方式，尤其是突发事件报道，是新闻行业竞争的重要手段，突发事件现场报道具有及时、精准、生动的特点，要求新闻记者具备较强的临时发挥、应变及处理能力。

一、突发事件现场报道对新闻记者的能力要求

（一）现场画面细节的有效表现

传播学理论指出，新闻记者在现场通过未加工的原始场景进行信息传递，可以减少信息失真，对观众产生强大的冲击力。为此，记者在突发事件现场报道中要围绕现场进行有效的信息传递。

（二）现场画面整体的充分展示

记者在现场要通过现场细节的逐步展示，串珠连线，为观众传递事件的整体信息，并挖掘突发事件发生后镜头中的信息，完整充分地传递给观众。

如央视记者在2008年“5·12”汶川地震一个月后的北川现场报道中描述：我在地震已经过去一个月的北川，听不到一点声音，只能闻到消毒水的味道，眼前只有摄制组的几个人和地震后留下的断壁残垣。记者通过现场的听、闻、见等表达形式展示了现场镜头无法展现的现场整体信息。又如每年的法定黄金周假期，笔者都会驻点高速交警指挥中心报道高速车流高峰情况，通常此类报道都是展示路段交通监控大屏，对最堵的路段进行通报，并报道几则典型事故。笔者在一次现场报道中，加入了下面一段文字：“今天高速路况可以用三个数字描述。第一个是40，今天高速交警接到40个事故报警电话，基本都是追尾碰擦小事故……；第二个是20，高速交警预计今天平均车速20公里 / 小时……；第三个是12，高速交警预计返程高峰会持续到今晚12点……”记者通过这些事件整体信息的提炼与补充，有效地弥补了监控大屏无法展示的现场信息。

（三）现场语音报道的充分表现

突发事件的现场报道往往会出现画面稀缺的情况。如2008年“5·12”汶川地震后的一次现场直播，因交通因素，现场直播摄影器材运送不及时，有关灾区现场的画面稀少。同时，突发事件的现场往往对新闻记者人身安全具有威胁性，加之现场报道中记者出镜时间往往很少，观众急需的是现场信息，因此新闻记者的语音报道在现场报道中占有重要的地位，为此新闻记者的语言要注重表现力与现场感。

（四）现场报道中的人文关怀

在突发事件现场报道中，新闻记者应该以一种平等的心态与受访者相互交流，切实做到尊重他们的受访意愿，根据他们的现实反应和情绪波动情况适当地选择和调整采访的话题①。很多新闻事件当事人由于在新闻事件中身体上或者心理上受到了不同程度的伤害，他们可能会极力抵触对新闻事件的

① 任晖：《电视新闻深度报道的人文关怀——以央视〈新闻调查〉为例》，《青年记者》2013年第8期。

再次回忆。那么新闻记者在采访的时候就要尽量尊重他们的意愿，避免对他们造成不必要的二次伤害，在争取还原新闻事实的同时，保护新闻当事人的切身利益。例如在 2008 年“5 · 12”的汶川地震中，一些被废墟掩埋的伤者在刚被救援人员挖掘出来的时候，情绪极不稳定，当时记者们一般是采用避开对伤者进行直接采访的方式，而是转向对救援人员和医护人员的相关访问，让电视观众了解到现场抢救情况的同时，还伤者一个安静的救助环境。

二、提升突发事件中新闻记者现场报道能力的路径

（一）做好现场报道准备

在突发事件的采访中，记者往往没有充裕的时间，加之不确定性等很多因素，记者往往没有较多的时间获取事件信息，为此，新闻记者平时应做好突发事件现场报道的预案。首先，了解突发事件信息后，要利用一切可以利用的渠道及时了解新闻事件信息，并赶到事件现场了解最新事件发展动态；其次，用准确、通俗易懂的语言，力求表达有条理、顺畅，防止因紧张导致的语言不连贯及逻辑混乱。

（二）及时抓住事件报道画面细节

新闻记者要抓住突发事件报道的重点细节。报道中可以运用“5W”理论来指导突发事件中的关键点。在此基础上关注人与数据这两个重要信息，人是突发事件中观众最关心的信息，如死亡、受伤、失踪等人数；数据方面，包括事件发生关键点的数据。如洪水突发事件中，在关键时间点的水位变化数据、人员疏散情况及医院等信息数据；在交通事故突发事件中，事件发生的地点、时间、人数、车辆与事故成因、事故责任等信息数据。

（三）提升对事故发展整体态势的预见能力

新闻记者可以在突发事件现场依托事故现场画面进行事故背景解说，根据自身已掌握的信息对事故未来一段时间的发展走向作一定的预测。如美

国 NBC4 频道新闻记者在南加州 2003 年森林大火的现场报道中预测了事故的发展趋势："若森林火焰串到 18 号公路的南边的树丛，这边的房屋将被点燃……"一般记者都是用"若"提出自身对事故发展态势进行合理的推断。

（四）充分整合现场报道各方资源

突发事件现场新闻报道是一个多方支持的工作，对于新闻记者而言，需要与文字编辑记者、摄影记者、主持人、灯光师、受访者等进行互动、合作。在具体实践中，需要形成一定的默契度。虽然新闻记者是现场报道的主角，但在寻找合适的拍摄画面时需要摄影记者的配合，不能以自我为中心独断专行；在与被采访者进行沟通时，要保持态度平和，遇到沟通困难与矛盾时能冷静应对。

（五）"以人为本"提升自身新闻报道专业素养

美国新闻学教育奠基人布莱尔认为："新闻记者不仅要被培养得知道如何写新闻，而且能够了解这些报道由以生成的社会。"① 从这方面来说，突发事件现场报道新闻记者不仅是现场解说人，而且要做好把关人的角色，对他们采访和报道的内容进行把关。综合考虑新闻报道的收视率和社会影响度的问题。布莱尔在威斯康星大学创办的新闻学专业就是以四分之一的专业课程、四分之三的人文课程组成，由此来强调新闻从业人员人文素养的重要性。可见，新闻从业人员应努力改变以往的唯收视率论的新闻概念，转而向更加关注人性、人情的方向发展，让突发事件现场报道不只有内容，还有内涵、有温度。

（遵义市广播电视台　黄敏）

---

① ［美］E.M. 罗杰斯：《传播学史：一种传记式的方法》，殷晓蓉译，上海译文出版社 2002 年版，第 21 页。

浅析记者在现场直播中如何做好细节呈现

一、细节：一则新闻优劣的评判标准

（一）新闻中的细节

“细节”的汉语意思是细小的环节或情节。笔者在长期现场直播的经验和观察中总结出，新闻中的细节就是在新闻事件中起关键作用的小事物，是客观存在或者曾经发生过的，是构成新闻事实的事象。① 任何一则新闻都需要通过许多事象来再现事实，而这些事象往往能够强调主题、揭示事物或事件的内在联系和原因。一则好的直播报道，细节是其鲜明的标志。

（二）发现细节与坚持新闻的真实性

细节是对于真实的接近。新闻基于事实本身，在情节性方面表现得不尽如人意，往往也不会特别集中和完整。新闻的本质不允许记者离开真实这个立命之本，去设置一些跌宕起伏、扣人心弦的冲突。要让新闻能够生动活泼、引人入胜，这就需要记者“用具体来表现完整”，这些具体就展现在一个个细节之上。②

新闻报道各式各样，如何做好新闻、吸引受众，这就要求记者要有善于发现细节的眼睛和大脑。现场直播的记者不仅作为个人或者媒体机构的代表在现场进行采访报道，同时也代表了受众来体验和感受现场。所以，现场记

---

① 刘建明等:《新闻学概论》，中国传媒大学出版社 2007 年版，第 5 页。

② 郝建军:《细节：电视纪实的魅力》，《中国广播电视学刊》1996 年第 9 期。

者的发挥关系到直播节目的传播效果。

当今电视传播需要媒体从业者不断提高和巩固自身的知识涵养和业务水平，努力锻炼采访本领。如果记者在采访中抓不住重要的细节和环节，采访报道不深入或浅尝辄止，容易导致报道停留在假象事实的层面，忽视对新闻整体真实的把握。

二、科学呈现细节发挥细节作用

笛卡尔指出研究问题需要将复杂的问题分解为多个比较简单的小问题，一个一个分开解决。[①] 新闻正是由一个个细节组成，将每个细节展示好，这些“具体”加起来就能表现一个“完整”。

（一）细节与“放大”：吸引受众的有效手段

细节的本质就是放大。通过细节的展示可以将人物和事件的特点加以突出，放大信息点。同时细节能很快激发受众的兴趣、吸引注意力，所以细节呈现也可以加深受众的印象，达到更好的传播效果。

在现场直播中，往往由于现场的局限，很多细节可能难以用镜头展示完全。这需要记者能够用简练的语言去突出细节，通过语言去描绘细节，将镜头不能完全展示的部分补充完整，再配以角度和景别将这些细节强化在屏幕上。

言谈细节能够烘托出事物的规模和现场气氛，同时加上一些提示性语言，比如“请摄像师推一个特写镜头”“我发现这里有一个细节，大家关注一下”，通过这样的语言来引起受众的注意，用语言来把细节放大。这是吸引受众注意最简单的办法。

---

① 《马克思主义与社会科学方法论》编写组编：《马克思主义与社会科学方法论》，高等教育出版社 2012 年版，第 28 页。

（二）与细节互动让静的现场动起来

记者要善于利用现场，与细节进行互动。这种“参与式”的报道能够很好地调动现场的节奏和气氛，让受众有“代入感”，也让新闻事件的内在联系一目了然，易于观众理解。

2018 年初，湖北遭受冰冻天气灾害，农作物严重受损。记者在报道中，选取了一个大棚蔬菜基地，用三个细节来展示受损程度。

其一，就是大棚上堆积的雪的厚度，记者用手插入雪中展示了雪的厚度。其二，就是强调了大棚的钢架结构已经出现了严重的弯曲变形，凸显雪的厚度以及重量之大。当然最核心的还是蔬菜的受灾程度，因为极端冰冻天气的影响，大棚内的芹菜已经全部被冻坏。其三，记者用手折断芹菜的茎，能够听到“咔”的脆响，并且通过特写镜头展示，记者剥离芹菜的茎干，茎中已经全部结成冰。显然这样的芹菜已经不能再出售了。这三个细节展示大棚蔬菜基地的受灾程度，层层递进、环环相扣，抓住受众的眼球，让人印象深刻。同时这种细节处理方法让新闻更加生动，记者与细节之间的互动很好地调动了现场气氛和节奏，使新闻节目更具可看性。

（三）用对比和类比方法呈现细节还原新闻现场

对比能最直观地呈现细节，通过对比让现场的事物一目了然，给受众强烈的冲击力。直播中的对比方式也多种多样，记者可以努力寻找现场的参照物，使用参照物来做对比，突出细节。

2018 年，记者参与一汽车配件仓库起火的直播报道，直播连线已经是在火情被有效控制之后，为了还原当时的火情，记者请导播采用了事发时记录的画面与直播时候现场的画面双视窗的对比。事件中的仓库是一层平房，在仓库旁有一棵约四层楼高的大树。起火时，火苗直接窜上天烧到了大树的树冠。直播中，记者特意让摄像师推了树冠的特写镜头，展示树冠上的树叶已经全部被烧焦，通过对比的方法来还原当时的火苗高度。细节是对于真实的接近，用参照物来突出细节更能还原新闻事发时的情况。

（四）善用道具呈现细节让细节跃然屏幕之上

在现场直播中，有许多细节是没有在现场直接出现或者表现出来的，比如温度、平稳程度等。这就需要借助生活中的小道具参与到新闻中来，把抽象的东西具象化，使画面中的抽象语言和具象语言达到最佳组合，保证信息传递的准确和清晰。

在2017年西成高铁通车的直播中，为了展示列车高速运行下的平稳状态，记者专门携带了一枚硬币，把硬币竖着放置于列车窗台，看看硬币能坚持多久不倒。同时也拿一个透明玻璃杯装上水，用特写镜头展示杯中的水是否有波动。在一次镜面人做手术的新闻直播中，为了给大家解释镜面人的脏器是与普通人相反的，记者借助了医院大厅的一面镜子。通过摄像机拍摄镜子中的画面与真人的画面，再配以语言的解释，使得镜面人这一概念更加具象化，易于观众理解。以上两个例子，都是通过使用道具让原本看不见、摸不着的细节变得立体，能在人的头脑中形成一个具象的事物，这些细节都增加了新闻的真实感和体验感，有助于新闻的表达。

三、结　语

细节就像是新闻的血肉，一则有血有肉的新闻才会饱满，才能鲜活生动，才能打动人。深度挖掘新闻事件的细节，才能显示事件的价值点。新闻的生命在于真实，用事实说话只是基础，细节刻画才是决定一则新闻优劣的关键。有的时候，一个细节比千言万语更生动、更深刻、更有力。

作为全媒体时代的记者，更应该提高自己的业务水平，发挥敏锐的新闻触角寻找新闻细节，并充分利用新媒体手段来做好直播新闻中的细节展示，以达到更好的传播效果。

（成都市广播电视台　夏茁瑞）

现场报道对电视新闻记者能力的要求

一、现场报道的缘起

电视现场报道是电视新闻报道的一种形式，20 世纪 70 年代起步于美国电视界。和一般影像新闻比较，现场报道的现场感突出，更能使观众产生身临其境的参与感。从 20 世纪 80 年代初开始，现场报道受到我国电视新闻记者和观众的喜爱，多用在重大突发性新闻事件的报道上。像“98 抗洪”、汶川地震、青海玉树地震以及抗击台风“山竹”等，电视新闻媒体为了更全面真实地报道这些突发重大事件，大多完整采用了现场报道的形式。不仅如此，近年来在非事件性题材报道，包括典型经验、综合成就报道等也常常采用现场报道增强新闻的现场感和可视性，例如中央广播电视总台财经频道的《中国财经报道》栏目“直通现场”、专题栏目《生财有道》等，在对各行业各领域典型经验进行报道时，经常穿插采用现在进行时态的动态现场报道。这些报道现场感强，画面及口头报道信息丰富，在记者的引领下观众看到了来自我国微观经济领域中鲜活生动的真实报道。与此同时，近年来国际电视界有关现场报道大量增加，质量不断提高，现场报道技巧广泛受到重视。所有这些都要求我们要不断加强电视新闻现场报道，以及现场报道中记者能力和综合素质的研究。

二、现场报道对电视新闻记者的能力要求

由于电视新闻现场报道是一种难度比较大的报道形式，记者在现场边观察边即兴口头报道、叙述、分析、评论、预测事件的发展过程，其中还包括

找到了解事件过程的最佳采访对象，让观众更能感受到现场感和身临其境的参与感，现场报道也是最能体现、发挥电视传播优势的新闻报道形式。因此，现场报道对记者各个工作环节的能力要求有很多，笔者仅针对其中几个问题进行简要论述。

（一）电视新闻现场报道记者要有强烈的报道愿望和新时代社会责任担当意识

1. 强烈的愿望与热爱

电视新闻现场报道记者首先要热爱电视新闻报道工作，喜爱并渴望运用现场报道这一手法报道电视新闻，传播中国声音。电视新闻现场报道记者需要有对电视新闻职业的崇敬和热爱，从心底里有强烈的喜好和愿望做好电视新闻报道这项工作，并且渴望成为一名电视新闻现场报道的记者。从心理学来说，愿望有多大，行动力就有多大。因此强烈的愿望与热爱，是做好一名电视新闻现场报道记者的必备条件之一。

2. 作为党和国家的喉舌，电视新闻现场报道记者要有新时代的社会责任担当意识

新闻舆论宣传是意识形态领域的重要组成部分，新闻工作者在党的各个历史时期都是党和国家的喉舌，因此作为新时代的新闻工作者，电视新闻现场报道记者要始终坚持马克思主义新闻观，坚持正确的舆论导向，坚定新时代新闻工作者的理想与信念，做到心中有信仰，肩上有担当，笔下有导向；主动做时代的记录者、服务者和人民心声的传播者，愿意为中国的社会发展提供强大的精神推动力和舆论支持力；愿意并且追求用现场报道这种现在进行时态进行新闻报道，讲好中国故事。

（二）电视新闻现场报道记者要针对新闻题材做好功课，厚积薄发

1. 记者要熟悉掌握适合现场报道的新闻题材的类型

现场报道的优势除了现场感强，还有两个优势就是时效性强、信息量大。新闻事件往往突然发生，记者要在较短的时间里做出报道，除了迅即行动，快速赶赴现场做报道，还需要日常的功底，那就是需要在新闻题材方面

做好功课。我们知道新闻题材是新闻作品中所包含的事实材料的总称。电视现场报道记者首先要熟练掌握适合做现场报道的题材。因为并不是所有的题材都适合做现场报道。从现场报道特点上说，内容比较单一、时空相对集中，现场事态发生、发展的进程对观众具有吸引力的事件性新闻题材，特别适合做现场报道。非事件性新闻、典型经验、综合成就等题材的新闻报道也常以现场报道形式来增强现场感、可视性。作为一名现场报道的记者要熟知适合做电视新闻现场报道的题材类型，当新闻事件发生时才能快速识别哪些事件题材可以使用现场报道的形式，哪些事件题材不能使用。

2. 记者对所在部口适合现场报道的题材和动态信息要长期关注，遇到突发事件才能厚积薄发

我国电视台的电视新闻记者，大多归属于各中心或频道的采访部，题材有社会、时政、经济、交通、文教卫生科技、农业、军事等，在台内，题材大多都以部口的形式对记者有相应的分工。现场报道记者要在自己分管的部口和领域，经常深入细致地关注研究这些题材，对自己分管的题材和个人喜爱的题材信息要长期进行锁定式关注，对自己分管和个人重点关注领域里的新闻动态要随时搜集了解，不断培养记者在题材和选题方面的新闻敏感能力。可能的话，对锁定的方向和题材还要进行专业知识方面的学习积累和储备，比如财经记者对金融市场和企业知识信息的学习和关注、宏观经济理论的储备和学习，以及对证券金融市场、企业信息和知识的关注与掌握都是非常必要的。

（三）对电视新闻现场报道记者在新闻事件现场的能力要求

1. 在新闻事件现场要具有凭借电视记者的新闻敏感能力，快速发现新闻事实的能力

（1）快速发现典型现场

新闻事件都有现场，事件发生后电视新闻现场报道记者大多在第一时间赶赴现场。记者到达现场后，要快速找到新闻事实发生地的重要现场也就是典型现场，观察发现搜集新闻事实材料，了解发生了什么，掌握新闻事实的一手材料，采访事件相关当事人，在杂乱的环境中，找到最典型最重要的现

场，代表着电视新闻记者采访和新闻报道工作的开始。

（2）在现场——记者要具有凭借新闻敏感能力发现新闻事实的能力

现场报道记者首先要具有较好的新闻敏感能力，新闻敏感是职业记者具备的重要能力，是电视新闻现场报道记者必须具备的专业能力。在电视新闻报道教科书里对新闻敏感出现较多的解释是，新闻敏感是指新闻工作者迅速准确地识别具有新闻价值的事实的能力。西方新闻界又比喻为“新闻眼”“新闻鼻”“新闻嗅觉”，它既是素质，又是能力和经验，是一种领悟式的思维活动，是政治水平、新闻专业水平等的综合表现。新闻敏感的强弱与新闻报道的成败有密切关系。

新闻敏感能力体现在现场报道就是记者主观感受的能力。就是要通过记者的感官在现场最积极地感知，事件现场发生了什么？记者耳朵听到了什么？眼睛看到了什么？鼻子闻到了什么？手触摸到了什么？脚踩到了什么？甚至皮肤感觉到了什么？我们经常在观看电视新闻现场报道的时候听到记者在现场这样的表述：观众朋友们，现在你们看到的是……；现在我们可以听到……；现在我们可以闻到现场……的味道。这些记者感性的叙述都给观众带来了来自现场的真实感官冲击，是观众渴望观看到的。同时，记者在现场对事件的主观感受和发现都要迅速地储备在头脑里，以便识别新闻价值，形成新闻报道思路。

（3）在现场——记者要具有捕捉发现新闻事实过程和细节的能力

当前新闻媒体报道使用较多也受到群众喜爱的一个手法就是讲故事。讲故事离不开过程和细节。新闻报道更是重在现场过程和细节。因此，在电视新闻现场报道中对过程的跟踪与报道，对细节的发现和使用，关系到现场报道是否完整、是否深入、是否有独特性，甚至关系到报道的成败。

（4）在现场——记者要具有较好的现场采访能力

现场采访是记者在新闻现场，针对新闻事件，向新闻现场当事人了解新闻事实、事件背景、事件缘由、事件发生发展过程，以及重要当事人负责人对事件的看法和评论的活动，现场采访分为两种：一种是在事件现场围绕新闻事实而做的调查了解，搜集新闻事件（事实）一手材料式的采访；一种是为电视新闻现场报道提供的内容服务。这二者有时是分开进行，有时又是并行的。记者在事件的典型现场进行的与事件同步的进行时态的采访活动，是记者现场报道的一个组成部分，大多是重要的被采访人（当事人或者负责人）介绍解释事件的重要过程、缘由或对事件的评论及其看法等。2018 年 9 月 18 日，夏季天津达沃斯论坛开幕，中央广播电视总台财经频道记者做的《聚焦夏季达沃斯论坛》现场报道，就是突出了材料丰富，报道流畅的特点，以材料和活动取胜。达沃斯论坛年年开，现场又是会场，开幕现场的活动场景和开幕式没有太多的新闻点，记者将论坛开幕的新闻报道，放在了大会主题内容上，通过对大会议题“中国改革开放四十周年”的报道，对 2018 年大会主题“第四次工业革命打造新型社会”（连续三年的达沃斯主题）的报道，和记者当天下午主持的一场关于区块链、生物识别等前沿话题的分论坛的报道，共同组合完成了这次达沃斯论坛现场报道内容。从报道可以看出，记者在现场通过提前采访调查搜集了有关这次论坛主题和已经完成的重要活动的一手材料和信息，整理之后，组成厚重的信息内容，以现场报道的形式向观众叙述大会新闻，内容丰富翔实，形式活泼生动，观众在主持人记者的引领下融入达沃斯论坛中，这也是近几年来中央广播电视总台财经频道针对国家重要的财经会议，采用生动的新闻报道的行动体现。

2. 现场报道记者要具备边观察思考、边分析预测、边叙述的立体组合式思维和行动能力

电视新闻记者在现场的报道，因具有进行时态，报道与事件的发生进展保持同步的特点，因此，不同于影像加解说的形式，有后期合成编辑配音的时间。现场报道因其现场感强、时效性强、信息量大的优势，报道又常常在直播的条件下播出，即便是在最短的时间传回电视台再播出，也是在现场一气呵成的。这就要求记者具有一种立体的思维组合能力和行动力。这种立体思维的组合能力和行动力主要体现在针对新闻事件现场发生了什么，针对现场过程和细节进行边观察思考、边分析预测、边叙述报道的综合能力。

在现场报道中，记者运用这种立体思维的组合能力和行动力，首先要引导观众去看新闻事件里最主要最有价值的事，记者一边叙述眼睛看到了什么、耳朵听到了什么、鼻子闻到了什么，甚至手触摸到了什么，一边还要借助人际传播的方法，运用手势、眼神等非语言符号，传递更多的信息，告知

观众发生了什么；记者的活动贯穿于整个过程，在现场始终以目击者或者参与者的身份边观察、边叙述报道，真真切切地把观众带入现场，并且尽可能地通过采访活动向观众简明扼要地介绍事件的来龙去脉。如果新闻事件过程比较长，事件比较复杂，加之新闻事实的一手材料非常丰富，记者可以运用边观察思考、边分析预测、边与叙述并行的立体思维和行动，不断整理着报道思路和主题，在叙述的同时针对现场过程和细节边观察、边分析预测将报道引向深入。

总之，电视新闻现场报道因其报道与事件同步，对记者的能力和技巧要求多，也比较严格，因此电视新闻记者要不断努力追求探索，熟练电视新闻记者基本功，在实践中努力培养现场报道记者需要的职业能力，努力培养社会责任担当意识，力争创作出更多富有特色的电视新闻现场报道作品，助推中国电视行业的新闻报道不断走在媒体发展的前列。

（中央广播电视总台　朱梅）

浅谈现场采访技巧

美国《塔尔萨论坛报》知名记者鲍勃·福尔斯曼曾说："笔下的功夫不强照样能当一名出色的记者，但不善于进行访问是绝当不好记者的。"可见采访对于记者有多重要。对电视新闻记者而言，采访更是重中之重。由于受时空的限制，通常电视记者采访是一气呵成的，采访过程本身就是新闻的组成部分，记者的提问观众是能够看到、听到的，为此电视采访必须要考虑比文字、广播采访更周全的问题。

要想让你的提问不可或缺、成为节目的亮点、成为白岩松所说的——让自己的提问在编辑时不能被轻易删掉，就必须重视提问，把采访提问作为一门学问和艺术来对待。

一、采访前的准备

周密的访前准备对记者来说至关重要，是采访过程中掌握主动的前提，是现场采访成功的保证。忽视前期准备仓促上阵，采访往往捉襟见肘，不尽如人意。有时还会陷入尴尬，甚至闹出笑话。1939年电影《飘》放映前，费雯丽在纽约机场接受媒体采访。一个初涉新闻业的记者抢先问道："你在《飘》中扮演的是什么角色?"费雯丽回答说："我无意与你这样无知的人交谈。"因此，采访前记者必须明确采访目的，主题清晰，并围绕主题全盘考虑为什么问、向谁问和问什么的问题，做到有备而问。

（一）精心准备，胸有成竹才能有的放矢

采访前，记者首先要充分了解自己将采访事件的来龙去脉、背景资料以

及相关政策法规，加深对新闻事件的理解，弥补自己知识点的“盲区”，具备与人交流的相应知识；其次要对采访对象的基本情况有所了解，分析掌握其心理，做到知己知彼，营造好交流平台。

搜集资料并经过分析、整理、提炼之后，采访思路便会逐步明朗、渐入佳境，不仅有助于记者选取独特的报道角度，而且可以提升节目的品质。

（二）设计问题，厚积薄发才能游刃有余

记者现场提问要想出效果，就必须按采访思路，精心设计每一个能够触动被采访者“兴奋点”的问题，让问题引出你想要的回答。美国哥伦比亚广播公司著名记者迈克·华莱士给自己定的规矩是：在进行采访前，至少准备好三十个至四十个“扎实”的问题。

有好的问题，才会有好的回答；问得巧妙，才可能答得精彩。根据不同的采访对象，一般以封闭式提问为主，使问题有明确指向，层层剥笋、环环相扣，把观众想知道的问题一个一个引出来。同时，记者也要设计一些开放式的提问，让被采访者有自由发挥的空间，淋漓尽致地表达，这样常常会有意想不到的收获。

在设计重点问题时，记者还需要预测到采访对象可能的回答，以及面对各种回答又该如何应对。只有未雨绸缪，记者才能把握好采访方向。

（三）拟定提纲，多方预想才能得心应手

采访的问题设计好之后，还要拟定一个全面的采访提纲，根据报道的主题，把问题有序地归纳到采访提纲里。包括为什么采访、采访谁、在什么时间地点采访、采访哪些问题、采访要达到什么效果等，一定把各种可能性都设想到。这样才能让记者避免采访无关紧要的人、问无关紧要的话，遇到意外情况才不至于措手不及。

采访提纲是记者逻辑思维和思考问题层次的体现，一个好的采访提纲，能够使记者充满自信，从容不迫，掌控采访的主动权，使采访按预期顺利进行。

二、采访中的提问

提问是记者采访的基本功，能够检验记者的逻辑思维能力、现场应变能力及口头表达能力。怎么问？是有技巧的。人的层次、境界不同，因此针对不同场合、不同采访对象，提问的方式、语气也要因地而异，因人而问。

第一，开门见山，单刀直入。这种提问直截了当，干脆利落，无须拐弯抹角，是现场采访最有效的方法之一。提问由具体问题入手，使对方的回答直接涉及新闻内核，让观众一目了然。这看起来都是再简单平常不过的问题，但要放到采访现场的特殊语境，与采访对象的反应结合在一起，就相映成趣了。

第二，旁敲侧击，曲径通幽。当采访对象感到紧张拘束，或者思想有所顾虑不大愿意交谈的情况下，记者可以采取迂回式提问的方法，避开正面提问而从侧面深入，再逐渐将谈话引上正题。

记者旁敲侧击只是一种手段，而非目的。所以迂回的话题应该有目的、有选择，貌似不经意地问一两个似乎和采访无关的问题，实则与采访紧密关联。这是利用了采访对象放松下来的心情。

第三，尖锐犀利，巧设“两难”。这样的提问一针见血，从气势上和问题的强度上将可能躲闪扯皮的采访对象置于两难境地，进退维谷，不得不开口，又无法自圆其说。这样的尴尬表现在语言上，更反映在表情上，极具视听冲击力，戏剧效果跃然屏幕。

三、提问中的技巧

（一）宜简明扼要，不宜烦琐冗长

提问越简单越好，详略得当，突出重点。采用通俗短句，不仅便于同采访对象进行沟通，更容易让观众理解记忆。提问的目的是让对方开口，宜短勿长。千万不要让提问成为显示你自己才华和口才的卖弄，那样会弄巧成拙。

（二）宜具体细致，不宜庞大空洞

提问要尽量具体、确切，让采访对象有话可说，并易于切中要害。不能太宏观、太笼统。只有具体细化的发问，才能得到具体、有效的回答。动不动举起话筒就问一些漫无边际、大而不当的问题，这样往往会使采访对象茫然无措、无所适从，造成尴尬的局面。

泛泛地提问，得到的总是泛泛的回答。而且由于提问指向不明确，采访对象的回答也常常含糊其词、枯燥无味，甚至避实就虚，顾左右而言他。

（三）要善于倾听，一心多用

生活中交流感情最好的方式就是倾诉与倾听。采访中，记者除了提问，更多时候要认真倾听采访对象的回答，这是访问者的一种虚怀若谷的品质，也是对被采访者的一种尊重。由于你的认真倾听，被采访者自然乐于同你对话，回答你的问题。

同时还要边倾听边思考，学会“一心多用”——不忘既定的提问，还要从对方回答里敏锐地捕捉到有价值的新情况、新线索，及时补充提问，打破砂锅问到底，直至水落石出。这样，既能使采访衔接自然、行云流水；还能深入事件本质，获得更多的新闻价值。

（四）要将心比心，善解人意

记者在进行采访时，一定要注意礼貌，态度谦恭。尽量口语化，把人文情怀恰当地注入提问中，使对方感受到你对他的理解与关心。对方感受到的感情越是强烈，那么他对你提出的问题就越会认真思考，并给出最真实的回答。

还要学会换位思考，这同样是对采访对象的一种尊重。这种尊重不仅体现在语言上，更反映在心理上。无论双方身份、地位的悬殊有多大，记者都应当站在被采访者的角度，真正做到将心比心。

许多时候，采用非语言化的情感交流，对采访对象的谈话及时反馈，更有助于增加双方的默契，使采访真实生动。记者的一个肢体语言，譬如点头、微笑、鼓励的眼神等，无声胜有声，会产生潜移默化的效果，帮助对方建立自信，并营造成功的采访环境。

（五）不能放任自流，也不能越俎代庖

记者采访要防止过犹不及的两种偏向：一是放任自流，一是越俎代庖。

我们在电视新闻中，时常会看到这样提问的记者，在采访某一新闻事件时，他们只说一句，“请您谈谈”，就把话筒往采访对象面前一递，任凭人家信马由缰。说什么似乎与他们没有多大关系，完全丧失了采访的主动权。

这些记者或许是采访之前没有深入调查，采访时心中无数；或者因工作经验不足，只能“以不变应万变”。在报道中缺乏对采访对象必要的引导，缺失驾驭整个事件的能力，不过是当了一回话筒架罢了。

还有的记者因为已经掌握了情况，便迫不及待地将答案藏在提问中，使被采访者没有回话的余地。记者已将采访对象要说的话说尽了，还想让他说什么？这样的提问把采访对象的思维禁锢在记者指定的范围内，只能做判断性的单调回答，失去了生动感，更失去了信服力。而且，还有诱导、左右新闻之嫌，是采访提问的大忌。

总之，精彩的提问能成为节目的点睛之笔，反之则画蛇添足，事倍功半。而提问中所要用到的一些技巧，需要在长期的新闻实践中不断学习和琢磨，才会熟能生巧，驾轻就熟。

“功夫在诗外。”一名优秀的电视新闻记者必须博览群书，储备广博的知识，努力提高知识水平、审美情趣、表达能力、思维方法、对问题的洞察力等，形成自己的个性魅力，从而在采访提问中左右逢源，挥洒自如。

（山西广播电视台　李伟杰）

出镜记者如何增强报道的现场感

在现场报道中，自媒体内容短、发布速度快，从而在传播过程中总能抓住最精彩的点，令人印象深刻，但是由于内容生产者的参差不齐，自媒体的内容很少有纵深。它像饮食文化中的快餐，能瞬间刺激人的味蕾，但是很难产生饱腹感。相反，传统媒体的特点为内容长、深入和全面，由于专业的制作团队和严格的审批程序，虽然确保了报道内容的客观性和权威性，但是因此容易缺乏时效性和趣味性。而这样的内容，容易做成家常便饭，虽然能帮助人饱腹，但是很难让人铭记于心。河北广播电视台经济生活频道常居河北省网可视频道 18：00—23：00 时段收视排名之首，《今日资讯》是其中的一档王牌栏目，至今创办了 17 年，广受河北地区的观众信赖。本文将分析《今日资讯》中较优秀的报道，归纳总结其中出镜记者的共同特征，帮助年轻的出镜记者了解现场报道和提升报道的现场感。

一、出镜记者的基本要求

在本文中，出镜记者指的是在镜头前以记者身份进行新闻采访、报道、事件评析的新闻工作者。为了融入现场，出镜记者首先一定要注意自己的着装，根据所处的时间、地点和场合去改变自己的穿着，总体要稳重大方，既不能脱离拍摄环境，又不能过于休闲随意。其次，在交流沟通中，要时刻保持中立客观、不偏不倚，言语的内容可以有力度，但是说话的方式一定要保持高涵养。出镜记者在报道中要善于运用比喻、对比和列数字等修辞手法和说明方法，深入浅出，让观众更好地理解报道的内容。

在报道实践中，笔者发现出镜记者主要是新闻事件的体验者和推动者。

出镜记者可以参与其中调动自己的感官，分享自己的感受，客观记录和描述现场情况。另一种情况，则是出镜记者肩负起社会责任，核实了老百姓反映的问题后，积极主动地联系相关职能部门去了解情况以及督促解决问题，这两种情况都需要记者在现场参与其中发出声音。记者的出镜通常要在合适的地点、合适的时间点对事件进行解说，结合当时的现场情况来作出反应。在报道过程中，出镜记者切忌话说得太满，比如“问题马上就要解决了”。出镜记者可以对已发生或正在发生的事情进行描述，但是对于未发生的事情务必去采访相关的人员了解情况，以免后续事情有变，与报道内容不符。

通常情况下，现场出镜分为三个阶段，第一个阶段是记者到现场了解情况后，抓住事件中最反常态的部分作为切入口，用简练的语言描述现场反常态的现象来设置悬念。第二个阶段是记者从一个环节进入下一个环节需要过渡时，用出镜承上启下。第三个阶段是记者在采访了三方，对事情有了足够的了解和判断后，可以在现场进行总结，升华主题。

二、如何增强报道中的现场感

在本文中，现场感指的是通过报道给观众以身临其境的感受。如何让现场报道有现场感，这涉及三个部分：出镜的时机、出镜的场合和出镜词的设计，即记者在合适的场合、关键的时间节点说出准确而有信息量的话。

（一）出镜的时机

新闻节目要求记者尽可能第一时间出现在事情发生的现场，关注事情发展的动态，想民之所想，问民之所问。或者在事情发生后的重要时间节点，出镜进行描述和解说。在事情发生的第一时间赶赴现场进行报道，要求记者迅速了解事情涉及的各方，掌握事情发生的起因、经过和结果。如果不能在事情发生的第一时间赶赴现场，则需要记者选好时间节点再出镜，好的时间节点可以增强现场感，让报道事半功倍。

（二）出镜的场合

选对了关键的时间节点，更需要鲜活的画面去呈现内容，这需要记者选择合适的现场出镜。如果事情正在进行中，出镜记者应该出现在第一现场，配合着事情的发展实时解读。如果事情已经发生，则需要在跟事情有关联的地方出镜。

比如在《今日资讯》20170613 期《过火麦田一片灰烬　村民问责“收割机”》的直播中，面对突发情况，记者首先拨打了消防电话，在现场记者站在离火源最近的小道上，描述到虽然隔着十几米远，却依旧感觉皮肤被火烤得发烫。而对于火势的描述，他提到短短三分钟的时间，火焰已经烧到了六七米的高度。考虑到火势太大，设备可能会无法正常使用，他们只能在当时的位置为观众报道了。这个报道中用直观的数字，使抽象的信息具体起来，出镜记者在现场将自己所看到的、所感受到的以及所担心的表达出来后，可以迅速地让观众感受到火势的凶猛。随后第二次连线在火势扑灭后，记者来到了刚刚燃烧过的麦田地，直接在地上抓了一把烧焦的小麦，这鲜活的动作，一下子让人感受到农民辛苦的付诸东流，记者放下小麦后，随即将事先在旁边放好的收割机发票捡了起来，通过特写，记者指着发票上的购买时间，告诉观众这购买不到一周的收割机居然出现了起火的问题。对于关键的细节，不仅有语言的描述，更有画面来突出放大，完全将镜头当作了第三人一样娓娓道来，这样来报道无疑有着很强的现场感。

（三）出镜词的设计

当记者选择了合适的地方、合适的时间出镜，如何快速将观众带入情景中，关键就在于出镜词了。有现场感的出镜词通常要求记者的出镜词要与现场紧密结合，弥补画面不能展示的内容，增加信息量。通常情况下，出镜词可以从小的细节切入，以小见大，而这样的细节必须要能说明问题所在。

此外，解说词一定要有层次。既要有事情涉及的各方，也要兼顾事情发展的各个阶段。由于现在时是最有感染力的，所以首当其冲的是根据现场情况进行实时报道。如果还需要丰富内容的话，可以就现场目前的状况介绍之前的状况，也可以现场联系相关人员了解事情发展的方向。

比如在《今日资讯》20170702 期《小区管道跑水　记者现场寻进展》的直播中，记者首先给了裂缝的管道一个特写，他用手指去触摸管道裂缝的部位，描述大概有一个跟他大拇指一般长的裂缝，告诉大家为何小区内会出现积水。其次，起身介绍这个坏掉的水管是他身后的这些工人们花了一下午的时间检测出来的，一句话便转到了施工的现场。介绍完工人正在施工的动态后，记者又指了指小区的居民楼，运用过去式告诉大家，为了找到出水点，有关部门之前做了哪些工作，比如停水多长时间，在什么时候来水。最后，记者采访了工人，用将来式告诉大家预计多长时间完工。在结束的时候，记者在正在施工的路面前，温馨提示业主，施工即将结束，为了确保施工部分不被踩踏，居民出行时记得避开施工的地面，注意出行安全。在这个报道中，记者一上来就用细节抓住了观众的视线，让人恍然大悟为什么，随后记者在现场不断地走位，每当画面改变时，记者的出镜词也会随之涉及不同的方面，环环相扣，将事情的来龙去脉交代清楚，不仅有现场感，而且信息量大。

总的来说，要想出镜有现场感，就得在合适的地方合适的时机说出合适的话。找准最能反映问题的细节，充分调动感官来替观众去体验，层层递进地去探索事情的缘由和了解事情发展的情况。只有这样，才能更好地帮助观众身临其境。

（河北广播电视台　褚海燕）

直播常态下出镜记者应对突发事件的专业化之路

在信息爆炸的时代，任何突发的自然灾害、人为事故都可能演变为热点事件。作为热点事件的报道者，传统电视媒体如何在网络直播的风口中突围，满足社会公众对信息的全方位需求，从而有效发挥舆论引导作用，这就对电视新闻从业者提出了更高的要求。出镜记者作为现场报道的核心角色，依托所在媒体的公信力和影响力，在突发事件中的作用就至关重要。

为了抢夺新闻时效性，出镜记者需要化身为观众的眼睛，通过现场直播第一时间还原新闻事件概貌。此外，出镜记者还需要调动自己的主观感知能力，将在现场洞察到的各种细节生动展示出来。如此一来，出镜记者就需要具备敏锐的观察能力、准确的判断能力和即兴发挥的表达能力才能够胜任现场直播的工作。

一、直播记者应具备的专业素质

（一）出镜记者是新闻直播的“把关人”

普利策曾说：“新闻事业最难之处就是既要保持新鲜报道的生命力，又要受到其精确和良心的约束，而不是随心所欲。”面对复杂多变的突发事件现场，出镜记者必须有一个取舍的过程。在这一过程中，除了要注重时效性，更要把握内容的真实性和准确性。由于出镜记者的现场报道越过了编辑、制片人的把关环节，直接将新闻现场通过画面和语言的形式传递给了受众，那么出镜记者就需要具备新闻“把关人”所应具备的各项素质。

这就要求出镜记者不仅要有完备的新闻业务能力，也应具有政治、经济、社会、文化等知识储备，同时还应具有较强的大局意识和政策理论水平，如此才能在新闻直播中把握正确的报道方向，避免因个人失误影响新闻报道的质量。

（二）出镜记者应加强对细节的把握

新闻事件的发展既有主线脉络，又有旁枝末节。对于现场直播而言，从中找出鲜活丰满的细节能让受众有身临其境的感觉，进而展现新闻直播的作用和价值。这就要求出镜记者要有敏锐的洞察能力，在现场直播中及时、准确地找出最有新闻价值的细节呈现给受众。

在这里举一个例子，在 2013 年的雅安地震报道中，记者第一时间赶到位于震中的芦山县人民医院，其不仅详细介绍了医院的各方面情况，医疗设备、药品数量配置、物资补给，还着力介绍了救援人员搭帐篷的细节，让观众身临其境般了解到当地应急抢险部门正尽力给伤者和医护工作者改善治疗环境，在保证新闻真实性的前提下满足了受众对信息的深层次需求，同时也给社会带来了正能量。

（三）出镜记者应具备精准的语言表达能力

在现场直播过程中，记者的语言表达应富有逻辑性和条理性，依据新闻要素逐次把受众最想了解的信息一个一个说清楚，切忌东一棒槌西一榔头，让大家听不明白新闻事件的重点在哪里。同时，记者在现场直播时，还应该注意使用语言的规范性，避免使用主观性词汇、生僻字词。例如，在报道受灾地区的人员情况时，应该使用“受灾群众”而非“灾民”的称呼。

此外，记者在语言表达的过程中，要注意语速不要过快，否则会给受众带来紧张、慌乱的情绪，引发心理上的不适。当然语速也不能过慢，这样会让受众失去继续听下去的耐心。这些都要求记者在日常工作中，不断加强基础业务能力。此外，出镜记者还应着力练习精准提问和阐述独家观点的能力，这样才能让直播活动既有广度又有深度。

（四）出镜记者应在报道中融入人文关怀

在新闻传播中，人文关怀精神要回归到媒体的“受众本位”。运用到直播报道中，就是要体现个体的尊严和价值，将个体的生存状态以及社会权益视为关注的核心，把对人性的关怀当作最终报道的落脚点。为此，在突发事件中，尤其是涉及人员伤亡的突发自然灾害中，出镜记者就应该始终把人文关怀贯穿在直播报道全过程，即呈现画面时要注意对伤亡人员的面部和受伤部位进行遮挡，在采访时应顾及当事人和遇难者家属的情绪，避免对他们造成“二次伤害”。

二、如何培养专业的出镜记者

（一）强化对出镜记者的业务训练

电视传播技术与网络4G技术的融合解除了电视直播设备投入大、成本高等因素的束缚，为电视直播常态化提供了硬件基础。而直播报道要求出镜记者具备更高的综合素质，这也需要在平日里加强对出镜记者的锻炼，进而逐渐提升其现场表现能力。

鉴于突发事件是不可提前预测的，报道突发事件却是电视媒体不可回避的，为抓住每一次隐藏在突发事件背后的收视和口碑机遇，电视新闻还应加强对突发事件的直播频次，通过实战的方式促使出镜记者获取快速反应能力。此外，还可以构建出镜记者管理机制，通过有效的奖惩制度促使出镜记者不断弥补不足，持续增强现场直播的成功率、出彩率。

（二）提升出镜记者的团队协作能力

重大新闻事件的现场直播是迅速提升媒体形象、扩大媒体知名度、树立媒体权威性与影响力的最佳时机。在突发事件的现场直播中寻找机遇，不仅需要出镜记者过硬的专业素质，还需要整个直播团队的通力协作。例如，在直播现场，记者应引导摄影师拍摄与语言表达相吻合的画面，摄影师也应跟随记者的指引适时切换画面，如此密切配合才能带给受众身临其境的感觉。

电视新闻的现场直播是一个系统性、整体性的工作，任何一个环节出现问题都会影响整个报道的质量，尤其是涉及事先毫无准备的突发事件时，出镜记者、摄像、文字编辑、演播室主持人、技术人员等更应该相互配合，最大程度地避免直播过程中的失误，这就要求训练出镜记者的团队协作能力，在关键时刻有效调配不同人员助力直播工作顺利完成。

（三）完善出镜记者职业发展前景

出镜记者职业化，指的是在镜头前不需要任何外在督促，就能凭借自身积累的职业素养顺利完成工作。在直播过程中，确实也需要出镜记者良好的临场反应能力。而这一能力，来源于出镜记者完善的知识结构和过人的信息搜索能力。从根本上讲，出镜记者应该养成阅读的习惯，除了夯实新闻学、传播学等专业知识，还应具备社会学、心理学、法学等基本常识，并能熟练运用移动网络广泛捕捉散落在微博、微信等社交平台的最新相关信息，与时俱进，具备学习新事物的能力，从根本上锻炼自己的职业心态，如此厚积薄发，出镜记者才能在直播突发事件时做到心中有数、条理清晰。

当出镜记者的成长达到独当一面的程度时，还应拓展其职业晋升前景。比如，开办以出镜记者为中心的直播节目，配备后台编辑团队、摄像团队、技术团队等力量协助其共同完成高质量的直播报道。通过这种方式，不仅可以为出镜记者形成个人直播品牌提供便利，也能为重大突发事件的直播报道积累经验。

此外，不论报道是否采取直播形式，永葆对新闻事业的初心和热情也至关重要，曾摘得普利策新闻评论奖的阿拉巴马州媒体集团专栏作家阿奇博尔德说过这样一句话："从事新闻业就如同坐过山车，高高低低总有轮回。重要的是，对于乘坐过山车的人来说，永远都在期待更高点。"诚然，追求报道的最高点，便是每位记者内心职业生涯的制高点，我在努力中。

（舟山广播电视台　徐敏）

现场报道中记者如何巧妙提问

“如何提问”是现场记者永恒的命题，本文将讨论分析：记者应该注意哪些问题？现场记者又该如何提问？为什么要这样提问？

一、现场提问要言简意赅、直奔主题

以每年的两会为例，业内人士都知道，在“部长通道”这种规格的记者会现场，一般都是有时间限制的，领导回答问题的时间都很短，不会长篇大论展开，只会点到为止，表述清楚就行。所以，对于这种重大的记者会，现场记者在提问时，一般要采用正面提问的方式，并且要提前做足功课，把提问提炼成一两句，最多三四句话，言简意赅，让对方能够一听就明白，知道你想问什么、想了解什么，从而在回答问题时能够直奔主题，将事件、事实准确客观地传达给现场记者，继而传达给观众。换言之，记者是公众和客观事象之间的桥梁，记者的提问只是其履行媒体人的职责，只能站在公众的视觉和立场来进行，容不得你占用大家宝贵的时间来炫耀自己。

对于现场记者来说，参加这种重要的采访活动，做好充足的准备工作是必须的，毕竟所要面对的都是具有重大社会影响的事件。其实，每一次成功的采访活动，都是要经过周密准备和详细策划的。那些知名的记者，之所以在面对重大事件时，能够从容不迫、镇定自若地进行现场报道，不只是其自身具有极强的个人能力，也与事前的精心准备密不可分。所以，现场记者在采访之前，一定要对具体的人物、事件，进行有针对性的准备。每年的两会期间，都会有各种层面的记者招待会，而参加的现场记者都会提前进行专题讨论，对相关的背景资料和新闻资料进行准确、详细的掌握和了解，列出自己想问的问题，并考虑以哪种方式提问最为适合。所以，做足采访前的准备工作，是现场记者必须做的功课之一，只有这样，现场提问才能达到言简意赅、直奔主题。

二、现场提问要随机应变、准确到位

作为一名电视媒体的从业人员，在日常的采访活动中，我们会遇到各种各样突发的事件和问题，面对那些突如其来、意想不到的场面、氛围，这就需要记者在现场有快捷的反应速度和随机应变的能力，能够在现场抓住稍纵即逝的机会，即兴提问、发问。当然，这是最考验一个现场记者水准的时候，因为一切都是未知和突如其来的。

在事情的突发现场，由于记者事先不知情或毫无准备，这时现场记者不仅要有过硬的业务素质，还要有很好的把控能力，根据现场发生的情况随机应变进行提问，需要在一瞬间把你想提的问题抛出去，并确保对方能准确回答。如果你的提问不准确到位，不尖锐得体，可能得不到任何回应，而且还会遭致批评或指责。因此，这类现场报道往往最灵活、最生动，也最具感染力和说服力，它因强烈的现场感也最受关注和青睐。

电视新闻的特点就是新闻的时效性和真实性，特别是担负着重大使命的现场记者，不仅要想方设法获得并保护好第一手资料，还要最大限度地提高新闻的价值。针对同一个新闻，现场记者能够随机应变，抓住转瞬即逝的机会，通过一个巧妙的提问，从而化解各方的尴尬，在一起陪同领导检查的众多媒体中脱颖而出，这无疑在竞争激烈的媒体中占据了先机。

三、现场提问要以情动人、直击要害

作为现场记者，要具有亲和力。无论采访高官还是最普通的百姓，他们只是你的采访对象，你和他只是采访与被采访的关系，是平等的关系，这是作为一个现场记者最基本的心态和视角。

在有些问题报道或是负面报道中，由于电视采访时会拍摄到受访者的容貌和声音，一丝一毫的表情都会被记录，所以有些受访者往往很反感，会有抵触情绪，不但拒绝采访，有的还恶语相向。这时，记者要有掌控现场的机智和能力，一定要和当事人心平气和地交流，平等地对话。

比如，在一次邻里纠纷的现场报道中，原本的好邻居因为一方的“过度”装修而产生矛盾，由于双方都认为自己有理，对方无理，致使矛盾不断升级，直至大打出手，双方都“挂了彩”。采访过程中，主动联系记者的一方接受了采访，而被动的一方不但拒绝采访，还恶语相向，大骂记者是对方请来的“走狗”。

面对这种状况，记者一定要冷静和克制，要晓之以理、动之以情，向受访者说明，记者是持中立态度的，不会偏袒任何一方，面对纠纷，双方都可以摆事实、讲道理，这也是给双方说明、解释的机会。如何你不接受采访，而对方接受了采访，那发出来的报道，就只有一方的声音，你也就白白浪费了发声的机会，可能面临“有理变无理”的尴尬，而我们的报道也会变得不全面，有瑕疵。

作为观众与被采访者之间的现场记者，应该明确自己不是代表电视台或代表个人在提问，而是代表观众在提问，记者不仅要和受访者平等相处，还要处于中立的位置，这就需要记者以观众为中心，从观众的视觉出发，了解哪些是观众最想知道的，哪些是应该让观众知道的。有了这样一个采访原则，就不至于面对拒访者时感到不知所措，也不至于在提问时感到无从下“口”。当然，提问是打开采访对象心灵的钥匙，是了解事实真相的渠道，同时也是现场记者业务水平的一种表现。所以，记者提问前做功课，不是在每项具体的采访任务前，而是应该在日常做好知识的储备和积累。

四、现场提问要开门见山、切忌抢话

现场记者在采访时切忌不假思索、不动脑筋，把受访者要讲的话提前说了，这会让受访者很尴尬，不知如何回答，除了回答“是的”“对的”，再也无话可讲。这不仅达不到采访的目的，还会惹受访者生气。

电视现场采访中最不容忽视的就是提问技巧。提问不得当，知情者了解的细节，也会由于提问的忽略而没能采访到；提问不得当，善于表达者也会被支离破碎的问话，搞得不知所措。反之，提问得当、精彩，对方原本漏掉的话题或没有准备的话题，也会被激发出来。所以，现场提问，一定要开门见山，一针见血，问到点子上，抢话这种低级的提问方式一定不能出现。

总的来说，电视记者是负有特殊使命的媒体人，记者的提问是职责所在，是其工作的天职，而电视媒体不同于其他形式的媒介，它有其自身的独特性，特别是现场记者的提问、发问，其中充满了智慧和技巧，需要每一位现场记者慢慢摸索、慢慢学习，平日里注重语言的训练和知识的储备，多听多问多看多思考，慢慢掌握一定的提问方式和手段。这里要特别强调的是，现场报道面临诸多不确定性，现场提问的最佳时机稍纵即逝，需要记者具有较强的新闻敏感性、扎实的业务功底和灵活的应变能力。这些，只有经过不断的历练，才能慢慢积累。俗话说“冰冻三尺，非一日之寒”，当积累达到一定的宽度和厚度，所创作出的现场报道也会收获意想不到的精彩。

（昆明广播电视台　张翠华）

浅析调查类现场报道中人物采访的技巧

一、调查类现场报道概念以及独特性

调查类现场报道在中西方有不同的说法。西方直接称之为揭露性报道，西方国家认为这类报道的主要特点是深入揭露问题所在。在当代中国，调查类现场报道就是大家所熟知的深度报道，此类报道主要由国内主流媒体记者独立自主完成，特点是通过特殊的调查采访方式来完成对新闻以及新闻背后事实的探寻。

“注重调查，反对一切形式的瞎说”，一直都是中国新闻人在行业内恪守的准则，而在大家熟知的调查类现场报道中，这条准则更是铁律。记者是作为代表公众利益的人物进行调查，被调查的是指那些公然违反国家法律规定、对公众利益熟视无睹，依然进行着的具有事实隐瞒、事实欺骗嫌疑的事件，调查类现场报道无疑就成为必要的报道方式。记者以非正常的采访方式、拍摄手法进行调查，在尊重客观事实的前提下，力争将事实真相完整呈现给每一位观众。简而言之，所有调查类现场报告必定是带着“用事实说话”的初心和目的来进行的。但同时，在调查的过程中，也有可能出现新闻背后更值得报道的事实，继而为记者提供新的采访点和报道点。

调查类现场报道的独特性，在于它相比其他的现场报道有着更大的难度与要求。相比一般现场报道，记者在进行调查类现场报道时一定是以自己的亲身经历来进行拍摄，记者这个角色成为整个现场报道中发挥核心作用的关键人物，推动事件的发展。在进行特殊采访的过程中，记者通常采取非正常拍摄的现场报道方式，从而有机会来发掘新闻事件发生的起因，紧接着抓住事件发生的总体脉络，最后对整起事件中存在的新闻点进行梳理与求证。节目制作之后，把这些最真实的情况原原本本地呈现给观众。比如在《山西古建一线调查》系列节目中，记者奔波在长治、晋中、晋城三地，历时半个多月紧密调查之后，一大批丢失文物的线索终于浮出水面，丢失文物的幕后真相终于水落石出。

现场报道对记者的一点关键要求就是必须具有新闻意识，在报道现场必须能够及时捕捉到体现调查对象特点的场景与细节内容，而这一点对于抓准事件发展脉络与把握好事实走向具有关键性作用。

与传统简单的“拿来主义”不同，调查类现场报道越来越注重原创性与独家性，也越来越强调记者的独立创作能力，即凭借记者自身的文化修养与知识积累来策划完成每一期调查类现场报道。央视《经济半小时》的调查类现场报道，以经济的眼光关注社会热点，选择和聚焦重大经济事件，通过严谨的态度、新闻的眼光、经济的视角、权威的评论让观众对事件整体能够有充分的理解与最直观的感受，深入浅出的报道让观众真切感受现场报道的魅力。同时，以调查类现场报道来透彻分析经济现象在一定程度上澄清了以往大家对于主流媒体报道不够深入、不够及时的认知误解。

二、调查类现场报道采访提问技巧

现场报道的采访技巧已经是一个老生常谈的话题，但也并不完全可以一概而论。关于正面现场报道采访技巧的运用，经过多年实践的积累与总结，结合一大批中外记者总结的自身经验，在如何让提出的问题更精湛又富有质量方面，以及如何让被采访者自己更为生动地阐述记者最需要的信息方面，笔者结合理论基础，进行了一部分归纳，以下可供交流学习：

把自己想象成被采访对象，以换位思考来确定提问思路；用抛砖引玉的方式，勾起被采访者的回忆；探索式寻问，给被采访者留有余地；在遇到被采访者有所回避时，可以声东击西，旁敲侧击；对于善于表达的被采访者，积极予以恰当肯定，给予理解。

但如果记者是在进行调查类现场报道，往往需要进行艰难的暗访或者隐形采访，在采访前，记者要做比正面报道更为大量的准备工作。由于调查类现场报道记者面临着时间紧、采访过程危险以及后果的不可预测等多方面的考验，因此，为了达到采访目的，必须尽力在短时间内以更为简洁的提问方式来提问，迅速找出最为核心有重要关键作用的问题。

以作为现场报道记者的经验来讲，很多时候都会出现这样的情况：由于时间短的影响，现场的采访往往很难达到预期目标，提出的采访问题会缺乏新闻点甚至过于空泛无味，在后期制作中无法使用。因此，在采访中，一开始就能问出自己预先想好的问题，并且保证采访结束后一定能用得上这些素材，这需要一定的技巧和实践的磨练。

由于调查类现场报道不能像以往的正面现场报道一样，记者不能直接拿着话筒、摆好机位对被采访对象进行采访，因此，在采访环境本身恶劣的情况下，如何设问让被采访对象能够说出事实真相，这就涉及采访技巧的运用。

（一）提封闭式的问题

就新闻采访提问而言，可以分为开放式提问和封闭式提问两类。但前者比较宽泛，常常用来烘托气氛，衬托主题；后者则带有较为明确的目的性，提出的问题更加契合现场报道的需要。但极大可能提问时会带有敏感性，因此，特别是在调查类现场报道，记者在提问时应该注意语气和方式，以免过于明显而暴露身份。

如果记者选择使用封闭式提问，应注意该采访方式的特点在于让被采访者自己主动去讲述事件的具体过程，可同时也存在着一个问题，那就是更多的时候，在进行调查类现场报道时，被采访对象并不愿意主动去讲述。遇到这种情况时，记者可以采用“迂回绕后”“杀回马枪”的采访方式，以采访主题的侧面相关信息为着力点，用螺旋式上升的方式逐步深入；如果被采访者因为心有疑虑而不想正面回答记者的提问时，记者可以适时采用激将法来对被采访者进行质问，使其说出事实。例如，2015 年 2 月 2 日，央视《经济半小时》栏目播出了《山西晋城：为了采煤毁古建》节目，山西省晋城市泽州县为了让煤炭企业采掘 300 余万吨煤，强制将泽州县半坡村一座明清时期的古村予以强制拆除。有村民不愿搬迁，竟遭到身份不明人士纵火。

那么这件事是哪个部门批准的？文物部门是否知情？为了寻找问题的答案，记者以暗访的形式，对当地官员进行了采访。由于记者未公开身份，是以村民的身份来问询，这位当地官员起初冠冕堂皇地应付，至于为什么拆古村只字未提。此时采访就陷入了僵局，如果就这样结束，整个采访就很失败，没有拿到任何有价值的信息。记者立刻变换采访方式，采取激将法，开始用质疑的口吻不断追问，谁要拆？为何拆？并强调半坡村是文物，反复强调古村的重要性。最终在不断追问下，这位当地官员说出了，“为了挖煤而拆村”，并与山西晋煤集团有着利益勾结、利用职权强行拆迁历史文物村落等让人为之心寒的事实。而采访最后，面对记者的质疑，地方政府官员竟然表示“没什么大不了的”。节目反映出当地政府文物保护意识的淡漠，揭露了当地政府扭曲的经济发展观，暴露出当地经济发展与文物保护之间深层次的矛盾。

（二）对被采访对象应该做好引导

在调查报道现场进行报道前，对被采访者所在的地方及环境进行观察是很有必要的，前期的准备与观察能够帮助记者更为高效地掌握第一手资料，从而更加从容地应对突发状况，一定程度上也是对之前所获得的新闻线索的核实。比如，《河北文安：橙色预警里的违规生产》记者先是在村子里进行询问、观察，在使用无人机观察后，第二天就发现前一天无人机的侦查引起了村子里人高度警觉，由此记者在进行后续调查时就更为小心和注意后面调查过程中容易暴露的细节。

在对被采访者进行采访时，要多对周围情况进行观察，这样做，记者能够及时发现报道现场中一些具有新闻价值的意外收获与材料细节。比如央视《经济半小时》栏目于 2013 年 2 月 26 日播出的《如此罚款为哪般?》节目，记者在采访时，一边在采访，一边在仔细地观察非法过磅点的现场环境，并及时捕捉到了暗藏在现场的违规罚款账本。而这本账本的发现对调查起到了事实定性的作用，同时也成为此次调查的核心证据。

调查类现场报道需要依靠现场来给观众进行展示，无论是情况如何复杂的调查现场，都要求记者必须根据自己的实际情况随时保证新闻敏感度，谨慎使用自己所有的能力时刻注意报道现场情况的变化。记者通过观察才能发掘现场的新闻亮点，才能够更好地去引导被采访者说出关键信息以及事实背后的深层次影响要素。

从某种程度上说，记者与被采访对象进行更多深层次的交流，可以打破与被采访者的心理隔阂。正常采访中，很多人会因为对记者这个职业的心理抵触而产生陌生感，从而影响采访。对调查类现场报道来说，这种情况依旧十分普遍，而且情况也更为复杂和紧急。在面对被采访者较为强硬时，记者不能一味采取硬碰硬的采访方式，而可以转换思路，采取以弱胜强的采访方式来顺利完成报道的任务。因此，在调查类现场报道的现场，记者必须想办法拉近与采访对象的距离，特别是在陌生、专业性较强的领域，记者可以采用“三傻设问法”：不懂、不会、不知。

虽然记者采访前已经做好了准备，并清楚了内幕。但是为了让观众能更清楚地看到背后暗藏的玄机，记者对于百姓关注的关键性内容或者被采访者讲述不清楚的内容，必须反复追问，从而让被采访者自己亲口说出事实真相。比如央视《经济半小时》栏目于2014年10月15日播出的《假银器变形记》节目，记者以经销商的身份深入假银器生产工厂，虽然此前已经搜集整合资料得知造假内幕，但事实的真相报道需要被采访者自己亲口表述出来。因此，记者采取“三傻设问法”进行提问，假装自己对于如何制假一无所知，让对方心理上放松了警惕。当发现被调查对象在回答问题有表述不清楚的地方则反复追问，从而让造假者更详细地把银器造假的手段讲述出来，让节目更有信息量和说服力。

虽然目前新媒体异军突起，各媒体机构竞争日趋激烈，但是有质量有态度的调查类现场报道依然发挥着不可替代的作用，同时也是电视行业的一个重大突破，因此，坚持现场报道这一报道方式有利于电视新闻更多精品的诞生。

（中央广播电视总台　李雪峰）

浅谈现场报道中的人物采访技巧

在媒体技术的支持下，当代电视报道时态以及报道形式都发生了重大改变，报道形式也由传统的记者对着镜头说话，向主持人出镜与事件现场两点并举和现场互动的方向拓展。为了满足这种共时的报道要求，出镜记者成了现代电视传播的急先锋，出镜记者现场报道更是成了电视新闻和专题片的一种常态报道行为。那么，如何才能在现场拍摄和报道中让出镜记者迅速、准确地进入状态，并真实、高效地传达现场信息，这就给导演、出镜记者、摄像三方配合提出了一个高的标准。

一、节目现场把握信息交汇点和亲和力

寻找信息交汇点，运用语言符号和非语言符号共同表现。在出镜记者的现场报道中，语言符号和非语言符号在传播过程中发挥着不同的功能，并有着各自擅长的信息领域。然而，有一些信息是需要语言符号和非语言符号共同表现的，如果能抓住两种语言符号在这些信息中的交汇点，可以达到意想不到的效果。因此，编导、摄像与主持人的沟通是决定一档节目成败的关键。因为节目主持人或记者这个符号是带着发现的眼睛贯穿于节目始终，引领观众走进事件本身。

央视财经频道《生财有道》节目，经常有机会近距离接触到鸡、鸭、鱼、猪以及孔雀、大雁、蛇、虎等特殊动物。这些动物的温柔可爱与凶猛强悍，会无形中刺激到主持人的一种现场感受，促使主持人自然而然地用自己真实的体会和特有的表达方式去向观众倾诉。比如，有时画面中只有动物宝宝和主持人，这是一种“二人”关系，导演可以让主持人通过自己的表述来

描述此时此刻所体会到的动物宝宝的气味、触觉、特性，而事先准备好的稿件就显得苍白无力了。此时主持人所表达的语言都是有感而发的，会不由自主地把观众拉进来，和动物宝宝一起形成一个可交流的三角画面关系。这种视角关系的沟通表达会让观众产生现场感，更容易理解和想象主持人所在的环境，也能在很大程度上真切感受现场的氛围。当主持人和动物在同一个画面中时，主持人就是鲜活的参照物，观众对动物的体型和大小一目了然。这时主持人的表达不做作、不夸张，完全是自然流露，这就是观众期待的现场效果。因为是贴近生活、贴近自然、贴近人性的，所以此时画面表达的内容就都是真实而富有美感的，主持人的可信度也随之树立起来，其人格魅力也会得以凸显。

主持人这种真听真看真感觉，面对现场即时发挥，对摄像机真实表达的模式也借鉴了专业上称为“Two-Shot”的手段。“Two”不仅是指主持人和采访对象，也包括主持人所接近的动物。在讲述养殖户的生活时，如果主持人只凭借语言表达，往往会游离在节目之外，很容易像是一个旁观者。可是当主持人数九寒天和主人公同样站在冰冷的滩涂里捕捉跳跳鱼时，当主持人在烈日炎炎的夏日穿着密不透气的橡胶裤和养殖户一起在齐胸深的养殖塘里捕捉黄鳝、泥鳅时，主持人才能深入主人公的生存空间，亲身感受养殖户的生活状态，才能深刻理解创业之艰辛。这时主持人的语言表达才会超越旁观者的心态，以参与和实践后的亲身体验，让所要表达的内容传递出真实的思想。摘掉主持人“传声筒”的帽子，节目才更具亲和力。

二、现场采访要营造让被采访人正常发挥的氛围

大美藏于生活之中，在生活中才能“采访”出真实和精彩。被采访人面对摄像机往往不是说不出话，就是语无伦次，或者所说出的话不是空洞无味，就是冠冕堂皇，所采访的内容和语调根本没有多大利用价值。因此，营造让被采访人正常发挥的氛围很重要，“说人话”也成了业内对被采访人表述内容是否到位的一种所指。那如何才能打破被采访人面对摄像机的这种尴尬、唐突或空话连篇呢?

在现场报道中，记者如何通过运用语言技巧来反映节目内容是非常重要的，尤其是与被采访人之间的沟通和采访语言的拿捏是决定一个节目成败的关键。2014 年 12 月，笔者带领节目组在云南大理拍摄《洱海鱼鹰的财富梦想》，需要采访一位名为“鱼鹰驯化王子”的当地企业家，由于地域方言的影响，再加上面对镜头的紧张感，企业家在接受采访时难免磕磕巴巴，采访效果不尽如人意。在拍摄背景素材时，笔者发现这位企业家喜欢喝茶，就让主持人和他边喝边聊。喝着茶，聊着天，这位企业家很快情绪就放松了，语言表达也一下子顺畅了很多，他的创业经历和生财之道也就在喝茶时娓娓道来。

从多年来的采访拍摄经验上来看，很多人的创业经历十分感人，但是碰到不怵镜头的当事人并不容易，面对摄像机时像这样紧张失常的现象十分普遍，因此，必须让采访对象松弛下来才能得到他们精彩的故事，而让每个人松弛下来的方法不尽相同。打破采访僵局、通过沟通化解尴尬是合格记者必备的技能。这就要求编导与主持人首先投入其中，不急不躁，不断挖掘和熟悉对方资料，认真观察生活，尽量读懂当事人。作为一名优秀编导，必须具备与陌生人沟通的能力。用你的言谈举止触动和感化他，让对方消除采访过程中的语言障碍，自然而然地进入状态，这样你现场所采访的话题和拍摄的内容，调动起来就会轻松自然，游刃有余。

现场报道就是要让观众直观地感受到互动、参与，并引起共鸣的感觉。这就要求记者必须要深入生活，学他人所长，补自己之短，认真钻研业务。只有这样，你对生活才会有新的理解与认识，提升自己的业务素养，才能够准确地把握好现场报道的节目视角。因此，记者的身份不单单是记者，也是通过电视屏幕与观众交流、让观众参与的桥梁。总之，现场所表现出的不仅仅是记者所处的环境，某方面来说更指的是在这一现场中，受众能够从中体验现场氛围的一种感受。

三、节目现场化和故事化

一部好的财经节目专题片仅提供信息是远远不够的，不足以吸引观众，还要考虑提供信息的方式。从某种角度讲，新闻就是“故事”，重大有趣的故事往往会让人过目难忘。这就把财经节目故事化提升了一个高度。它所反映的不单单是节目信息，更多的是情节、人性、现场和故事的表述。央视财经频道《生财有道》这档财经节目，把专题节目故事化不能不说是一个大的飞跃。因为它改变了以往报道中的过于专业与枯燥，使节目生动而活跃，片中所反映的既有人物财富创业故事，又有财经信息，故事中的人物活动，使得专题报道增添了很多趣味性。因此，财经节目故事化，既能让人感到妙趣横生，也能够满足不同层次观众的口味。

专题节目的生命力就在于它的真实性。专题片创作者往往总会不自觉地在拍摄过程中融入一些个人的态度和观点，这样就很容易破坏节目的真实感。因此，在专题片中多采用新闻纪实性的拍摄手法就显得尤为重要。因为现场纪实性跟拍报道，能够更好地从主观和客观两个方面营造真实感。首先是从主观上展现真实。只有创作者先被内容打动，他才能将真情实感带到创作中去，这种发自肺腑的表达也能完整地体现出创作者对人物的理解以及对主人公人生的思考和观察。其次是从客观上展现真实。拍摄前，创作者如能事先确定专题片人物表现的主线，就可以选取一些与主题密切相关的事件，进行有目的的全程跟踪拍摄，从而真实地再现真人真事正在发生的过程。但需要注意的是，事件发生的时间、地点一定要准确无误，否则就可能适得其反。

在现场报道人物专题片的整体结构上，一定要突出主题，找准人物或事件的新闻点和闪光点，千万不可面面俱到。首先要注意捕捉那些有普遍性、代表性并且最能说明问题的典型细节。

当然，同期声的记录也是非常重要的。因为对现场声音做真实记录是为了建立片子的声音形象。在时间上，让人感受到是现在进行时态；在时空上，起到一种画外空间的效果，产生意境美，音有尽而意无穷。央视财经频道《生财有道》作为一档故事性专题节目，因为有了现场报道和故事性而有了生命力，所以，现场与故事性的把握和拿捏是一名优秀记者所必须要具备的素质。

（中央广播电视总台　孟凡勇）

新闻现场报道中转场的方式及作用分析

何谓现场报道？综合现有概念，有两个不可缺少的共同要素，一是记者出镜，一是新闻现场。本文对于应用转场的现场报道划定为记者在新闻现场进行的体验式报道的范围。

转场并不是专有名词，但是我们最熟悉的转场概念源自于影视艺术。《影视剪辑编辑艺术（修订版）》一书中提到“运用跳切转换时空亦可称为转场”①。而在知网检索“转场”，相关的内容多集中于电影和动画剪辑中的应用。在《解读电影的场面和转场》一文中，对于转场概念解释为“场面转换或者是场景转换”②。在《浅谈电视新闻制作的转场》中，作者解释“电视新闻的过渡也叫转场”③。

虽未有一个统一的定义，不过可以得出转场的功能和作用是转换时空，运用合适的转场可以使叙事更加流畅。如此，转场应用在新闻现场报道中也是为了新闻现场的时空转换。所以，转场的概念不仅限于剪辑中那些“特效”，在现场报道中，为了完成时空转换，一些动作的设计，物体的借用，语言声响等元素的配合等都可以是转场。而合适的转场方式也可以使现场报道的现场感更强，报道的内容更加流畅，片段衔接更加合理。

一、现场报道应用的转场方式

剪辑手法分为有画面附加技巧的剪辑（特技）和无画面附加技巧的剪辑

---

① 傅正义：《影视剪辑编辑艺术（修订版）》，中国传媒大学出版社 2009 年版，第 117 页。

② 巩新龙：《解读电影的场面和转场》，《当代电影》2005 年第 5 期。

③ 陈培青、林丽娴：《浅谈电视新闻制作的转场》，《东南传播》2008 年第 12 期。

（跳切）。其中特技分为显、隐、化、划等，跳切分为利用语言、动作、景物镜头、特写、情绪、音乐、音响转场几类。这是剪辑时应用转场的方式，现场报道中应用转场可以借鉴，但现场报道的转场无法单纯依靠后期剪辑，结合具体案例分析，有以下几种常见的转场方式。

（一）演播室调度的硬转场

在较为复杂的现场报道中，记者一人不能完成全部报道的情况很多。比如，一个新闻事件同时多个现场，时空跨度比较大。在几个新闻现场中转场最保险的方式就是演播室的调度。类似于连线，一个新闻现场的情况介绍完，由演播室主持人接力，分析总结上一节报道，并根据上一节报道选取与之关联紧密的下一处新闻现场进行报道。虽然没有太多新意，却是最易操作的转场方式。要让观众感受到报道的连贯，只能依靠演播室主持人抓住每个新闻现场之间的联系。

（二）借助道具的转场

同样是空间跨度极大的现场报道，如果时间允许也可以选择更有新意的转场方式。2017 年 9 月，央视携手全国省级电视机构，全媒体推出大型特别报道——《还看今朝》。在《还看今朝 · 浙江篇》中有一段海铁联运连接“一带一路”的现场报道，三路记者接力介绍义乌的小商品是如何乘坐中欧班列汇聚到宁波舟山港再走“海上丝绸之路”发往欧洲的。三个现场中都有集装箱的元素，因此，记者很巧妙地利用集装箱模型的道具实现了转场。上一段义乌现场结束后，电视上分屏出现了两位需要接力的记者，一位记者把集装箱模型送出画外，另一个记者把模型从画外拿到画内，就好像这个模型从义乌穿越到了舟山港，通过模型的转场实现了现场从义乌到舟山港的转场。这样的转场虽然观众了解是有意设计的，但是不妨碍转场的流畅，并且能给观众眼前一亮的观看体验。

（三）利用相似物体的转场

在《数说浙江》的报道中，记者一人出镜，用一连串生动的数据介绍浙江五年来最为亮眼的改变。在这个案例中，记者抓住了两个现场中相似的物体进行转场，比如在人行道上记者结束了浙江车辆礼让行人的介绍后，镜头从记者身上摇到路边行道树的树干上，下一个镜头紧接着从西湖边的亭台楼阁的柱子上摇到记者全身，记者也就从刚才的人行道上来到了西子湖畔，镜头过渡自然，时空转换巧妙。这里，行道树的树干与楼阁中的立柱就是相似物。选择的相似物体越相似，转场的跳跃感就越小，过渡也显得自然。值得注意的是，选择利用相似物体转场时，要根据转场前后的现场环境，选择符合人们认知的最为融入环境的物体。人行横道上两边都有树木，古色古香的楼阁自然有木质的立柱，这样的转场就不至显得刻意，受众也容易接受。

（四）利用景物的转场

如果两个现场转换过程中没有可以选择的相似物，那么利用景物转场是一个不错的选择。2015 年 10 月，央视推出“一带一路”特别报道《数说命运共同体》，有一场主持人白天在橡树林和割胶工人夜晚在橡树林的转场。这个转场中，空间没变但是时间转换，如果不采取景物转场的方法，那么白天和夜晚的转换对比就太强烈了。在这个案例中，主持人在橡树林里介绍完这片橡胶可以做多少橡胶枕头后，镜头顺着橡胶树干上移，镜头里透过橡胶树冠的天空从白天渐渐暗下来，镜头里出现割胶工人戴着探照灯作业的画面。时间的转换通过天空由白天到夜晚的延时镜头完成了转场。天空的变化就是利用景物转场的一种。

（五）利用声音和动势转场

电视是声音画面等符号共同构成的，声音作为一种构成要素也可以被用来进行转场，而且会比较生动。动势本身具有的惯性就恰好可以完成有逻辑的转场。比如，在《还看今朝 · 河北篇》中，记者在石家庄电视塔下介绍钢铁与我们的生活息息相关，汽车家电等都需要钢铁，下一场景转场到停产的钢铁厂门前，这里的转场就利用了上车与下车的动作，这是一个连续动作，有上车的动势受众就会有下车动作的预判。而汽车作为交通工具的意象也让观众自然而然有了一地到另一地的时空转换的理解。

（六）记者画面附加技巧转场

不管是相似物也好，道具也好，在现场报道中无论有几个转场，记者都是各个场景中的固定元素，如果设计巧妙，记者自身的画面是最佳选择。

在《数说命运共同体》节目的《食物背后的故事》一集中，记者穿着工作服在天津的方便面加工厂介绍完供给全国食用方便面需要上百万吨的棕榈油，下一个场景就要转到供给中国棕榈油的印度尼西亚油棕树林，这两个时空的转换，记者用从工厂出来要脱掉工作服外套的合理动作，顺势在镜头前一甩衣服，遮挡住了镜头，衣服甩完再次显现出的就是油棕林的场景。这很像有画面附加技巧转场中的哗变。

淡入淡出也是常用的剪辑转场特技，画面由明亮渐渐隐去，直至变成全黑，再由全黑中渐渐现出画面。记者在上一场景结束时走向镜头，直至镜头完全被挡住，在下一个场景中，镜头从记者身上拉出，从黑场到记者全部出现在镜头中，这个过程没有在后期剪辑中加入转场特效但是模仿了淡入淡出的效果。这样的方式使记者在场景转换中增强了串联报道的主体作用，看起来更加流畅。

（七）引入电影技术的转场方式

近年来，虚拟技术、航拍技术以及斯坦尼康设备等电影制作级别的技术和设备在新闻制作领域逐渐普及，这为流畅的转场提供了更多的可能。

二、应用转场的作用

转场的功能和作用就是转换时空，应用到新闻的现场报道中从镜头来说主要是使画面既无跳跃感，镜头的运动又极为流畅。从整体的报道呈现角度来看转场的应用还有以下几个作用。

（一）转场可以丰富现场报道的内容

现场报道中记者一人贯穿整个报道，单一的场景限制下，记者即使有超高的语言技巧但是报道的内容也会被空间限制。应用转场可以使记者穿梭在多个场景之下，记者可以结合不同场景发散思维，那么现场报道的内容就会得以丰富。即使一场现场报道没有太多细节需要展示，总在一个场景中也会造成视觉的审美疲劳，应用好转场既不会破坏现场报道“一镜到底”的流畅感，还可以增加画面内的景物呈现，而环境本身也是增加信息量的一种方式。此外，巧妙应用转场可以在有限的时间中加快报道的节奏，省去一些不必要的镜头，使报道的叙事更加简洁，在有限的时间内传达更多信息。

（二）转场可以使报道层次更加分明

在现场报道中，除了采访必要的当事人外，几乎只有出镜记者一人。设计必要的转场，就可以起到区分报道层次的作用，将一段解说内容中涉及转折的部分，或者是进一步深入的部分安排在与之相匹配的现场中，那么受众也能有一个直观的内容转换的感受。在大体量内容的现场报道中转场可以帮助受众厘清事件的脉络，加深对报道的理解。

（三）转场可以提高受众的观看体验

目前，在现场报道中设计转场，应用转场技巧还限制于时效性不强的报道中。但是有了转场这个意识，在有条件的情况下，将转场和其他技术结合，不断创新新闻的呈现形式，让受众看到传统媒体人也可以把新闻做得有趣，呈现效果也可以高大上，那么长于精良制作，深耕内容的传统媒体就会挽留受众，从而提高自身的传播力和影响力。近年来，电视综艺节目中尝试无剪辑的一镜到底已经取得成功，也许转场在现场报道中应用的范围还会不断拓宽，未来能让细节呈现变为亮点的转场技巧也将越来越多地出现在新闻报道之中。

（河北广播电视台　李昊）

浅谈电视新闻报道现场的“挑、等、抢”

电视新闻为什么这么吸引人？其实道理很简单，就是让观众看得到现场、听得到现场，感受得到现场，即使身在千里之外！

“新闻看得见”的现场报道让观众既是目击者，也是体验者，还可以成为观察者和评论者。

一、现场报道是电视新闻传播的生动实践

什么是现场？事件或行动发生的地点。

什么是现场报道？就是记者身处新闻发生地，原原本本把事件如何发生，又如何进展，用精练、准确、生动的口语讲述给观众，同时与摄像记者携手合作，借助镜头、话筒把周边环境、事件动态用实时记录的声画展示给观众。

就新闻传播规律而言，从事件发生到其大众传播，公开的时间越短、发布的速度越快，传播的价值就越大、影响就越强。现场报道正是这一规律有力的实践与例证。可以说，现场报道是电视新闻中的一张“王牌”，有着特殊魅力。

现场报道既有实时“立拍”的，也有非实时“回看”的；既有“此时此刻”正在直播的，也有记录“此时此刻”后编辑播出的，不一而同。但不管怎样，都离不开一个最核心、最根本的要素，那就是“现场”。

对记者来说，要想做好现场报道，就要做到现场找得精、内容“报”得准、背景“道”得深，其中，寻找报道的核心现场是对出镜记者与摄像记者的一大考验，记者必须学会“挑、等、抢”。

二、“挑”现场是电视新闻记者的基本功

“挑”现场需把握三大原则。

第一，记者可以目击、了解新闻事件的核心位置，不仅要素齐全，还最具新闻价值与说服力、感染力。

第二，记者能多维度观察新闻事件的位置，不同的视角让报道内容丰富、观察立体。

第三，记者在报道中可能体现新闻事件“梯度”和延续进展的位置。

对记者来说，现场报道时，“挑”是必须过的一关，也是对自身新闻功力的一大考验；现场这个开局“挑”得好，报道就事半功倍，内容就“手到擒来”，报道就精彩纷呈；现场这个开局“挑”不好，意味着报道效果可能打折扣，传播力、影响力、感染力就会衰减。

三、“等”现场考验记者的耐力、功底

在很多时候，新闻事件的电视报道现场不仅要“挑”，还要“等”，特别是一些已预知的可能发生的新闻，要想做好现场报道，记者就必须有耐心，要学会“等”。

（一）什么是“等”现场

“等”什么？等的是可能稍纵即逝的新闻发生的那一时刻。

2018 年 7 月 18 日，台风“山神”在海南万宁市登陆。中央广播电视总台记者在台风登陆前一晚赶到万宁，提前准备随时可能进行直播的现场报道。

虽然之前天气预报已经给出一个台风登陆的大致区域，但对记者来说，无论人力还是物力都无法全面企及，那么就要“等”现场。因为越临近台风登陆，天气预报的范围就会越小，相对也越精确；记者就可以参照台风路径变化，在“等”的基础上，伺机而动，进而再“挑”最具有表现力的时间点与场景，做现场报道。

根据预判，记者确定把报道现场选择在万宁市区万城镇，从预报看，这里是台风登陆后的必经之路，也是当地群众生活最有可能被严重影响的繁华区域。既然地点定好了，报道时的现场就得靠“等”了。

（二）“等”现场要真会“等”

1. 哪些电视新闻现场需要“等”

在电视新闻实践中，现场报道需要“等”的情形还是比较常见的，前提是已经预知了会有“新闻”发生。比如重大活动（庆典等）、比如重要人物出现、比如事故中人的救援，但这些都是一个循序渐进的过程，呈现的时刻往往不可预期，在这个时候，就需要记者有耐力，能未雨绸缪，提前准备，做好预案，最终“等”来那个最激动人心的现场。

2. “等”现场并不是真的“等”

说到底，“等”现场并不是真的“等”，它首先建立在记者对新闻事件精准判断的基础上，离不开“挑”现场；其次在“等”之前和“等”的期间，记者还要做好扎实的报道准备，真正是万事俱备，只欠“现场”东风。

3. “等”既不可操之过急也不可贻误战机

既然是“等”现场，就不能急躁，现场还没有“来”，就匆忙开始，结果让观众和记者一起干巴巴地等，时间长了，失望就会大于期望；另外，“等”也不能过“火候”，记者要时刻保持警惕，切不可错过现场，因为现场是不可复制的，也不能模拟，不然，观众想看的没能看到，留下的也还是失望。

四、“抢”现场展现记者的灵敏嗅觉与高超“本领”

（一）好现场经常是“抢”出来的

很多时候，好的现场是记者“抢”出来的，是意料之外的收获，而正是因为其不可测，反而更具新闻价值、更有收视魅力、更能产生影响力，也更加体现记者的新闻功力，包括知识结构、语言组织、临场应变等等。

2018 年 1 月初，在四川雅安，一辆大货车失控撞坏当地“西电东送”一座 500 千伏干线电缆的电塔，严重影响成都等多地供电安全。中央广播电视总台记者全程对这一新闻事件进行了跟踪报道，其中一场直播现场报道就是“飞来之笔”。1 月 3 日下午两点多，受损电塔所在的区域突降大雪，一度给抢修工作造成影响，当天下午原本没有直播计划，面对突如其来的雪情，记者马上和节目组联络，在 15 点档央视新闻频道《新闻直播间》里新增了一场直播连线的现场报道。

这个 6 分多钟的报道中，记者借助“抢”来的现场讲了四个信息：一是风雪交加，在弯度近 90 度的下坡道上，直观还原了重载大货车在下坡时可能因刹车失灵出现失控的实地环境，有了更多的现场感和直播价值；二是受大雪影响，抢修工作暂停，对成都电网不利影响仍将持续，将这一重要信息及时告知公众；三是电力工人没有彻底“停工”，而是抓紧开展其他工作，为雪后恢复抢修打基础；四是紧邻这里的高速公路通行因大雪受阻。

（二）“沉浸”在新闻中才可能“抢”到现场

虽然这个“抢”来的现场报道谈不上多么惊心动魄，但它还是可圈可点的。

一是记者善于随着时间、事态发展做出有效应对反应；二是把大雪带给当地交通、电力抢修工作的影响在第一时间通过央视发布，时效性显著；三是从看得见的雪中行车场景让观众“透视”到四川行路难的现状，也对之前交通事故屡发有了感性认知，增强了观众的“目击感”“观察感”“体验感”。用记者自己的话说，就是要“让报道融入现场，融入‘现在进行时’，这样记者才能真正‘沉浸’在新闻中”。

总的来说，不管是“挑”，还是“等”或“抢”，电视新闻现场报道都必须树立“现场”为上的理念，不然就是“无米之炊”，即使报道里有着再丰富的背景、再强大的解读、再优秀的记者，也不会有多大价值。

（中央广播电视总台　毛鑫）

如何拍摄现场报道的“一镜到底”

长镜头是一种拍摄方法，大多作为精彩的片段，出现在电影中。随着设备的革新以及拍摄技法的成熟，尤其是电视摄像机一体化和摄像单人操作的特点，“一镜到底”作为长镜头的一种极致表现，越来越多地出现在电视节目中。

电视新闻节目中的“一镜到底”，是指用一台摄像机进行拍摄，整个拍摄过程中不停机，将作品一次性拍摄完成。与其他拍摄手法相比，“一镜到底”更注重场面调度和镜头内部变化，主要展示的是“连续记录的真实”。客观真实是新闻报道的生命线，而“一镜到底”的纪实性与新闻报道对客观真实的要求十分契合，非常适合运用于新闻现场报道中。

一、“一镜到底”的类别

（一）固定镜头的“一镜到底”

固定镜头是机位固定不动，连续拍摄一个场面所形成的镜头。我们现在最常用的单边直播连线，同样是一个机器锁住不动，出镜记者对着镜头介绍，可以说就是这种固定镜头的“一镜到底”。它的优势是直播的安全系数高，易于操作控制；但观赏性低，不容易引起观众的收看兴趣。

（二）运动镜头的“一镜到底”

用摄像机的推、拉、摇、移、跟等运动拍摄的方法形成多景别、多角度变化的长镜头，称为运动长镜头。运动长镜头中的“一镜到底”，在电影拍摄中就是对一个场景、一场戏进行连续的拍摄，形成一个比较完整的镜头段落。随着电视技术的发展，摄像机自身的轻巧和一体机操作的便利，更适于运动拍摄，使得“一镜到底”在电视拍摄中更容易实现。本文重点讨论的是电视新闻现场报道中运动状态下的“一镜到底”。

二、“一镜到底”可以极致展现现场报道的特点

（一）时间的连续感

“一镜”不仅保证了记录片段的完整性，还保证了时间的连续性。整个记录过程中间没有剪辑点，排除了通过蒙太奇剪辑手法分切压缩或延长实际时间的可能性。镜头中的一分一秒和现实中的一分一秒完全一致，观众感觉符合自己的时间感，记录时间与实际时间连续性一致，中间不存在时间造假的可能，心理也就会认可记录内容的真实性。

（二）空间的真实感

由于受新闻时长篇幅所限，电视新闻中空间的转换都是靠蒙太奇镜头剪接完成的。虽然新闻现场的拍摄都是实际存在的真实空间，但剪接点产生空间的跳跃，仍会使观众产生怀疑。而“一镜到底”在镜头的运动中实现空间的自然转换，保留了空间转换的完整过程，最大限度地保证了观众对空间的真实感受。

（三）事态的行进感

人们对真实的认知，最真切的就是自己亲眼所见、亲身经历，但现实生活中，我们能亲历的重要公共事件非常有限。“一镜到底”作为一种非常有临场感的表现手法，观众可以通过摄像机——我们的“第三只眼”，感觉自己就是身处现场的旁观者，一切都是自己“亲眼所见”，可以看到事件的推进，感受事态的行进。尤其是某些突发情况的现场出镜，记者也无法预测下一步会发生什么状况，观众会因此和记者产生共鸣，与记者同步感知事态的

行进，加深对新闻事件的参与感。

随着VR技术的推出，这种360°自由视角“一镜到底”的直播，突出了观众的主观视角选择，让观众更有亲历新闻事件的感受。

三、如何拍好“一镜到底”

“一镜到底”是长镜头美学的极致，在拍摄方面也体现出相对应的高难度，需要精确的计算、精细的调度、精准的操控。每一个细微的操作都决定着镜头的成败，每一个细微的失误都会导致满盘皆输。拍好“一镜到底”，主要依靠记者、摄像、环境这三个因素。

（一）记者决定着“一镜到底”的高度

在电影拍摄中，“一镜到底”最主要的就是考验演员的功力，而在新闻拍摄中，考验的是记者的功力。新闻现场是不可复制和操控的，特别是直播连线，只有一次机会，失败了是没有办法补救的。

记者能力越强，设计画面语言的可能性越多，“一镜到底”就越精彩。只要记者能敏锐地找到现场的新闻点，用生动的语言描述出来，再配上与之相适应的拍摄，就能拍出形式与内容完美统一的“一镜到底”。

有过出镜经验的记者，基本上都是可以胜任“一镜到底”的。记者平时要多锻炼自己的出镜能力，用磁带或者储存卡反复重新记录，成本较低，可以多次练习。

记者准备的充分程度是影响“一镜到底”拍摄的重要因素。在拍摄“一镜到底”前，记者一定要全面掌握新闻素材、了解新闻背景，为“一镜”的拍摄提供足够的内容支撑；要熟悉新闻现场，同时要参与整个“一镜”的设计，使自己的运动自然流畅；现场出镜词更要烂熟于心，做到张嘴就来，避免出现忘词、漏词的情况。

（二）摄像决定着“一镜到底”的成败

“一镜到底”可以看成“一镜”和“到底”两部分，“一镜”就是摄像要考虑记录的一次性，包括机器的状况、电池的电量等；“到底”就是还要考虑记录的完整性，包括声音的完整、运动的稳定等。这一切，都离不开摄像师，所以说，摄像师决定了“一镜到底”的成败。

电视新闻拍摄，基本上以单机拍摄为主，摄像师的“一镜”思维没有问题，关键是怎么拍“到底”。这就需要摄像师做好下面的工作。

首先，选择拍摄设备。摄像要选择合适的摄像机。各种摄像机有各自的特性：大摄像机镜头基本是标头配置，因其自身的配重，肩扛时会自带一些稳定性，但过于笨重；小摄像机操作轻便，镜头有稍许广角，适合手持大范围运动，但稳定性差；相机类小巧灵活，镜头组丰富，可以拍摄一些独特视角，但光圈焦距不好操控。摄像要根据记者出镜需要和现场环境情况进行选择。摄像师无论选择了哪种摄像机，都必须是自己能熟练操作的。像一些光线和运动都比较复杂的拍摄，摄像师右手要控制推拉，左手要同时调整聚焦环和光圈环，如果不熟悉机器，容易操作失误，从而造成整个“一镜到底”的拍摄失败。

灯光、音频等辅助设备也要准备好。尤其是音频设备，运动拍摄一定要使用无线拾音设备。笔者就曾因为音频问题遇到过尴尬。十余年前，在采访某林地被毁的新闻时，特意设计了记者从林地走到一棵被砍倒树木残根的“一镜到底”拍摄。记者是一位非常优秀的出镜记者，近两分钟的内容，一气呵成。但由于那时没有配备无线话筒，只能使用有线话筒，话筒线总是挂在地上的灌木和落枝上，拍摄一次次被迫中断。虽然整条新闻是以记者完整出镜呈现，播出效果比较好，但还是能感受到数次中断对记者状态的影响。所以拍摄前要检查好所有的设备，避免留下不必要的遗憾。

其次，选择拍摄方法。并不是所有的“一镜到底”的镜头只能跟着记者拍，很多时候，拍摄主体反而是现场的环境和要展示的其他内容，记者扮演的只是引导员和解说员，起到穿针引线的作用。明确拍摄主体后，要根据不同的主体选择不同的拍摄方法。是选择固定在脚架上推拉摇移的镜头运动，还是选择机器随着主体移动而跟随拍摄，摄像师要根据拍摄内容、现场环境和运动节奏来决定。比如拍摄记者在航空表演现场的出镜，如果肩扛跟随拍摄，很难准确稳定地拍摄到相对应的飞机，这时在三脚架上拍摄就是很明智的选择。

我们更多的时候不是只选择推拉摇移跟中的一项运动方式，而是将其综合运用，比如边拉边摇、边跟拍边升降等等。在运动拍摄时，也要注意一些技巧，比如肩扛跟拍时要双腿微屈，这样可以起到减震的作用，提升画面的稳定性等。合适的拍摄方法可以使“一镜到底”做到画面与内容的较好匹配，为节目锦上添花。

最后，现场随机应变。我们拍摄时，一般会左眼微闭，用右眼盯着寻像器。但是在拍摄现场，摄像不能只考虑到记者走位、光线、构图等，还要睁开左眼，观察寻像器外的现场情况。新闻现场复杂多变，摄像记者要时刻保持警惕，不仅拍摄记录报道主体，还要能快速应对现场可能出现的影响拍摄的突发状况。

在一些新闻学院的授课里，经常会讲到这样一个案例。多年前，一位记者在北京京通快速路边出镜时，突然有行人穿越栅栏，进入记者侧后方的马路，造成交通事故。摄像师发现有人横穿马路时，马上将镜头迅速摇推到了行人，正好记录下了行人被撞飞的整个过程。那时候交通探头还不普及，大家很少看到这种场景。这个极具冲击力的“一镜到底”记录被完整播出，在观众中引起强烈反响，起到了很好的警示教育作用。而这些是因为摄像记者在拍摄时，没有只盯着眼前出镜的记者，而是眼观六路、耳听八方，第一时间发现现场突发情况，迅速抓拍下来的。

（三）环境决定着“一镜到底”的成色

“一镜到底”是通过展示记者与环境之间的联系，让记者传递的信息更丰富生动真实。现场环境是“一镜到底”的生存土壤，要想使“一镜到底”拍得质量高，就要在环境场景的选择和运动线路的设计上多下功夫。

不是所有的场景都适合“一镜到底”的拍摄，场景选择需要注意以下方面：

第一，场景要典型。一定要选择新闻的典型现场，要有和新闻本身密切相关的可视性存在，让记者有可以讲述的内容。

第二，场景要适中。因为新闻的时长所限，运动的半径不能过大，所以选择场景的面积不要太大。

第三，场景不能太复杂。电视新闻拍摄接近于常人的视角，缺少电影拍摄那样的专业设备和专业团队，所以场景选择不能太复杂。

第四，场景要安全。一定要确保环境安全，尤其是现场直播连线，一定要规避有干扰、威胁到直播安全的场景。

选择好场景后，最重要的就是运动线路的设计了，线路设计要注意以下几点：

第一，线路规划要合理。要依据记者出镜的内容，兼顾记者和现场环境的相互配合，确保记者提到的每一处都设计到，做到话到画到。

第二，线路方向要统一。“一镜到底”是用一个镜头来完成内部蒙太奇叙事，主要靠摄像机变化拍摄角度和调整景物的距离来实现，所以在设计路线时最好按照一个方向运动，尽量避免因忽左忽右造成镜头甩来甩去的眩晕感。

第三，线路设计要有时间差。当记者需要从镜头前做长距离移动时，可以将镜头摇到其他地方，转移观众注意力，利用这个时间差点位，让记者在空间位移上自然过渡。

第四，线路考量要全面。还要考虑一些技术层面问题，比如运动线路上光线是否差别太大，色温是否一致，环境声音是否忽高忽低，无线设备有无干扰，等等。

总之，“一镜到底”对于新闻记者而言，是要两个人完成电影一个团队才能完成的任务，难度固然很高，但也不是遥不可及。只要出镜记者结合现场提炼出生动的出镜词，摄像记者根据现场设计出丰富的镜头画面，两者互相配合默契，通过多熟悉拍摄场景、多演练运动路线，就可以做到一遍拍摄成功。无论什么样的拍摄，最终都是靠人来完成的，只要充分发挥能动性和创造力，勇于探索和尝试，一定能拍出精彩的“一镜到底”。

（中央广播电视总台　王磊）

浅谈新闻主播如何做好现场报道

“我国电视记者的出镜报道在报道角色、报道内容以及报道形式方面大致经历了从播音员到记者，到主持人，再到记者的四次变迁”①。“现场报道是电视记者在新闻事件现场，面对摄像机（观众），以采访者、目击者和参与者身份做出图像的报道”②。在中央广播电视总台的大型新闻栏目中，出镜记者和新闻主播一般分工明确；但在一些地方台，由于受到技术、人员等因素的限制，多数情况下，新闻主播身兼多个岗位职责，有时也要走进新闻现场进行报道。从事新闻工作以来，笔者主要担任地方台民生新闻栏目的主播，但经常会以出镜记者的身份参与录像型现场报道。虽然新闻主播和出镜记者都是出现在荧幕上的新闻工作者，但是由于长期以来分工明确，新闻主播想要快速融入新闻现场，做好现场报道还是要适应一些新的变化和需求的。

一、“搬运工”变“发掘工”

如果说新闻主播拿到新闻稿件进行播报，属于二次创作，那么，出镜记者的现场报道可以说是原创。新闻主播的日常岗位职责，是将记者的文字稿件进行二次创作，之后通过自己的声音和形象进行传播，相比于记者“发掘工”的角色，新闻主播更像是新闻的“搬运工”，角色的转变也对我们提出了更高的要求。

---

① 高贵武等：《出镜报道与新闻主持》，中国传媒大学出版社 2012 年版，第 14—16 页。

② 叶子、赵淑萍：《电视采访：探寻事实真相》，北京师范大学出版社 2009 年版，第 209 页。

（一）孕育一颗好奇之心

新闻主播对稿件的二度创作是基于一线记者采访的文稿之上的，通俗来说，记者拿什么文稿来，就创作什么文稿。要迅速地融入现场做好出镜报道就必须孕育一颗好奇之心，在工作上主动积极起来，这样不仅能够寻找到好的新闻素材，也能够更好地吸引观众。在新闻现场，要将自己的主观思想归位为“零”，全方位多角度围绕新闻点多问为什么，由点及线、由线到面，找到我们经常会忽略的点，随时保持探究的心态，这样很多与事件主题相关联的事物和人物就会在好奇心的驱使下被发掘出来。

（二）练就一双“火眼金睛”

客观报道一个新闻事件，需要纵深推进，更需要出镜者对现场的细节，尤其是和报道点密切相关的细节进行深度挖掘，这样才能够吸引观众，让现场报道出彩。而练就一双“火眼金睛”，时刻保持敏锐的洞察能力，是让报道出彩的有效方式之一。现场报道中经常会遇到时间节点上的报道话题，比如节庆日、春种秋收等，年复一年，如果从同一个角度去报道，自己乏了，观众也会乏，这就需要我们另辟蹊径从细节入手，挖掘出吸引观众的并且有价值的亮点。

（三）学会一些独特本领

首先要会看、会听、会问、会感受。由于受到传播途径的限制，现场报道中学会看、学会听、学会问、学会感受尤为重要。其中，学会感受，出镜记者通过自己的感官体验再传达给观众，能够使现场的信息更加丰富，能让观众如同报道者一样，仿佛置身于现场，感受到现场报道的独特魅力。2015年湖北省随州市洛阳镇爆发了二十年一遇的特大暴雨，洪水肆虐，受灾严重，笔者跟随武警救援官兵一起到达灾区，当时积水最深处足足有两米深，为了能够直观地向观众表达洪灾的严重性，笔者和摄像记者商议后，在保证安全的前提下，站在接近一米深的水中进行报道，通过自己的身高来类比水深，这是记者要学习的“四会”当中比较重要的一点。

其次要培养团队主导能力。跟随出镜记者一起外出报道的，往往是一个团队，或者是一个报道小组，现场报道工作基本上是以出镜记者为中心开展，摄像师会围绕出镜记者来服务，这也就要求主播或出镜记者必须具备较强的主导能力、协调能力以及组织能力。

（四）铸造一种工匠精神

哪里有新闻发生，哪里就有新闻工作者的身影，这也要求新闻报道者时刻处于备战状态。和新闻主播坐在演播室不同，在天灾人祸面前，需要出镜记者勇往直前，抢占第一时间，这也是对体力的考验，必须要有一个强壮的身体和不怕吃苦、不怕艰辛的精神，这样才能够保证良好的工作状态，在镜头前呈现出较好的精神面貌。

二、“静”变“动”

新闻主播原本的主战场是在室内演播厅，安静、明亮、工作起来有条不紊，具有稳定性。可一旦奔赴新闻一线出镜报道，走向室外，遇到喧嚣复杂的环境以及太多的不确定性，要求快速地融入第一现场，冷静、客观、迅速地着手工作。由“静”变“动”，也要注意“动”的技巧和方法。

（一）景动

1. 选择出镜背景

室内演播厅背景比较固定，已经模式化。出镜报道的背景需要出镜记者根据出镜内容来选择，背景要符合报道主题、突出重点、营造氛围。力争要做到景动人动，丰富报道的动感，增加现场感。

2. 巧借出镜道具

在笔者看来，道具出现在现场报道的画面当中属于景动的一种形式，“一镜到底”是目前比较受欢迎的现场报道形式，但对出镜记者的归纳能力、总结能力，特别是记忆能力要求很高。室内演播厅会有提词器帮助记忆，而在条件苛刻的室外新闻现场，短时间内做好现场报道又要求将口误降到最少，巧借出镜道具是帮助我们记忆的一个非常不错的选择。

汉十高铁是随州市乃至湖北省重要的惠民工程。在工程收尾阶段，笔者和同事一起采用“一镜到底”的方式进行现场报道，内容需要介绍背景、沿途经过的城市，以及工程中的许多专业术语，且时长需要控制在6分钟左右。为了帮助记忆，我借用了高铁站的绘画图纸，上面标清了各个站点，能很好地帮助笔者进行解说。另外，将专业的工程师以及现场用到的专业工具安排、分布在行进中的各个点，一是提醒自己有序进行解说，二是通过对道具的疑问，来引导采访对象回答观众疑惑的问题。

此外，一些专业的道具可以为记者的现场报道锦上添花，比如“高温下的劳动者”系列报道，我们经常会口头介绍室外的温度，来突出劳动者的不易，如果仅凭口头来描述室外的温度，缺乏可信度，拿上一支温度计，镜头给出气温的特写，可以让观众更加信服。

（二）人动

1. 舌头“滑”起来

现场报道经常会受到现场环境限制，需要出镜记者“一次过”。舌头“滑”起来，需要我们在严峻的环境下，有一个出色的口语表达能力和语音基本功，“口头写生”是锻炼出镜现场报道语言描述和表达能力的方式之一，通过练习提高对现场环境的描述能力，让报道更加出彩。

2. 表述“亲”起来

出镜记者所处的新闻现场环境不同，所应有的语体和语感也应该是不一样的。表述“亲”起来，意味着出镜记者在报道中要考虑观众对信息的接受能力，在遣词造句上要通俗易懂，直白常用。[①] 报道时，语言应该生活化、亲民化，上口入耳、通俗易懂，多讲真感受，少说不说空话套话，多贴近事实。

3. 体态语“活”起来

“广义的副语言，包括一些非声特征，比如表情、手势、视觉接触等；

① 张超:《出镜报道》，中国人民大学出版社2017年版，第38页。

体态语包括动作、姿势等”。[①] 记者出镜报道，除了语言以外，副语言、体态语的表达也是观众接受信息的重要途径之一，记者的感受会直接影响受众的感受。虽然说作为新闻记者需要客观，但是也不能在现场太安静或者产生不合时宜的表情。

其实，在多数情况下，出镜记者必须做到真体验、真感受，这样所传达的信息会更准确，比如端午节包粽子、元宵节煮汤圆、风筝节做风筝、高温下的劳动者，记者体验各个岗位，这些都是非常真实的东西，观众也更加容易接受，也更有说服力，更有看点。

4. 服装“协调”起来

演播室内的服装整体比较统一，新闻主播一般以西装为主，但是走向现场风格跨度会比较大，西装、生活装甚至是特别的装束，只要是符合新闻现场需要。比如跟随领导人出镜，西装首选；深入群众的出镜以生活装为主；而走进特殊岗位，比如建筑工地、厂房车间、抗洪一线等，都需要穿着特殊的服装或带着特殊的道具防护服、安全头盔等。当然，除了服装之外，化妆也需要更加亲民，以干净、整洁为主。“符合现场需要的穿着才能真正体现现场感，才符合观众的收视心理”。[②]

出镜记者的任务相对于新闻主播来说比较辛苦，需要担任出镜记者的新闻主播拥有一个强大的内心。但是，“现阶段的电视新闻主播仅仅具备优雅的气质、靓丽的外表、清晰的口齿是远远不够的。一个好的新闻主播首先要是一名优秀的记者，要具备新闻从业人员必须具备的专业素质”。通过对新闻一线的了解、认知、锻炼可以让新闻主播工作起来更加得心应手，为出镜和室内演播厅的播报储备更多的业务能力。

（随州市广播电视台　陈烁）

① 梁茂成：《副语言初论》，《徐州师范学院学报》1994 年第 2 期。

② 陆蓉：《电视出镜记者的礼仪形象探析》，《大舞台》2013 年第 8 期。

论记者现场报道如何体现“感同身受”

当今社会，各种传播方式层出不穷，电视新闻直播想要在众多的传播方式中占据一定的地位，就必须具有独特的优势和特点。新闻直播通过讲故事的方式表达出来，就能克服死板、生硬、单调、枯燥的毛病，变得吸引人、打动人、感染人，使新闻直播易于传播，更具传播效力。

一、直播准备

（一）注重培养扎实的新闻素质

当前信息社会，各种资讯、消息铺天盖地，传播方式日新月异，新闻现场直播有很多都是突发事件，必须在规定时间内将新闻信息传递给观众，使观众能充分及时地获知新闻信息。因此，现场直播对新闻记者要求高，考验记者的综合能力。要求记者必须要在平时注重知识的积累，练好基本功，做到有备无患，厚积薄发。首先，扎实的新闻理论知识是新闻记者的必备条件之一，心理学、法律学、社会学、天文学、地理学、生物学基础知识也要掌握，人文环境、地域风俗等各种常识更需要信手拈来。以央视财经报道《直通现场　阳山桃花节：创新田园综合体》为例，在直播中，新闻记者不是单纯地报道桃花盛开、春耕开始、果农辛勤劳作的表象，而是引导观众一步步地深入事件，现场体验桃农的生产过程，进而深度报道阳山水蜜桃这一名优水果销售模式的创新，聘请“桃农经纪人”，实现“互联网 +”，进而列举销售的具体数据，整个新闻报道翔实生动、内容丰富，充分展现了新闻记者扎实的功底。实际上记者在此前首先详细了解了农业生产管理的过程，还做足了市场营销、互联网等方面的功课，深度挖掘新时代田园综合体创新致富的典型案例，真正做到了“抓共鸣，讲故事”，使观众“感同身受”。

（二）做一个有心人，摸清新闻直播的“密码”

事物其实都是有规律可循的，新闻像小说一样，其实也是有“情节”的，在直播节目中，事件是通过人和环境的相互作用表现出来，而事件的高潮即是其中一个个的“节点”，想要抓住吸引人的节点，就需要新闻记者有敏锐的新闻捕捉力。事实客观存在，但有些事实要去发现它、把握它、挖掘它。这就要求记者要做好充足的功课，例如提前去直播现场，去找新闻当事人了解情况，做好采访方案，善于捕捉一个个细节等。现场直播也许不缺少图画场景，但如何将一个个场景解码，演绎成一个个生动感人、引人入胜的故事，则是需要新闻人勤于思考、善于观察，敏锐把握的。

二、事件现场

（一）真实性是新闻直播的关键

在现场直播时，新闻记者要严守实事求是的原则，新闻报道中的每一个要素都必须真实，新闻背景的介绍包括事物的发展变化以及与其他事物的联系必须真实，情节描写、人物的语言、心理活动、思想变化的介绍必须真实准确，尤其要注意去把握事物的真实发展趋势，做到局部真实和整体真实的统一，合乎客观事实本身的逻辑。另外，出镜记者要在最短的时间内了解事件的核心问题，使自己的报道时刻围绕这一核心，这样才能完整地还原事实。

（二）聚焦内容的实用性

直播新闻的工作团队必须充分考虑到“贴近现实，贴近观众，贴近事实”，只有深刻分析作品独特的社会价值、深刻含义，充分考虑到新闻的时代性、实际性、实用性，才能在直播的时候，有层次、有深度地引导观众，这样做出来的作品，使人身临其境，可以直抵人心。例如，央视财经报道

《直通现场　东莞大朗毛衣节》，消费者热闹淘毛衣，这个报道可以说选题上就占据了优势，选择了“衣食住行”中的第一位“衣”，每个人都要穿衣的，大部分的观众就有兴趣继续看下去，接着，记者又深入介绍，东莞大朗作为中国最大的毛衣生产地之一，又勾起了观众的兴趣点，毛衣生产量、销量大肯定有它的优势，记者就自然地进入现场，采访摊主，通过摊主的介绍，观众可以了解到大朗的毛衣生意兴旺的原因——款式多，紧跟时尚潮流，所以能够成为著名的毛衣市场。这则新闻用情感化对新闻报道进行“软化”“柔化”，注重“民生味”，使主题报道做得更耐看，更有说服力，收到以情感人的效果。同时，它尝试了故事化表现手段的运用，使新闻的展开过程充满了魅力，使报道更加耐看，进而吸引观众，激起共鸣。

三、其他需要注意的问题

（一）必须把握好电视新闻文字稿的作用

有人形象地把电视比喻为“窗口”和“讲坛”，站在这一“窗口”和“讲坛”教学的就是我们的出镜记者，通俗易懂的教案非常有必要。因此，在写新闻直播解说词的时候要充分考虑声音。首先，新闻解说词要给画面留出足够的空间，新闻画面反映出来的信息，观众能够直接捕捉到的，就不要多说，要给观众充分的空间去感受场景，使观众身临其境。其次，新闻记者在短时间内背诵或者解说大段的新闻稿，如果解说词过于书面化，就不便于记忆，也不能与观众在情感上得到共鸣。因此，在解说稿的语言处理方面，一定要下足功夫，用通俗易懂、简明轻快的语言，可以考虑多用短句式，少用冷僻字、拗口字、叠音词，便于解说员记忆理解，且留给观众充分思考的空间，进一步提升现场直播的传播效果和感染力。

（二）加强团队协作，做好新闻主体的拍摄设计与选择

1969 年，著名传播学者丹尼斯·麦奎尔的研究表明，观众接触电视内容，有四种基本的满足类型，即心绪转换效用、人际关系效用、自我确认效

用、环境监测效用。通过麦奎尔的观点，我们可以了解到，在电视直播中，观众可以获得与自己生活直接或间接相关的信息，为自我评价提供参考体系，来协调自身的行为，或者得到思想上的释放，通过主持人产生“朋友”或“熟人”的感觉。而这些满足感的获取，与直接产生交流的“面孔”息息相关，在直播报道中，新闻记者就成为了这样一个交流主体，因此，题材的选择要有一定实现的可能性，要贴近实际。在拍摄过程中，要做到心中有数，要考虑新闻的进展情况、后续报道的潜力，特别要考虑一些突发情况，诸如天气变化、人为因素等，在确保真实性的基础上，给观众带来如同直接在现场的感受；新闻画面要流畅自然，新闻记者要落落大方、侃侃而谈，带给观众舒服自然的感官体验和视觉效果；要做充分的准备，提前与受访者进行深入交流，帮助他们克服面对镜头的紧张情绪，了解他们的基本情况以便面对突发情况时可随机应变、游刃有余；要始终保持与采访对象之间的新鲜感和默契，挖掘出感人、鲜活的内容。

“抓共鸣，讲故事”是做好新闻的关键。好的新闻给观众身临其境的感觉，带给人独特的感官体验。央视新闻主播康辉曾经这样说过：“点点滴滴的温馨，丝丝缕缕的感悟会让人生变得充实、活泼、甜美和有趣。”电视新闻采访是一项具有挑战性的工作，“感同身受”考验新闻记者以及背后的工作团队，只有不断地提升自身的理论素养，在生活中做一个有心人，不断提升自己的综合素质，包括写作能力、解说水平、采访水平等，加上能认真思考采访中的每一个细节，把握每一个关键点，这样才能创作出一部真正好的新闻作品。

（广西广播电视台　汤婧）

真实体验增强现场报道感染力

现场报道，不仅是对一个新闻事件的简单描述，为了抓住观众的眼球，也需要故事性的情节在里面，尤其对于现场没有冲突或冲突不激烈的新闻报道，更需要预先进行故事性挖掘，当然这种挖掘并不是脱离新闻事件本身的客观真实性。那如何增强现场报道的故事性呢？做好真实体验就是一种行之有效的方法。

一、真实体验增强现场报道故事性

现场报道分为直播型现场报道和非直播型现场报道，在出镜记者的真实体验中，也会略微有些不同，首先来看非直播型现场报道。

非直播的形式决定了其中的真实体验环节，要在挖掘好体验内容中、在排练好体验程序中，可以做到精心设计和策划，当然，这种设计和策划不是脱离事实本身，而是把要体验的事实用简单的电视语言讲述得更透彻。拿笔者做过的一篇现场报道为例，为了体现青岛开发区实施新旧动能转换工程所取得的成效，记者选取了青岛开发区的一家挖掘机械制造企业作为典型，这家企业的挖掘机产品在行业整体下滑状态中逆势增长，原因就在于挖掘机械操控简单、灵便、易上手，使客户不用雇用老师傅就可以进行运营。那怎么在新闻报道中体现出挖掘机械的这种优势来，记者在跟企业研发人员深入交流中得知，这种机械就是为零操作经验的人研发的，其中包括女性。与以往的现场报道不同，如果按照以往的模式，由出镜记者对挖掘机的性能进行简单的平铺直叙，这种模式非但不好看，反而让观众觉得有广告嫌疑，于是记者便设计了让女性出镜记者临时学习挖掘机操控并在现场报道中展现这个真实体验环节，由女性出镜记者一个人在驾驶室内操作，前进、后退、上扬、下挖、转圈等，结束这一连串的镜头组合语言后，出镜记者再在镜头面前说出自己的真实感受，最终报道出来之后，不仅让编辑、同事们大吃一惊，还在社会上起到不错的宣传效果，原来，插入真实体验的现场报道，会让新闻这么出彩。

而对于直播型现场报道，由于其即时性更加吸引眼球，而要让这种吸引力放大效果，则需要出镜记者能够更好地把握现场，加入自己的真实体验，由记者说出观众想了解的内容，从而达到与观众共鸣的效果，这样的现场新闻更容易得到观众的认可和喜欢。直播型现场报道决定了出镜体验记者没有重来的机会，必须一条过才行，不然会出现反效果。尽管如此，这也并不限制出镜记者不做任何准备。出镜记者在直播连线的那一刻前，必然经过一个交流、认识和熟悉的过程，就在这一过程中，出镜记者便可以提前对报道中的真实体验内容和过程进行预演，“凡事预则立，不预则废”，无论是现场的有形预演还是脑中的无形预演，都会减轻出镜记者真实体验的压力，使整个直播过程更加流畅。同时，为了能让出镜记者真实体验更有张力，这就需要多个机位和演播室的支持（具体内容将在下文论述）。

二、如何在现场报道中做好真实体验来提升报道的故事性

（一）抓取体验细节“以小见大”

细节抓取是新闻采访报道中的常用方法，典型意义的细节抓取则会让报道更加出彩，起到“以小见大”的效果，新闻报道不是纪录片和科教片，不可能一一列举、项项具陈，唯有围绕报道主题，抓取最贴近的和最典型的细节，才能使报道更加吸引眼球。而这种细节抓取的方法同样适用于现场报道的真实体验。

从主观层面讲，记者发现新闻要靠敏锐的观察力，当然，这是一种长期的、有意识的训练结果，在每次新闻采访中，都要锻炼这种能力，要做到精细观察，同时与被采访对象深入谈心、交心，善于倾听，善于抓取。

对于非直播型现场报道来说，这种细节抓取容易得多，因为出镜记者可以跟被采访对象有一个时间较长的交流过程，同时也能够让被采访对象给出建议：在整个新闻事件中，哪一个代表性的细节能够被记者真实体验一下。举例来说，在2018年第28届青岛国际啤酒节上，青岛的一家老字号企业推出一款啤酒伴侣的特色小吃，在与企业相关负责人交流过程中，记者得知这一小吃具有辣味和海鲜味。在现场报道中，如果没有真实体验，就是出镜记者的平铺直叙，手中拿着产品，直接介绍产品的味道和特点，这种方式的广告推介味浓重，观众在看新闻时很厌烦这种形式。然而，如果加入记者体验的话，出来的效果就会不同，记者在介绍小吃过程中，亲自尝几口，然后被辣出的那种表情，以及后续喝啤酒解辣的这些细节镜头抓取，让这个现场报道更加趣味横生，效果就要比平铺直叙的现场报道方式好很多。

形象化、视觉化的细节能够带给观众一种心理上的认知体验，刺激观众对新闻的记忆力和理解力，强化新闻报道的传播效果。电视新闻报道属于视觉艺术范畴，镜头语言的细节把握，在现场报道真实体验环节的细节抓取中，也会起到事半功倍的效果。同样以记者体验上述辣味小吃为例，在镜头上，要拍到记者的面部表情，再把镜头推上去，拍到记者脸上辣出的汗珠，以及记者快速拿杯喝啤酒的动作和最后喝下去的爽快感，几个镜头的罗列不用言语来描述，观众也能够看懂，但是如果没有这些细节特写镜头，记者就需要用言语内容来补充，效果就比前一种形式要差一些。

（二）多机位和演播室支持真实体验更富层次感

对于直播型现场报道而言，要让出镜记者的真实体验更富吸引力和层次感，多机位拍摄和演播室导播的密切配合，是必不可少和行之有效的一种手段，从本质上讲，这也是抓取细节故事的一种技术体现。

在出镜记者的真实体验过程中，记者的所有动作都需要全景、中景和特写镜头来捕捉。尽管这是直播型报道，但也需要简短的预先设计和策划，对每个机位进行分工，哪个机位拍特写，哪个拍中景，哪个拍全景，都要预先分工，不能出现相同时候大家都在抢拍一个景别的情况。在这里要注意的是对特写镜头的把握，因为要突出记者的真实体验感受，特写镜头就显得非常重要，特写镜头实质上就是细节的抓取，所以特写镜头要抓取到出镜记者体验到的真实表情、真实动作表现和动作指向。当然，整个体验过程和拍摄过程要进行两到三遍的预演，而这也要求演播室的导播人员，对整个体验流程和拍摄镜头的排序了然于心。

（三）摄像师与记者默契配合提升视觉效果

电视摄像在图像基本要素的把握、各种现场的创作，很大程度上决定着电视作品的好坏，电视新闻同样重要。这也是电视新闻与纸媒相比的重要优势所在，所以这也是为何要单独把摄像配合提升视觉效果单独拿出来说的原因。在直播型报道中，摄像师与记者的默契配合尤为重要。例如新闻镜头的画面中景别的处理，就要看记者与摄像师的沟通默契。默契的配合能够在画面中呈现有效调节画面，提升观众的视觉效果，让观众更为客观、明确地感受到现场的情况。这也是为何直播开始之前记者和摄像师要到现场踩点、反复排练的原因之一。

同理，在非直播型现场报道中，仅仅是出镜记者用语言来描述现场的情况并不能体现出电视的优势，这时就需要摄像师用摄像机或者航拍机等设备，将更多现场的情况交代给观众。例如在2018年第28届青岛国际啤酒节，出镜记者想要介绍周边的热闹场面，除了用传统的摄像机一个机位之外，在出镜的同时，插入一路航拍机记录啤酒城内人流如织的场面，远远比记者说“今日入场人数达10万人”更能让观众体会到现场的热闹非凡。

电视新闻现场感是电视新闻真实性的体现，也是电视新闻的魅力所在，除此之外，电视新闻现场报道还能带给观众参与感，它更加考验新闻工作者在现场的判断力、现场把控能力和叙事能力。当然，这种报道方式需要更多的人力、物力投入与协调配合，还需要我们继续努力学习探索。

（青岛市广播电视台　魏东　付秋鹏　孙梦瑜　毛巍璁）

体验式采访的操作策略与价值初探

随着互联网技术的发展，传统媒体受到新媒体冲击，大众传播呈现出向融媒体发展的趋势。顺应媒体融合发展的趋势，电视不仅需要在平台方面进行跟进，内容也需要进行调整，体验式采访是电视专题节目进行融媒体传播的重要抓手，这对节目制作者在操作方式上也提出了更高的要求。

体验式采访是指记者直接投入所要报道的新闻事件中去体验，以获得新闻报道所需要的素材，以及对新闻事件的认识。在整个采访过程中，出镜记者作为参与的主体，需要向观众呈现一个鲜活的、动态的事件现场，并将自己的体验、感受进行全方位展示，传递出与报道主题相关的信息量。

在专题节目中，出镜记者置身于事件现场，既是对新闻的深度挖掘，也是对事件的丰富延展，其优势在于调动电视化表现手段、全方位展现一个与事件相关的主题。围绕主题定位，出镜记者需要去思考如何架构一段体验式采访、在节目中所表现出的可看性和趣味性；如何以更加直观的方式去彰显内容的丰富与深刻。

和普通采访不同，体验式采访通常是将采访融入一个正在进行，或即将进行的事件当中。因此，采访过程充满了动态变化，是一个进行时的状态，这对出镜记者提出了更高的要求。要想让一段体验式采访呈现出现场性、趣味性、可看性等特点，无论是前期准备还是拍摄过程，都需要记者做足功课、用心发现。

一、体验式采访要注重内容筛选

在专题节目中，哪些内容适合进行体验式采访，需要记者做出筛选。体验式采访的内容筛选，第一，取决于栏目的定位以及本期节目的主题。作为贯穿节目的主要角色，出镜记者需要具备较强的逻辑思维能力。纵观一段体验式报道在整期节目中承担怎样的角色、突出哪些重点、传递哪些信息，不能只是将视角局限于“体验”二字。出镜记者在逻辑上有清晰的认知，才能在采访中有明确的指向，防止出现主题偏离。体验式采访要满足观众的求知、节目的精彩，也要紧扣节目主题、符合主线报道。

第二，选择适合角色参与互动体验。没有“体验”就没有体验式采访。体验式采访要求记者在事件中，临时扮演或充当某一种角色。正是因为有了体验式的采访过程，观众才会和出镜记者一样对未知的结果充满期待。

第三，全面了解，有备而来，做到传播内容的价值最大化。在一些活动类的体验式采访中，因为现场受到各种不可控因素的影响，会出现无法预设、预知以及不可重复的情况。对于此类活动性质的体验式报道，出镜记者想要做到最大程度的可控，就需要提前做好预案，这也是一名专业记者应该具备的职业素养。首先，在拍摄前，记者要对资料进行全面的了解、熟知以及信息梳理，在与主题相关的各类庞杂信息中做出判断，既筛选出哪些是观众最想了解的信息，也能为整期节目增色添彩。其次，出镜记者还要对体验的现场进行提前踩点、和摄像沟通好拍摄的方式、机位的摆放以及各环节、各工种的配合对接。只有做到有备而来，才能对无法重复进行的现场尽可能地掌控；才能在事件进行的有限时空，尽量调动现场的鲜活、把控采访的节奏，最终做到传播内容的价值最大化。

二、体验式采访要突出采访“体验”

（一）深入与生动

在专题节目中，体验式采访为记者提供了一个天然的平民化视角。所谓“内容提上去就要记者走下来”，其意思就是指记者需要深入基层，脚踏实地。而体验式采访，恰恰为出镜记者提供了深入现场的机会。做好体验式采访首先要做到“深入”现场。“深入”不仅需要记者描述出看到了什么，更需要记者参与其中，以怎样的角色做了些什么，以及在这个过程当中感受到了什么。突出体验式采访的“深入”，记者首先要做到和现场进行一次最亲密的互动。在一个事件现场，记者选择什么样的方式进入、现场的核心又在哪里，这些都决定了体验是否能够深入到位。生动的现场表达，源于深入的体验；深入的体验，也需要生动的表达去突出主题、画龙点睛。只有深入的体验，才有生动的表达。

（二）细节捕捉

对于专题节目来说，一期节目通常需要从不同的人物、不同的视角、不同的内容，来反映同一主题。作为现场报道的衍生体，一段精彩的体验式采访，同样需要从细节入手。而细节的识别与抓取，也体现了新闻工作者的专业性。对于细节的捕捉，既需要出镜记者平日长期的专业积累，也需要拍摄前短期的信息采集。只有全面深入地了解采访内容、明确采访主题，才能对新闻现场随时可能出现的、与主题相关的任何细节，进行敏锐的识别与捕捉。在体验式采访中，细节通常是指主题中的事件支撑。以 2018 年 8 月 13 日央视财经频道《生财有道》栏目播出的《生态中国沿海行：走进浙江舟山》为例。该期节目的主题旨在报道如何利用沿海的生态资源，发展特色经济。在拍摄过程中，记者被海滩上的一群孩子所吸引。他们每个人都身着一件印有垃圾类型字样的荧光背心，每个人都拿着一个大大的袋子，穿梭在海滩惬意的游人中，默默捡拾着垃圾。记者了解之后得知这是由当地百姓自发组织的志愿者群体，他们每周都会进行一次净滩行动，对捡拾的垃圾进行分类整理。其初衷就是希望尽一己之力保护沿海生态环境、守护赖以生存的家园。记者敏锐地捕捉到了这一幕，并进行了体验式采访。在生态海洋建设中，他们是默默奉献的普通人，他们却展现出了沿海人最真实的生活状态以及他们对“生态”最深刻的解读。对体验式采访的细节捕捉，把一个国家层面的大问题浓缩到了个人的体验上，从点到面、由小及大，传递出的是一期节目的态度和立场，也是一位出镜记者对新闻现场的深刻理解。

（三）五感全知表达

出镜记者需要用更加细腻的情感去触摸整个世界。在事件的现场，应该全身心地调动五官感受去感知现场；用自己最真实的感受，在体验式采访中传递出关于现场的全方位表达。

针对不同的内容、不同的现场，记者可以调动五感中的不同知觉，尽可能还原一个关于全知体验的现场：通过视觉看到了什么？通过听觉听到了什么？通过嗅觉闻到了什么？通过味觉尝到了什么？通过触觉感受到了什么？以美食类节目为例，近几年来，美食类节目也成为传统媒体与新媒体吸引受众的金字招牌。在此类节目中，出镜记者的五感全知表达在体验式采访中的作用尤其凸显。对于一道精心制作的美味，出镜记者需要调动自己对于食物最大的热情以及舌尖最敏感的味觉，去认真体验、用心思考，究竟什么样的文字才可以承载一方风味美食的独特？通过体验式采访的五感全知表达，最能直观呈现出一味美食的精华所在。例如，在2016年12月1日央视财经频道《生财有道》栏目播出的《财智农家味系列——一方风味八方财》中，出镜记者品尝凉拌干巴菌，用“嚼起来脆脆的、很有质感”形容口感，用“慢慢渗入口腔的鲜”形容味道，用“感受到了土壤、阳光、水分，一切大自然的味道”来总结一道美食在五感知觉中的全方位体验，其目的就是想表达“最美的食物莫过于大自然的恩赐”，以此来形容食材的生态天然。在不同的场景中，出镜记者可以传递出不同的情绪反应。五感全知的表达通过体验式采访，让专题节目的内容更显丰富。以2018年8月13日央视财经频道《生财有道》栏目播出的《生态中国沿海行：走进浙江舟山》为例，笔者作为出镜记者参与了海钓体验。虽然节目只需要呈现海钓的内容，但在体验海钓之前，记者需要乘船两个多小时抵达深海。一路风浪需要忍受晕船的痛苦、需要克服对大海的恐惧。正是有了之前乘风破浪的辛苦，在记者抵达深海之后才会有更多的感触。除去海钓之外，记者看到的生态海景、触摸到的深海气息等，五官对于深海行的全知感受，都能让海钓的体验更具魅力，让关于海钓的体验式采访更有深度。只有把最真实的感受传递给观众，才能引起观众共鸣。通过对五感全知形象的描述，一段抽象的感觉在观众心里有了具象的概念。在调动观众兴趣、拉近距离的同时，也能增强出镜记者的亲和力。

三、体验式采访要处理好客观与主观的界限

“体验”本身是一种依托于现实的主观活动。因此，记者的体验一定离不开主观活动的范畴。在体验式采访中，出镜记者要基于新闻的客观性，对事实及现场进行真实准确的陈述。在描述事实的基础上，表达出个人的主观感受，对事件现场进行适度渲染。同样，以笔者参与拍摄的“生态中国沿海行”为例，在体验海钓的过程中，特殊的场景、特殊的体验让记者生发出很多特别的感受，记者将自己内心细微的活动变化，以描述的方式表达出来，其实就是在展示客观事实的基础上，进行了主观的渲染。适度的渲染可以让事件现场更加饱满。但是在渲染个人主观情绪的同时，切记不能喧宾夺主。与客观事实相比较，主观感受只能算作锦上添花。

只有把握好主观和客观的界限，才能让体验式采访做到既有事实，也有态度；既彰显栏目特色，也凸显节目主题！同时，适度的主观感受，也有助于形成出镜记者的个人风格，让记者成为节目的特定符号，增强专题类栏目的辨识度。

在融媒体时代，新内容和新元素层出不穷，但是作为主流媒体的记者，要有与时俱进的创新，也要有坚守职业素养的执着。内容是传播的基础，新媒体的传播也需要专业的内容，体验式采访这种“技术含量高”的视频内容，在融媒体时代一样是稀缺资源，注重体验式采访有利于电视专题节目在融媒体中的传播。

（中央广播电视总台　田苗）

基于受众心理的新闻现场出镜创新模式探索

在技术的推进下，电视媒体的新闻表现形式正在逐渐改变，从传统的全演播厅发展到现在的演播厅与新闻现场互动；尤其是在重大主题策划或是突发新闻现场，记者出镜报道的频率越来越高。在新闻现场，出镜记者是核心信息的传递者，他们身处新闻现场，既是新闻现场的观察者，更是观众视角的替代感受者，通过对新闻事实的描述，既拉近与观众之间的距离，同时带来更直接的真实感，逐渐成为新闻的"亮点"，通过正在进行时的表现方式，带给受众更多的视觉听觉的综合美感。在苏联纪录片导演狄加·维尔托夫的"电影眼睛"理论中，"电影眼睛"可以理解成具有建构性的，既像人的眼睛，又超越了人的眼睛的摄影机镜头。类推到新闻现场，记者的出镜呈现与纪录片的视觉呈现是相通的，都是追求对新闻现场更多信息的捕捉。

一、现场报道对影响受众收视的心理分析

通过对福建宁德某高校100名大学生的时政新闻收视情况进行对比分析，发现有92%的大学生对时政新闻的首要印象为枯燥无趣。但通过引入出镜新闻（尤其是策划类重大新闻的出镜）对比后，大学生的收视意愿发生了较大的改变。湖南新闻联播的主旋律新闻策划《直播奉嘎山》，因为出镜记者的灵动大气、信息含量大、形式多元，为新闻增色不少，几乎改变了所有学生的收视意愿。而其他卫视的时政新闻尽管都有记者出镜这一形式，但方式传统、表现形式单一，大学生的观看意愿度在测试前后并无变化。

二、忽略受众心理的出镜行为分析

（一）机械背诵

在时政新闻的各类主题新闻中，出镜记者习惯于先入为主，准备好出镜解说词，从内容来看，也一般是对现场的宏观描述；从语言表述方式来看，只能说是完成了“要说的内容”，而且同时还带有宣讲的口吻，容易被观众嫌弃，这样的出镜具备可替代性，新闻也会因此被贴上枯燥无味的标签，辨识度不高。

（二）信息缺失和表达的逻辑性缺失

这种情况较多出现在直播节目的现场报道中，会出现演播室主持人与现场记者尬聊或者在有限时间内不能表达出核心信息的情况，出现这种情况主要是记者的专业素养及心理素养受限。

（三）表现方式单一

在一般的新闻现场，因为新闻主题内容等都可预见，为了保证语言的完整性和流畅性，部分出镜记者会提前准备好出镜文稿，表现的形式多为画面给上半身镜头，语言的组织架构基本为“我现在是在 ××，大家可以看到……”部分时政新闻还会采取略微走动的模式。这与记者出镜增强与受众之间交流的初衷是背道而驰的。

三、时政新闻创新出镜的传播过程及方式分析

（一）共享式传播方式

共享这一说法最初多见于经济领域如共享经济，在时政新闻的出镜中，要求出镜也具备共享意识——借助镜头与受众共享在新闻现场所见所触所闻，如湖南新闻联播 2018 春节策划《直播奉嘎山》中，将春节期间热闹富

有特色的过年习俗中“吃”“喝”“闻”通过男女出镜记者的唠家常式的对话，共享式地将过年的温馨美好传递给受众，让整条新闻洋溢着温情。

（二）记者出镜的语言符号分析

将看得见的现场与隐藏的现场同时呈现。看得见的现场，是新闻现场带给受众的直观感受，是基础信息的传递；而隐藏的现场则是新闻内涵的延伸，通过可视可听可感知的方式让受众在最短时间内实现对信息的消化吸收。

（三）记者出镜的非语言符号分析

美国心理学家艾帕尔·梅拉别思通过实验表明，在信息传播总效率方面，语言文字传播信息只占 7%，也就是说，作为信息的传播者，必须把非语言传播方式摆在重要位置。在新闻中，出镜记者要调动受众的视觉、嗅觉、听觉等多种感觉器官的参与，全方位提升信息的传播效率。在新闻现场提问中，出镜记者还可以通过手势以及语音的轻重等对某些信息进行突出强调，以引起受众的关注。非语言符号还体现在记者的造型、语言、着装上，在不同场合的不同着装带给受众的代入感是完全不一样的。

（四）串联现场的逻辑思维能力

电视新闻传播的线性特点注定了在新闻事实的呈现过程中有先后主次之分。元素不可能单独呈现，需要有机组合，以整体的形式呈现出来。呈现的方法有多种多样，记者可以根据叙事的逻辑把来自现场的元素串联起来，也可以在一个场景中让不同元素同时呈现，甚至还可以通过自己的体验代替观众来进行感知与表达。

四、提升传播效果的出镜传播策略

（一）精选合适的现场细节，提升新闻的立体表现力

在以主旋律为主的时政新闻中，不管是宏大的主题还是民生化的新闻现

场，能否精选合适的主题表现细节是优秀的出镜记者必备的素质之一。在选择好细节之后，接下来的重点在于出镜记者通过什么样的角度，以现场代入的方式，通过语言和非语言方式去呈现现场。电视新闻通过现场声音和画面再辅以出镜记者的代入式表现，将新闻现场的温度、味觉等立体传递给观众，画面也因此变得更富表现力，新闻也得以实现多层次多感觉的体验表达。

（二）借力科技，实现视觉形式的多元化

在部分学者看来，“当今世界已经进入了以图像（Image）为中心的时代，视觉在文化中扮演着极其重要的作用，甚至直接成为文化的主因”。在这个“视听时代”，我们对于世界的理解，对信息的解读的方式和手段，越来越依赖图像与视觉。

新闻要获取受众更多的注意力经济，除了内容本身的地域接近性和心理接近之外，对于处于浅层化碎片化收视的受众来说，其视觉表现形式是收看新闻的诱因[①]，这就要求在时政新闻的出镜中画面对于记者出镜语言的配合度更高，场景设计更为立体。观众可以随着镜头的切换从空中俯瞰，视野开阔；也可以近观，触手可及。空间的变换让新闻画面更加立体，镜头视角仿佛就是观众的眼睛，令人眼花缭乱但又赏心悦目。

（三）提升出镜记者专业素养

在目前省级卫视的出镜记者设置中，在主旋律新闻策划中，部分媒体选用播音员充当出镜记者，尽管其靓丽的外表可以满足受众的审美需求，但受专业素养的限制，其新闻业务水平还有很大的提升空间。因此，部分省级卫视已经开始从专业记者中选择业务能力较强的担当出镜记者，要求记者做到既能出好镜也能写好新闻，成为多栖型记者，这也是今后出镜记者发展的主要方向。

① 周宪：《视觉文化的转向》，北京大学出版社 2008 年版，第 6 页。

（四）语言符号和非语言符号融合，实现“1+1>2”的传播效果

尽管电视新闻具备可视化特点，但对于受众来说，仅仅“看”不能满足对更多信息的追求，出镜记者此时的作用在于将新闻现场看似杂乱无序的状态通过具体可感知的语言让受众产生获得感。这个信息的传递以接收类似于导游的解说为目标，在没有导游的环境中，游客只能单纯看风景，同时结合自己有限的知识对景点的内涵予以内化，但如果有导游的讲解，通过组织化的系统语言，信息的接收逻辑性更强，信息含量也更多，整个旅游的过程趣味性知识性也更足。现场报道的新闻也是如此，通过出镜记者语言的引导，吸收调整受众的信息聚焦方向，通过非语言符号的补充，受众对于整条新闻甚至是整个新闻栏目的黏合度都会因此得到增强。

（福建省广播影视集团　刘一宁）

如何在现场报道中让观众“身临其境”

电视新闻的现场报道，就是新闻记者在现场通过观察，充分调动视觉、味觉、触觉、听觉，全方位感知，通过实地采访等不同方式，挖掘新闻事实内涵的调查研究活动。在如今无论是大屏电视直播还是小屏网络播出，无论是现场报道、连线报道、调查报道，还是连续报道、重点报道、专题报道等新闻节目，往往正是因为独到、成功的现场报道而让人印象深刻，从而成为名牌品牌节目，不仅提升了节目的收视率，而且会带来很多辐射效应。

采访是新闻活动中的重要内容和重要手段，也是不可或缺的重要环节。新闻采访是否能够取得成功，这在很大程度上决定着新闻报道的成败。也正是这一原因，新闻采访一直是媒体界和学术界关注研究的主要内容和主要对象。在我们平常所见的电视新闻报道中，有的记者是在镜头前侃侃而谈，现身说法；有的记者是与采访对象进行访谈式采访提问，零距离面对面就某一话题或某一主题展开交流，你进我退、你来我往，刨根问底，或者唇枪舌剑，激战甚酣；有的调查类记者深入事件的现场，直面采访对象或者进行追溯式采访：总而言之，形式多样，不一而足。成功的现场采访，才能成就成功的报道，成就成功的节目。因此，成功的现场报道，主要是由记者的现场采访来决定的。但是在新闻的采访现场，记者选择怎样的报道形式、采访方式，并且根据采访对象、采访环境、采访现场的不同，来选择什么样的语态、什么样的语气、什么样的语言表达？和采访对象以什么样的方式进行沟通，以迅速获得采访对象的尊重，做到可以坦诚相待？又如何尽可能迅速地收集汇总采访主题的所有信息，分析利用，形成客观的报道口径？如何与采访对象真正实现平等对话，客观公正地报道新闻事件，让观众有“身临其境”之感？这些都是电视记者需要仔细研究的一些采访技巧问题。通过对部分电视新闻节目中采访方式的学习观察以及多年来在实践工作中的切身感受，对于成功的现场采访报道的技巧总结归纳为如下几点。

一、具备强大的“代入感”和强烈的“现场意识”

每一次成功的采访，每一个成功的现场报道，都要求记者必须时刻有着强大的“代入感”和强烈的“现场意识”。2015 年，“东方之星”沉船事件发生后，各大媒体纷纷赶到沉船事件现场，进行采访报道，在众多现场报道中，央视新闻频道的持续跟进报道独树一帜。记者虽然没有在打捞船的第一线，但是记者在岸边，通过眼睛观察、测试水的流速，观察到江水水位变化和温度的差异，以平稳的语速，客观、全面的描述，将打捞工作面对的难题以及有利方面都做了充分的说明，让观众对有关部门积极有效开展打捞有了全面的了解，成为灾害现场报道中不可多得的亮点。事后在接受同行采访时，这位记者道出了成功的秘诀，就是时刻有“我在现场”的意识，观察现场每一分每一秒正在发生的事情，充分收集各方面信息，真正带来现场的报道。为此，他做了大量的准备工作，不仅请教了很多专家，详细了解现场的天气、水位、流速与打捞工作的关联，关键是对于如何展示这些重要因素，是否能说清楚、如何说清楚进行了仔细的思考，最终选择岸边植物何时露出水面、何时沉入水底来展示水位的变化，用自己插在岸边的旗帜飘动说明风向和风速，用手测试水温来说明潜水员下水温度的选择。这些非常生动的细节，让观众虽然隔着屏幕，但是通过记者的强大“代入感”，都如同身在现场，真真切切感受到事故现场的紧张，救援需要科学进行，时机刻不容缓，但是选择科学准确的时机展开救援，会事半功倍。

二、现场语言表达、语态语势、神情和肢体动作必须协调一致

通过视觉、味觉、触觉、听觉进行全方位感知，采用的语言符号与画面信息同时传递，让观众身临其境。一次成功的现场报道，绝对不能只停留在

事物的表象，只看到外表，而是要深入事物的核心和本质，在深入细致的采访中，通过全方位的感知，各方面的信息，再通过语言和类语言表达，最终服务主题。例如，2008 年 9 月 25 日，世界瞩目的“神七”升天，中央广播电视总台派出了强大阵容进行采访报道，其中新闻频道的记者在发射中心，与演播室连线，进行现场直播。正是由于前期充分的准备，记者的现场报道才准确、生动，尤其在与专家的交流时应对自如，在诸多“神七”升天的直播节目中独树一帜，让广大观众在瞬间就能轻松简单了解“神七”的升天过程。同样，2018 年的首届中国农民丰收节，央视财经频道推出“2018 丰收季”连续报道，央视记者分别在徽州区呈坎和休宁板桥进行直播。其中呈坎选择的是晒秋，村民们将刚刚收获的果实都搬到了晒场上，晾晒在竹匾里，然后挂在竹架上，五颜六色，煞是好看。记者为了让观众对晒秋有更形象的认识，特别走到竹匾中间，一一展示晾晒的谷物果实，数出品种之后，再讲述晒秋的渊源是因为在潮湿寒冷的冬季，谷物果实晒干之后方便保存，保证春耕时节的食物供应，让观众瞬间明白这是徽州人千百年来勤劳智慧的结果。从看到数到摸，再到问到深入采访，现场生动活泼，引人入胜，既让人了解了徽州晒秋的习俗，又明白了晒秋的内容和内涵。在休宁板桥的直播内容是反映山泉流水养鱼带来的山村丰收巨变，记者从一盆盆摆在鱼塘边的南瓜等蔬菜说起，正常情况下，观众肯定还以为这是准备送进厨房的，可是当记者抛出问题，再给出答案是喂鱼的时候，很快就引起了观众的兴趣，他们立即想知道到底蔬菜怎么喂鱼、为何用蔬菜喂鱼。通过现场报道的递进式展示，观众很快明白了山泉流水养鱼作为农业非遗项目，它运用独特科学的养殖方法培育的产品正是当下人们最需要的有机健康食物，而这正成为当地百姓增收致富的重要途径。另外，现场直播通过现场的解说与现场活动的同步进行，让观众迅速感受新闻现场的实况，既没有距离，又达到了真实、可信的传播效果。现场报道也正是因为时效性快、现场感强、信息量大的优势和传播特点，成为最具特色、广受观众欢迎的新闻报道形式。

三、能够适应采访环境的变化，更要有丰富的知识结构和相应的采访技巧

记者不仅要明白自己当下所处的新闻现场的环境，要明白自己怎么采访、采访什么，怎么报道、报道什么，如何讲好故事等，报道不仅要突出“我的位置和视角”，强调“我在现场”，通过眼看、耳听、鼻闻、手摸等方式来报道现场真实的感受，更要有较强的语言组织和表达能力。“报道什么”不仅是对事件发生的时间、过程、现场进展以及事件发生的背景和结果进行概括讲述，还要根据需要进行适时评论，要说得清楚、说得明白、说得流畅、说得客观、说得有道理，要引导观众去看最重要最有价值的东西。2018 年 8 月，由中宣部组织的《大江奔流——来自长江经济带的报道》大型直播活动开启，其中安徽现场直播了关于巢湖蓝藻的内容。记者在现场通过自己汗湿的衣服、看到的绿油油的水面，客观描述身处的环境。展开现场报道后，为了更好展示当下的巢湖蓝藻，他特别用玻璃瓶从湖中舀了一瓶蓝藻水，介绍了气味、颜色和适合蓝藻生长的温度，整个现场生动、形象，似乎隔着屏幕都能闻到蓝藻水的臭味，充分说明了当下蓝藻暴发的形势非常严峻，蓝藻的治理已经刻不容缓这一主题。受中宣部委托，美国彩虹电视台盛夏时节开始在黄山等地摄制专题片《徽州 2018》，展示我国发展成就。节目选取美国旧金山州立大学学生在黄山等地研习徽州文化，体验中国改革开放 40 年的发展成就，展示中国在改革开放以来，利用文化和独特的自然景观发展现代旅游业，实现经济腾飞的图景。在拍摄中，旧金山州立大学的学生们走进墨厂体验徽墨制作；和歙砚大师研习砚雕；在茶馆里学习茶道表演；徜徉千年老街，品味旅游新业态。彩虹电视台的记者和学生们一起，不仅对学生们的研习进行详细记录，还在现场报道中，以一个学生的视角，充分调动视觉、味觉、触觉、听觉，全方位感知中华传统文化的魅力，记者用简单又形象的语言进行报道，不仅现场的学生们一致点赞，也赢得了中国同行们的肯定。

（中共黄山市委外宣办　赵俊燕）

现场报道中人体全方位感知的融合运用

现场报道成为最能体现电视新闻报道优势的报道形式之一是因为其具备以下突出特点：一是报道者出现在画面所展示的现场环境之中；二是现场的事件正在发生或正在变动当中；三是现场同期声的评述内容与新闻事件保持时间上的同步；四是现场报道的现场感、参与感、真实感和时效性都很强；五是新闻价值与现场事实融为一体，其主体事实在现场发生。

一、现场报道的眼之所见、脑之所想

（一）眼之所见

到达现场最初，眼之所见是人体的“先行部队”。一双慧眼所看到的是最及时有效的信息，从现场流动的画面中找细节、抓亮点，挖出最鲜活的东西。这种能力来源于平时对新闻判断力的训练。在事件本身构成中，整个事件清晰表述的逻辑是什么？哪些是受众所需要知道的信息？哪些是所需信息中别的媒体会忽略的细节？这些都需要双眼在第一时间捕捉与扫描。而这些将为大脑下一步的工作提供必不可少的素材。

（二）脑之所想

在新闻事件发生后，记者以最快的速度到达现场，同时摄像机打开，话筒拿起，眼之所见完成之后，初步的信息入脑，大脑根据眼前正在发生的一切，根据一些细节的变化，进行有效组合。组合的内容是否适当、是否精彩，这来源于新闻从业人员综合素质的体现。特别是对既要现场出像，还要对现场的人员进行采访的时候，记者的功力高下立判。功力深厚者，为报道加分；功力尚浅者，可能会问不到点子上，无功而返。

短短一段即兴采访，逻辑线需要是流动的、变化的，记者根据现场环境、对话内容来随机应变，不断思考提出让对方不能只答“对”或者“不对”这样的问题来，在短暂的采访时间内掏出最大最有价值的信息量。这要求在现场报道中，报道者在眼和脑的组合中要充分发挥自己的专长。学中文的，展文之所长；学新闻专业的，以得天独厚的专业知识来加以滋润；不同专业会各有优势、各有专长，只有综合各方强项才能如虎添翼，再加上工作实践中培养的新闻敏锐性、实事求是的作风、现场把握及沟通的能力，才能让报道翔实且充盈。

二、现场报道的心之所感

现场报道的魅力在于现场画面的呈现。眼之所见、脑之所想完成后，记者还需要在镜头前有好的表达。这一关难倒了不少新闻素养了得，但苦于没有出镜时所需的语言形象优势的记者、编导。这一难关通不过，遇上一些大任务时，也只能将自己要表达的内容“喂”给其他的主持人，出来的效果肯定大打折扣。要想在镜头前流畅地表述，语音是否标准、形象是否好，这些在于其次，最重要的是内心的感同身受。有了眼的观察、大脑的思考，在酝酿好一个大的思路或者是一个宏观的腹稿，做到心中有数后，保持良好的心态，放松的心境，用发自内心深处的真情实感来进行讲述和表达。而心中所感与心中所想是有本质区别的，心中所感指的并不是想到什么说什么，而是有了充分准备后，用内心积极、主动的状态去表达，讲事实、说真话、说人话。我国古代战国时期的哲学家、文学家庄子对“真”有一段精彩的论述：“真者，精诚之至也。不精不诚，不能动人。故强哭者，虽悲不哀；强怒者，虽严不威；强亲者，虽笑不和。……真在内者，神动于外，是所以贵真也。”这段论述鲜明地提示“真”是最珍贵的，在现场报道中更是如此，精诚不欺、真切而不矫饰、言恳而不过火的表达，是信息传播具有吸引力、说服力、感染力、影响力的关键。而这一关键最主要的来源是传播者敏锐、善良、真诚而强大的内心。

三、现场报道的体之合一

眼、脑、心的融合已经为现场报道搭建了一个比较好的框架。但仍有最后一步需要注意，是关于人体整个机能上的协调表现。语言是否流畅表达，语速快慢，表情是否得当，肢体语言是否协调等，如果不加以注意，在进行神态、表情、动作等信息传递时，会处于无意识的或带有某种盲目性状态，显得拘谨、生硬、做作。例如，手总是习惯性地无意义地乱比画；情绪的相反表达；在热烈的氛围中显得过于冷静；在危急情况下挂着职业性的微笑；等等。

新闻不仅要里子新，同样需要面子新。现场报道的形式是可以由无数的创新模式和创新思维来展现的。2015 年国庆期间，7 集大型数据新闻节目《数说命运共同体》在央视《新闻联播》《朝闻天下》《新闻 30 分》《新闻直播间》等多个栏目推出。节目依托国家“一带一路”数据中心，通过讲述贸易、投资、基础设施、人员往来等，呈现出“一带一路”沿线国家“命运共同体”图景。此片成为央视对传统内容进行视觉突破的成功尝试，给人以耳目一新之感。报道模式的创新、报道人整体“音容同调”是体现现场报道专业性不可缺失的重要一环。要使言语表达和形体表达“音容同调”、相辅相成，就要求在现场报道中，保持应有身心状态前提下，表情、手势等动作须坚持“简洁”原则。清除与信息内容无关的表情、动作，使表达全部纳入有意识的控制之中，保证信息内容的中心地位。避免在传递过程中“失真”“失色”“失调”。

一个好的现场报道可能会成为当天整档新闻的亮点，而多组现场报道的组合拳出击，则会成为焦点。2017 年 8 月下旬，台风“天鸽”“帕卡”相继来袭广东，广东中山境内录得有气象记录以来的最大风力——15 级。台风期间数以千计的树木倒伏，整个街面一片狼藉，损失惨重。在两个台风登陆的当时，中山广播电视台启动电视直播，现场报道成为最直观、最迅速的传播方式，也再次证明了现场出镜、直击现场的魅力。在记者奔赴前方时，当班统筹已安排每组人必须以“我在现场”的形式来展现。大灾面前，现场传回的信号，让老百姓在家中就能了解防风情况。从现场画面中，被风吹烂的锌铁棚在出镜记者的身后横飞，断裂的大树在身边倒下，采访的车辆玻璃被乱飞的异物砸损……直播后期，为了保障记者的安全，多组人员在车上，透过车窗直播；在建筑物中，透过高视角的拍摄与讲述，同样让观众了解到全市各主要堤段、主要建筑物、重点防护区的情况。也正是因为保持着高度的“真”，现场报道中的内容全是满满的诚意，出镜记者虽然因为风的缘故而显得有些狼狈，但对现场的表述却显得更加贴近与真实。眼所见、脑所想、心所感，身体语言的高度统一，让这次的报道成为现场报道的成功实例。当天同步网络直播的页面上，很多观众留下了“记者辛苦了”“感谢你们”“大风中，向你们致敬”等等的留言。现场报道的成功实战，收获的不仅是信任，还有在信任基础上所产生的成功感。台风“帕卡”的直播时长超过 2 小时，根据第三方的收视调查数据显示，此次直播，得到观众前所未有的关注。当天上午的直播并未在黄金时段，但平均市场收视份额仍达到 35.05%。其间，广东台并轨了中山台的直播信号；央视新闻频道当天播发中山防风抗风稿件 11 条次，其中多条是有记者出镜的现场报道。

现场报道也是有遗憾的，特别是在时空易逝的特点下，每次现场报道结束后，往往会发现还有很多可以更加完善的地方。也正是因为有了这些遗憾，才让现场报道成为新闻从业人员不断思考、不断摸索、不断探讨、不断创新的阵地。在全媒体融合的时代，有理由相信，现场报道远离“冷”“高”“远”，多用“真”“新”“情”来保持温度，不断追求与前行，就可以形成一个个灯点，使之凝聚在新闻报道体系这座灯塔上，光芒四射，立久长存。

（中山广播电视台　陈蜀艳）

“摆拍式现场设计”的合理运用

新闻的客观性，简单概括为新闻报道中的每一个具体事实必须符合客观实际，也可以理解为态度上的不偏不倚。新闻采访无论如何客观，都是一种主观的脑力劳动，必须对场景有所选择。电视新闻现场报道不同于一般的被动性的消息报道，经常会有主动性场景选择和设计。特别是非事件性现场报道，能够立分高下的正在于场景的选择和设计。

在主动性场景选择和设计中，“摆拍”现象是一个一直有争议的话题，新闻受众一听到“摆拍”，就觉得是造假，颇为反感。“摆拍式现场设计”作为主动性场景选择和设计的重要手段，是为了让新闻现场更接近新闻事实而进行的策划，是对新闻现场的情景再现。本文就以电视新闻报道中“摆拍式现场设计”为例，分析其利弊，并对合理运用“摆拍式现场设计”提出几点建议。

一、“摆拍式现场设计”的利与弊

新闻事件的发生与新闻记者到达现场往往不能同步。为了重现现场，就需要拍摄对象在摄影记者的指导下，设计出一种姿势或布置出与现场相似的场景进行拍摄。在主动性新闻现场设计过程中，尊重事实的适度“摆拍”的好处：一是拍摄出来的作品有完整的构图、完好的情节甚至是细节，能够将新闻事件尽可能原汁原味地呈现在观众面前；二是通过预先沟通、搭设与事件发生时相似的场景，可以使被拍摄者放松情绪，回忆起事件发生时的具体细节，有助于拍摄出高质量的新闻作品。

脱离了新闻事件真实性、合理性的现场设计，会严重影响新闻媒体在大众心里的信任度，也违背一名新闻工作者应有的职业素养。真实是新闻报道的生命，过度的“摆拍”、过度的营造“摆拍”现场已经违背了要客观对待新闻的原则。新闻有着记录社会信息、向大众传播信息的功能，失真“摆拍”会扭曲大众的心理，误导大众舆论方向，危害社会和谐环境。在当今新媒体时代下，一旦失真“摆拍”被大众识别出来，除了会使新闻本身失去价值，无疑会深度损害整个新闻媒体从业者的公信力，这样的行为会自毁形象。

二、合理运用“摆拍”手法的几点建议

由于“摆拍式现场设计”经常被低水平地或是急功近利地运用，一些从业者和新闻受众一听到“摆拍”就如同洪水猛兽。作为一位从事多年新闻报道的媒体人，笔者认为“摆拍”手法只是主动性现场设计的一种手段，是一种画面重构方法，是一种基于客观事实的采访策划，是一种让被采访者真情流露的事件安排。如何合理运用“摆拍”这一手法，笔者有如下几点建议。

（一）“摆拍”应取得尊重真实与画面重构的辩证统一

“摆拍”是一种还原真实新闻事件的重构，必须尊重新闻的客观性，不应是道听途说，未加论证的事情。在新闻现场设计中，只要“摆拍”尊重新闻本身的客观真实，群众仍然是可以接受的，并且其存在也是合理的。在新闻的采访拍摄中，必须以真实为本，注重对真实生活的勾画和还原，这里并不否定画面重构，但应在尊重真实与画面重构中取得辩证统一，新闻才不会失真和失去报道价值。例如，2017 年 12 月 31 日，央视二套《跨年特别节目》播出了一期贵州台制作的现场报道《贵州赤水：跳起莲枪舞　欢喜迎新年》。莲枪舞又名钱杆舞，是一种流行在赤水一带苗族群众中的艺术形式，人多的时候有 400 人参加表演，少则十几人。它以钱杆为道具，钱杆长 1.3 米左右，上下端凿槽穿孔，系上古钱。跳舞的人，用钱杆击身上各个部位和地面，铜钱唰唰响，既可以强身健体，又可以娱乐。这是一条报道赤水退出贫困县名单，成为首个脱贫摘帽贫困县的新闻。一条脱贫新闻，正值年末最

后一天，喜迎新年的时间点、脱贫、旅游经济，这几个新闻要素怎么才能在一条直播连线中，在短时间内呈现给观众，既有由头又有看头，具有挑战难度、立分高下的正在于记者前期场景的选择和设计。记者穿起民族盛装从跳莲枪舞庆新年开始，边唱边跳；然后记者又给出疑问，不知道姑娘们唱的什么，让当地文化馆馆长来翻译歌词，知道了大家是在唱脱贫的感受和庆新年的喜悦；紧接着再走到另一边就看到大家领大红包，原来是村集体经济发展旅游，村民们分红的场景，于是采访村民拿到钱的喜悦；最后记者综述贵州脱贫攻坚的成绩。整条新闻一气呵成，逻辑清晰，场景设计近乎完美，透过电视语言，新年的热闹，脱贫的喜悦，以及贵州脱贫攻坚的信心，在整条新闻中贯穿始终，突出主题。试想一下，如果不事先进行必要的场景设计，准备好民族舞蹈和发红包的现场，让记者干巴巴地就做一条赤水脱贫摘帽的新闻，采访扶贫办的相关领导，宣布赤水脱贫的事实，那这场现场直播将“干枯无味”。好的场景选择和设计会让一条“干新闻”变得鲜活起来。电视报道主张“纯天然”，但是不做任何保障性准备，鼓励“赤膊上阵”，同样不是负责任的业务态度。

（二）“摆拍”应尊重常识

真实感是一种主观感觉，如果现场设计过程中，不注重日常生活常识，往往会出现报道人物神化或者出现过度简单的因果化现象，让人感觉报道的人物和事件在现实生活中并不存在，出现了报道的假大空，本身所具有的真实性被湮没，将本身存在的真实人物或事件刻画成了不存在的人或事情，这反而降低了新闻报道传播真实新闻事件的价值。所以，在新闻报道现场设计过程中，新闻工作人员的问题设计、现场场景必须符合客观常识，注重将人物和事件刻画得更加生活化，让观众感觉这件事情与人物息息相关，才能拉近与观众的距离，达到新闻报道本身的真正目的。

（三）“摆拍式现场设计”应多元素提炼以达到最好的效果

新闻工作人员在前期的场景选择和设计工作中，应考虑“多元素”场景设置，让新闻多角度呈现，以让新闻内容更加“饱满”。近年来，贵州旅游呈“井喷式”增长，贵州台财经频道打开多个窗口宣传贵州美景、美食以及绚丽多彩的民族文化，每一条报道都呈多元素展现。例如，2018 年 2 月 9 日《国际财经报道》投资消费直通现场播出了一条《贵州兴义：万亩油菜花竞相绽放　春节前后迎盛花期》的新闻，这是一条长达 4 分 17 秒的现场连线报道，看标题就知道是一个万亩油菜花竞相开放的场景。主持人从介绍今年花期提前，油菜花迎来众多游客开始，设置场景是游客在花丛里照相、在缆车里观花，随后采访了游客赏花的感受。看到这里原以为一条连线报道就结束了，谁知随后记者走到了路边一个小摊上介绍了只有油菜花开花这个季节才有的“油菜花蜂蜜”。边走边发现还有民俗表演，随后记者又介绍了贵州布依族的“八音坐唱”——一种流传于贵州省黔西南布依族苗族自治州兴义市沿江乡镇及南盘江流域部分地区的传统说唱曲艺，因用牛骨胡（牛角胡）、葫芦琴（葫芦胡）、月琴、刺鼓（竹鼓）、箫筒、钗、包包锣、小马锣等 8 种乐器围圈轮递说唱而得名，该曲艺已被国务院批准列入第一批国家级非物质文化遗产名录。一场四分多钟的现场报道，赏花、油菜花蜜以及当地民俗“八音坐唱”全部呈现，现场元素极为丰富。很明显，这些都是经过了精心准备的。用现场报道的形式来体现，起到了增光添彩的作用。如果一开始就只是一条赏花新闻，让观众跟随记者只是赏花，恐怕不仅会搞成一期味同嚼蜡的报道，而且别说打动观众，就连记者自己都会说着说着就越来越不耐烦了。可见，旅游报道要想做得成功，必须是多元素的提炼，让观众想看、想吃、想玩，想了解更多的民俗风情。通过采访前的合理设计，以及与观众的合理互动，可见适当的“摆拍”，会胜过千万次性质虽正确，但效果万万不敢恭维的“纯天然”。

作为媒体人，我们应该看到新媒体时代下新闻报道的复杂性，在电视新闻报道的场景选择和设计过程中避免低水平的“摆拍”。在尊重事实、尊重常识、多元素呈现的原则下，“摆拍”是新闻报道的有效手法之一，合理运用这一手法能够为电视新闻报道增光添彩。

（贵州广播电视台　饶琦）

试述电视连线报道中记者与主持人的交流

电视连线报道一般指的是现场记者对自己在新闻现场的所看、所感进行描述，通过电话、视频传输等技术手段告诉受众。通过现场记者的描述、视频画面的感知、直播间主持人对信息进行整合，“三者合一”将真实的新闻呈现给受众。① 在这种形式的报道中，大家似乎更重视出镜记者对现场的描述、现场的呈现，而往往忽略连线报道中的“连线”环节，也就是主持人和出镜记者的交流。这个交流的过程不仅仅是一个简单的双视窗信号交接，而且它决定着连线报道的走向甚至最后的成败。

一、连线直播报道前的准备

毋庸赘言，连线直播前的准备对于演播室主持人和出镜记者来说都非常重要，这是连线报道的基础性工作。双方要就连线主题、方向进行确定。演播室主持人要清楚前方连线的时间、地点、主题，便于把握好提问方向。现场出镜记者要对所在现场有非常充分的了解，做到心中有数，才能更好地应对演播室连线的提问，向观众详细介绍现场的情况，充分发挥连线报道的优势，及时、快速地报道新闻。

二、连线直播中信号的对接

连线信号对接表明连线直播报道已经正式开启。笔者认为，这个过程

① 刘夏楠:《浅谈主持人与记者连线的方式和技巧》,《新西部・理论版》2011 年第 9 期。

中，演播室主持人和现场出镜记者双方都必须有非常好的积极主动性和配合性。否则，因为技术等客观原因加上二者之间无配合，就会造成连线失败以及双方的尴尬。相信 2018 年世界杯期间大家都在朋友圈看到过这样一个视频，视频中上海台体育节目演播室主持人正在直播连线世界杯举办地俄罗斯的现场出镜记者，不知是由于连线信号原因还是双方配合不够的原因，造成了连线不顺畅，导致现场报道无法展开，很多网友甚至在二人的图像截图中针对表情配了很多潜台词：（主持人说话）××，你好！（出镜记者在双视窗里无反应）主持人继续等待（一脸的表情：你得说话回应我才能继续提问啊），可是现场记者仍拿着话筒等待（也是一脸的表情：你不提问我怎么说话）……双方你不理我我不理你，整个过程持续了好几十秒，场面一度很尴尬。

究其原因，其实很简单，就是演播室主持人和现场出镜记者在信号对接过程中主动性不够，没有配合。在这个过程中，但凡其中一方能积极主动应对这个节点，比如主持人在呼叫现场记者未得到反应后，可抛出连线需要报道的问题或主题，这样出镜记者就意识到自己应该报道现场情况了，或者出镜记者在未听到主持人提问时也可主动开始自己的报道，避免双方等待的尴尬。

三、连线一方偏离主题

“连线一方偏离主题”，这是在连线新闻直播报道中稍不留神就容易出现的情况。比如，连线双方在前期沟通主题时会有一个大致确定的方向，但主持人在提问时可能稍微会有侧重，这时出镜记者如果没有听清提问的话，很有可能造成连线报道的主题偏离。比如 2018 年东方卫视直播“体验包粽子”的连线报道。出镜记者在江苏美堰直播体验包粽子的连线报道引起了许多同行的关注，在这条连线报道中，出镜记者事前背好了词，按说万事俱备，只差主持人发问。当演播室主播提问现场出镜记者时，出镜记者几乎是不假思索开始自己的背词，可说着说着，记者发现主持人的提问跟自己之前的“设想”不一致，可是这时候出镜记者并没有采取应对措施，还是按之前自己准备的内容继续现场报道，可想而知，报道效果和质量一定大打折扣。

那么这种情况下应该怎么办呢？首先，作为出镜记者，一定要认真倾听演播室主持人的提问，尤其是连线现场环境比较嘈杂的情况下更要注意演播室的发问，当发现提问与准备内容相悖而自己又还没对这个问题有充分准备时，出镜记者可用过渡法先回到自己准备的内容上来，比如："好的，主持人，那么在介绍你刚刚提到的某种状态之前，我先来给大家介绍一下……"然后在这个过程中边说边快速组织主持人提出问题的内容表述，给自己充分的缓冲时间。其次，演播室的主持人在发现出镜记者报道提问内容有偏离时，可在适当的气口或相对完整内容处打断出镜记者，简单对刚才介绍的内容作小结并再次提出刚才的问题，提醒现场出镜记者。同样，针对较为嘈杂的环境，演播室主持人的语态可以有相应的调整（这点将在第六点进行详细阐述）。

四、互相如何把控话语量

关于连线报道中的话语量问题，毋庸置疑，说话主体应该是出镜记者，以突出现场报道的现场性、及时性，演播室的主持人作辅助串联小结。首先，演播室主持人的提问相当重要，提问切忌拖沓冗长、陈述较多事实或闭合式提问，让出镜记者只能用简短的话语回答演播室提问，而不便于对现场的展开报道；其次，演播室主持人也要注意倾听，便于在连线中提出进一步的问题；最后，话语总量的多少取决于这档连线时间的长短，以及现场内容的重要程度，出镜记者也一定要注意自己在现场报道中的时长控制。

五、连线报道的同步推进

所谓"同步"，其实是强调了主持人和出镜记者的高度配合。在连线过程中，演播室主持人并不仅仅只是通过双视窗抛出一个问题即可，他需要高度关注、倾听，观察现场传回信号中出镜记者所说的话、画面所呈现的内容等；出镜记者也要随时注意演播室主持人的新提问，用强调的方式提醒演播室主持人记者在现场介绍的内容等，一起来共同推进现场连线报道的顺利完成，让它真正充分发挥实时连线报道的特性。

六、连线报道语态的把握

通过前面的阐述分析，我们已经能非常明确连线报道的过程其实就是一次访谈的过程。相应的，连线过程中的语态也必须有所不同。它是一次谈话过程，因此它首先得有连线的语态，无论是演播室主持人还是现场的出镜记者。演播室主持人在这个环节中一定要跳出新闻播报语态，进入聊天状态，但是连线报道又和普通的谈话类节目有所区别，因为聊天的对象不在演播室，而在新闻现场，因此话语的距离感必须有一定体现，尤其要表现出交流的积极状态；同样，现场出镜记者首先要把握的就是说话的现场感，不是背稿子，而是针对现场展开描述，并同时兼顾与演播室主持人的对话，保持对话的状态。此外，演播室主持人的提问还要代表观众，因此主持人“一定要有好奇心、求知欲”。只有这样，连线直播报道才能真正发挥它应有的作用。

以上，我们从直播连线前准备、演播室与现场的默契配合、连线一方偏离主题、连线报道同步推进以及连线报道语态把握等几个方面对电视直播连线报道中演播室主持人与现场出镜记者的交流进行了较为详细的阐述和分析。不难看出，在连线报道中，演播室主持人与现场出镜记者的提问、倾听、互相关注、积极配合都是非常重要的。不会提问的主持人一定无法完成一段高质量的连线报道；同样的，无法与演播室有很好的互动的现场出镜记者顶多就是做一段单一的现场报道，而无法完成一段成功的连线。东方卫视的一位新闻主持人被很多记者称为“最不怕连线的主持人”，足以看出他在连线报道中的主动性。因此，一段好的连线报道需要演播室主持人与出镜记者共同配合，才能保证连线的完整成功！

（成都市广播电视台　段梅）

论新闻报道中出镜记者与摄像记者的配合

随着电视新闻报道的诞生和迅速发展，新闻报道从初期的电视画面加画外音解说的形式，逐步进入全新的报道方式，使现场报道记者和现场画面同时出现成为可能。决定现场报道成功的关键因素就在于新闻报道出镜记者与摄像记者是否能够配合默契、携手并肩、思想主题保持高度统一。所以，在新闻报道中出镜记者与摄像记者工作的配合程度和默契系数成为值得同行探讨的问题。

一、在采访之前的准备工作

出镜记者与摄像记者要想在采访中做到配合默契，就要在实际采访之前做好一切准备，对采访的背景、内容、角度等有一个清晰的把握，形成一个总体的架构。

首先，出镜记者的准备工作主要分为以下几步。第一步，做计划列清单。出镜记者在出镜前应该想好稿件的逻辑顺序，应将出镜时设置的问题列出提纲，各个问题之间最好是相互呼应，前一个问题的答案或者是结束语可以很自然地引出下一个问题。这样会使采访中的交流更加亲切，过渡更加自然，逻辑性更加清晰。问题的设置应该保证开放性问题和封闭性问题相互呼应，开放性问题虽然可以烘托气氛但是容易跑偏话题，在设置开放性问题时应该预设好被采访者的回答，从被采访者回答中引出封闭性问题。在采访时，要根据具体情况灵活使用这两种类型的问题。一味地用开放式问题进行沟通，会使过程变得拖拉、不连贯；而一直用交流闭合式问题，也会使谈话变得过于紧张、不自然。有逻辑的提纲可以起到事半功倍的效果。

第二步，确立明确目标。首先明确本次采访的目标，带着目标进行采访，也就是想要通过出镜传达给观众需要的信息，如果能提前了解现场环境、采访任务以及事件，就应早做准备，设计出镜词、出镜走位以及与受访者的采访问题，通过出镜自然引出受访者，明确采访之后，整理自己需要的信息。如果是突发事件，无法提前准备，出镜记者应快速了解现场情况，将现场情况简单明了表达，也应将自己的姿态融入现场。

第三步，“知己知彼、百战不殆”。记者应在采访前将所拍摄内容、出镜语言、流程、预计采访对象与摄像记者进行沟通，让摄像记者做到心中有数。摄像记者即可根据沟通情况，通过镜头的运用将现场环境与记者出镜以及人物采访完美结合。在准备过程中，摄像记者也要尽可能与出镜记者交流沟通，提出建议，因为摄像记者才是把控屏幕的眼睛，最终的呈现效果应以镜头为准。

其次，摄像记者的准备工作主要分为以下几步。第一步，做一个熟悉摄像机操作流程与技巧的摄像，电视是一门声画艺术，是通过画面和声音共同传递信息的，因此要确定摄像记者熟悉摄像机基本操作以及推、拉、摇、移、跟等拍摄手法和技巧，同时还要做到固定镜头拍摄画面稳、拍摄画面与地平线平行，运动镜头起幅和落幅准、运动速度要均匀。

第二步，在采访前与出镜记者沟通，听取出镜记者对于主题的理解与要求，更有利于出镜记者进入最佳的拍摄录制状态。实际上，在整篇报道采访拍摄的全过程中，出镜记者与摄像记者默契的配合是保证采访任务顺利完成的关键前提，彼此之间相互交流、认真倾听是重中之重。充分有效的交流沟通，包括但不限于撰写案头工作、收集相关背景材料、预判现场状况等，只有这样才可能出精品佳作。

第三步，不同节目类型与主题的拍摄有不同要求，比如新闻事件的叙述拍摄和娱乐事件拍摄的画面要求迥然不同，另外拍摄时既要有声音又要有画面，做到“声画并茂”，这样在后面成片时更有利于带动受众，让受众有身临其境的感觉。在现场拍摄时一定要对拍摄内容很准、很快地进行有针对性的筛选、捕捉、提炼。此时在报道现场对情况进行观察思考的出镜报道记者所提出的画面要求就有一定的针对性，摄像记者应该给予高度配合，拍摄出最完美的画面。

二、出镜过程中的把握

出镜的过程当然是采访拍摄新闻的重头戏，所有的准备工作都是铺垫，在一定程度上也能够决定最终的成片质量。出镜记者与摄像记者工作的配合程度在这里也能够淋漓尽致地展现出来，这就要求出镜记者和摄像记者有扎实的基本功和新闻工作经验，能够把控现场，在采访拍摄中也带着思考。

首先，出镜记者要把新闻的时间、地点、人物、细节等因素进行结合，作用于观众的视听感官，引导观众去看新闻事件最重要、最有价值的东西；出镜记者的解说要与现场气氛紧密结合，不能脱离现场和事件本身。

其次，在现场采访报道中，出镜报道记者要用语言呈现新闻的看点，并带领观众揭开事实真相或原因，追根溯源，揭露新闻本真。

最后，现场报道在电视新闻中有较强的说服力，突出现场报道感是电视现场报道成功的基础。对于出镜记者而言，就是要利用电视的可视化注重体现亲切感，现场报道就是面对面的交流，通过语言、表情、形象，使被报道对象真切地出现在屏幕上。

虽然摄像记者本人并不出现在屏幕上，但是摄像记者的作用非常重要，用镜头语言说话，准确地将新闻事件中的要素表达清楚。

第一，在采访中应该做个善于提炼主题的摄像。一名优秀的电视摄像记者不单是音像的记录者，而应赋予每段记录的画面主题内涵，也就是用画面语言突出主题，这需要摄像记者具备强烈的新闻意识，快速筛选和强有力的抓拍，是采访报道能否成功的关键。

第二，做个有想法的编导型摄像。西方许多国家的电视新闻工作者就是编导型摄像，个人独立完成采访过程中的所有事项。但是目前我国常规主流的电视新闻采访还是以小组为单位的，一名文字记者和一名摄像记者共同合作完成新闻采访任务。编导型摄像可以减少创作环节，更加有利于创作意图的直接体现。

第三，做个有激情的创作型摄像。创作拍摄对于新闻采访相当重要，一个好的摄像记者会通过即兴拍摄捕捉到大量的故事化情节和细节，反之则会失去这些重要内容。

三、采访结束后的补位

主体采访任务结束后，经常需要出镜记者与摄像记者补充采访。在这个过程中出镜记者应该回想思考自己在采访过程中哪些环节有缺失遗漏，或者是有采访效果不佳的情况出现，摄像记者要对自己的拍摄内容、角度、细节等方面进行补充拍摄，通过查漏补缺尽量达到完全拍摄的效果。这样不仅可以让自己的工作从完成到完美，更可以为文字记者后期制作在前期素材上提供便利。首先，在拍摄镜头内容结束以后，摄像记者不能马上随画面内容结束而停止拍摄，要在画面内容开始前和结束后都预留出删减、剪辑、包装的素材支撑，摄像记者所拍摄画面的长度必须要比实际需求长度更长。在《新时代·新村镇》系列报道中的柳州市百朋莲花小镇拍摄过程中，也有大量记者出镜，在采访藕农洗藕时，摄像先是以人物采访为主，保留记者与藕农的交流画面，在整个采访结束后又补拍了藕农拿起洗得白白胖胖的藕拍摄特写画面，也补充了记者与藕农不同景别与角度的画面，为后期编片带来很大的便利。其次，摄像记者应注重多拍摄转场镜头，而且是拍摄和采访主题有关联的转场镜头，用于前后承上启下过渡自然。最后，在拍摄完采访主体的时候，必须要做好场记工作，对每个镜头起始进行记录，这样能够为后期编辑提供便利。

电视新闻采访不同于报纸采访，它需要将整个新闻的重要信息保留下来，所以在实际的电视新闻采访过程中，出镜记者和摄像记者之间的有效配合对于电视新闻采访质量的提高影响重大。这就要求出镜记者和摄像记者要在采访前对采访的背景、内容、角度等有一个初步的清晰的把握，从而形成一个总体的架构。过程中有扎实的基本功和新闻工作经验，结束后要细心耐心对内容进行整体把握升华。

（广西广播电视台　吕瑞琪）

第五部分

现场报道的技术支撑

浅析技术发展对电视现场报道的推动

随着广播电视技术飞速发展，“中央厨房”“七彩云”“长江云”等融媒体技术在国内电视行业应用广泛，这些倒逼电视节目对自身生产流程进行了再造，同时也推动了电视现场报道的新变化。微信直播、网络直播、移动直播技术手段的呈现，让电视的现场报道成为常态。部分以主持人名字命名的网络类主题报道节目让人眼前一亮；在重大赛事、重大活动报道中，主播体验式报道成为移动技术现场报道的亮点。基于移动技术的现场报道方式主要有以下几种。

一、基于移动融合技术的现场报道爆发式发展移动技术

2015 年从无到有，2016 年出现了爆发式发展。用户的增长从野蛮发展到成倍翻番。热点事件带动产品爆发，关注度不断攀升。“映客”优势明显，独领风骚；“花椒”努力追赶，试图破局；“Blive”后起之秀，奋起直追。未来，直播与互动将成为移动直播技术发展的重点。

（一）移动直播技术为电视现场报道提供良好平台

移动互联网的高速发展和智能手机屏幕的增大极大消除了制约移动视频直播的技术壁垒，技术的革新是移动视频直播出现并普及的前提条件。融媒体技术的不断发展，互联网经济的不断成熟，移动互联网技术的不断深化，网络视频直播平台开始向移动端转移，移动直播技术为电视现场报道提供了良好的平台。

荆门台从 2015 年年初就开始探索移动 APP 软件的开发与应用。与斗

鱼、新浪、腾讯直播等业内成熟的平台多次深度合作。2016 年“云上荆门”正式上线，实现荆门台 4 套电视节目、2 套广播节目实时直播。

2018 年春节前夕，荆门市委、市政府为了解决在外务工人员顺利安全回家过年，举办了“‘雁归农谷’——爱心专列接农民工回家过年”活动，荆门台派记者跟踪参与，全程网络现场报道。该活动从广州站始发开始，持续 2 天 1 夜。通过移动直播技术，呈现了生动的报道。列车上恰好有工友当天生日，记者与工友一起点燃生日蜡烛，同时将工友们在火车上对新一年的展望、政府的亲切问候进行了立体互动式报道。该报道以广域视角、灵活的表现方式，在电视报道的语态、形态等方面做了有益的尝试，充分展现出新媒体移动技术对现场报道的推动作用。

（二）移动视频直播技术在现场报道中应用空间广阔

移动视频直播技术在现场报道中呈现出：开放性、多样性、实时互动性、真实体验性和便携性等特点，使其获得越来越多用户的喜爱和推崇，实现了用户与主播、用户与用户之间实时、双向互动交流，拉近了人与人之间的距离，满足了用户对社交的需求。移动视频直播技术现场报道在网络社交、专业媒体融合应用、企业营销和草根自媒体直播方面还有很大的成长空间，新技术手段的运用使现场报道呈现多样方式。

二、基于网络直播技术的现场报道提升用户体验

从“观众”到“受众”再到“用户”，媒体也成了信息提供和服务商，需要重视用户体验。网络直播技术为用户体验铺开了一条大道。

（一）网络直播技术无处不在

在移动互联网的浪潮下，传统的电视直播需要向网络渗透。传统的直播流程是将记者用摄像机采集的视频（SDI 流），通过导播台切流、编辑，解码器解码，传输到电视。2018 年以来，基于网络技术的视频直播日趋成熟，通过 APP 和 H5 页面技术直接做在线直播，在分发上能同步覆盖到微信、微

博、今日头条等国内主流传输平台，也可在企业会议、演唱会等场景下进行直播，让电视直播无处不在。

2018 年 7 月，依托网络直播平台技术，荆门台策划并实施了《主播秀》大型互动类现场报道栏目。主持人走进采茶现场，与茶农一起采茶、品茶、评茶；走进健身房与市民一起健身娱乐；走进企业，体验生产一线工人的甘苦；走进军营，和“兵哥哥”一起打靶训练。该项技术实现了手机端、PC端、电视上同步播出。主持人以网络达人身份，以体验、互动式报道，极大丰富了报道内容，普及推广了相关知识，受到“受众”“用户”的一致好评。

（二）网络直播技术现场报道极大提高用户交互体验

网络直播现场报道基本能做到即时直播。机动性大大提升，传播速度快，事件的可视性强，用户互动手段多样化。充分利用最新的云计算、大数据、人工智能技术，通过聚合、整合已有的资源优势，高效推动自己的信息、节目传播。它还可以提高用户交互体验，让受众在任何时间和地点都能听到、看到最新的广播电视节目，提升用户的网内留存率和活跃度。

荆门交警部门经常不定期查酒驾，有的被查司机躲避检查，丑态百出；荆门法院不定期针对“老赖”突击查处，这些社会事件都是受众关注的热点。荆门台进行实时网络直播，掀起当地收视高潮，最多的一次直播实时收看人数达到 10 万人，不少网友在直播当时热烈留言，极大提升了用户交互体验。

三、基于光纤技术的现场报道直播信号具有良好保障

光纤通信技术是以光波为载体，使光波转化为信号，作为一种信号的重要承载对象，光纤通信技术因其高度的稳定性在许多领域被推广应用。光纤如今已成为广播电视传输工作中不可或缺的一个重要环节，因此研究光纤技术在广播电视领域的应用，对于我国广播电视业发展具有重要的现实意义。

（一）基于光纤技术的现场报道信号稳定

在室内开展的大型活动，由于场地相对固定，采用固定的光纤线路作为

现场报道传输技术，能满足高清晰度画面和真实现场音效报道。

（二）基于光纤技术的现场报道具有独特优势

光纤技术下现场报道在传统电视直播上应用较多，电视记者在新闻现场手拿话筒，通过摄像机的现场拍摄向观众讲述、评论某一事件。这种报道形式相当于一种“聚焦”，将注意力引导在一个固定环境中。新闻现场记者不仅是采访者，更是目击者和观众。在新闻现场报道时向观众讲述事件原委和对事件进行采访以及评论，不仅能让观众在感觉上如身临其境，还能让群众切身参与其中。

四、数字卫星技术在突发事件现场报道中极端重要

经过多年的发展，卫星技术已经趋于成熟，新一代卫星直播车采用数字卫星新闻采集系统（DSNG），利用可移动卫星临时传送视、音频信号，卫星直播技术的现场报道一般针对台内突发现场直播的场合。

卫星技术能为记者提供更强的现场细节，该技术目前成熟度高，记者在现场采用高清晰度摄像设备采集的节目通过卫星传输回台里，其稳定性高，画面损失少。基于卫星技术的现场报道，能提供更强大的现场感、强大空间和时间背景。地市级台现在一般还不具备采用卫星直播车直播的实力，但可以在适当的时候配合央、省媒体做好卫星直播车直播的相关工作。

随着广播电视技术的飞速发展，尤其是当下移动技术、网络平台技术、微波与光纤传输技术、航拍技术等日益成熟，电视现场报道出现多样态视觉呈现方式。广播电视技术革新必将更快、更猛发展。电视现场报道在技术的推动下，将进入深水区，迎来大繁荣、大发展。

（荆门广播电视台　陈爱平　别业鹏）

浅谈现场报道中的安全保障因素

现场报道是电视新闻报道者置身于新闻现场，以采访者、目击者和参与者的身份向观众描述新闻现场、叙述新闻事实、点评新闻事件，同时伴以影像报道的一种报道形式。

记者或是在新闻事实发生时就在现场，或是新闻事实发生后第一时间赶到现场。因为急于拿到第一手资料，或被平时很难接触到的事件、场景震惊，记者很容易忽略一件很重要的事——安全保障。如果没有及时注意到安全，就贸然开始采访拍摄，会让出镜记者、摄像记者，以及在现场的相关人员置于危险之中。

安全一方面是指安全的状态，即免于危险，没有恐惧；另一方面是指对安全的维护，即安全措施和安全机构。安全是在人类生产过程中将系统的运行状态对人类的生命、财产、环境可能产生的损害控制在能够接受的水平以内。现场报道的安全必须坚持科学统筹现场报道和安全，始终把安全置于采访全局之中来把握。

一、安全是现场报道第一要素

在进行现场报道的地方，记者一定要注意自我保护，因为没有任何报道的新闻价值会超过记者的生命安全。在现场报道过程中，尤其是在突发性事件的现场报道中，必须事先考虑到现场的各种因素。突发事件的时间、地点无法选择，但采访活动方式是可以选择的。

（一）不安全易误导

京剧行当里有一句老话叫“不疯魔，不成活”，是说艺术创作需要全身心投入，但有些记者同行却把这当作自己“英勇无畏”的追求。试想一下，但凡重大事件的现场报道，都会有分工、有布点，如果记者在采访过程中发生意外，同事必然要中止拍摄进行施救，同时导致该点位新闻报道中断，需要调配其他力量补位。这样做的后果：一是整体报道会受影响；二是施救的同事也会面临人身安全危险。因此，记者在现场报道（比如极端气候报道）如果选择个人英雄主义式的行为，往往结果适得其反。即使是战地记者，也只能在相对安全的地方，相对安全的时间做报道，绝不能逞一时之勇，以伤害生命为代价。

（二）重展现，不蛮干

我国是一个自然灾害发生较密集的国度，近年来各级电视媒体在报道自然灾害和极端天气时，经常都“不约而同”地让记者到现场去“亲历”一番各种艰险，以显示现场报道条件的恶劣。只要不是极其罕见的气象条件，人们就可以想象其危害程度，没必要时时让记者去“以身试灾”，更不需要以“自我感受”来渲染、夸张。

二、在“精彩”和“安全”中找到最大值

电视新闻现场报道以其独特的“现场”及“与现场同步”的特质，成为电视新闻在媒体竞争中的优势和亮点，也越来越成为电视新闻的常态。成功的现场报道无疑是精彩的，现场报道记者应该在“精彩”和“安全”中找到最大值。

（一）提前设置安全距离“缓冲区”

以 2018 年超强台风“山竹”的现场报道为例。2018 年 9 月 16 日广东台记者在深圳报道因为“山竹”肆虐，导致一栋大楼玻璃幕墙被吹落时，差一点中了“头彩”——记者正穿着雨衣，举着雨伞，很费力地讲述事件发生的过程时，冷不防一大块玻璃从身后一栋大楼上坠下，就落在记者身后不到 20 米处！只听见一声巨响，玻璃碴和水花四溅，记者赶紧捂着脑袋逃离了现场。整个过程让人瞠目结舌，每个环节都凶险万端。观众看了，无一不

觉得“太可怕了”“记者真命大”。但仔细一看，其实做报道时记者是留足了“安全距离”的。从推拉镜头拍的画面可以发现，第一次脱落的玻璃幕墙就在紧挨着大楼外墙的地方，记者如果想展现清楚，完全可以再距离事发现场近一些。但是台风一直没停，已经受损的玻璃幕墙很可能再次发生险情。为避免安全隐患，记者选择了离现场大概 100 米的位置。这样一是能看清脱落的幕墙，二是一旦有事也不容易砸到自己。最后的结果呢？要不是提前设置了这样一段缓冲区，很可能就会发生比玻璃幕墙脱落更加严重的后果。所以无论作为观众还是同行，都不希望出现这样的情况。

（二）现场报道时要注重传递关键信息，“深度体验”不可勉强

如果是在突发事件或危险事件现场，事关人身安全，记者往往要特别注意。传递某种关键信息，而不是进行“深度体验”。

例如 2015 年 8 月的天津港大爆炸，央视《新闻 1+1》栏目播出专题《天津：“危险”的爆炸!》时，从主持人和前方记者之间的视频连线对话中，很容易体会出浓厚的“安全意识”。主持人问：“我觉得首先要关注你的位置，现在离爆炸点，也就是核心的这个地方有多远？你的报道现场。”记者回答：“我在今天离爆炸现场最近的时候，直线距离不超过一公里。透过天津海关的大楼，我在爬到这个楼 15 层的时候，我可以非常清晰地看到这个画面。今天下午，其实在这个窗口我也会觉得很刺痛，而且蒸腾起来的这种浓烟，我们站在 15 层的大楼上其实也可以闻到。”这时候，主持人说了一段尤其“暖心”的话：“我要打断你一下，因为其实我并不希望此时此刻，你离的距离非常近，1.3 公里也已经足够近了。我也注意到你在准备期间没有戴口罩，现在连线也没有戴，那么是否接到相关的这种信息，比如说空气是不是安全的，是否有一些有害的这种物质，你们得到这样一种提醒了吗？”这段对话堪称现场报道的经典。为何？有新闻元素，有悬念，有在确保自身安全情况下的报道意识，同时也有现场危险因素的直接体现。所以，记者把现场情况说清楚就行了，没必要一下子变身“防化兵”，“全副武装”挺进核心现场，更没必要边出镜边拼命咳嗽呕吐以显示“危险至极”。如果这种情形还让记者拼命“冲”进核心现场做报道，这种思维就是危险的。

三、绷紧“安全”这根弦，有助于提升报道质量

现场报道，说到底核心还是报道，“现场”是采取的手段和方法，最终的目的还是能够呈现出更好的报道效果。在带有危险因素的现场注意了安全因素，报道呈现出的效果也会完全不同。在传播学对受众心理的研究中，有一种效应被称为“自己人”效应，是指受传者在信息接收活动中感到传播者在许多方面与自己有相似或相同之处，并在心理上将其定位为“自己人”，因而提高了传播者的影响力。联系到现场报道中，如果记者不把安全当回事，置身危险之中，并且呈现出紧张、恐惧等状态，那么观众也会产生同样的体验，时刻为记者捏把汗，从而忽略掉报道本身的内容核心，影响传播效果。所以只有在安全有保障的前提下，记者才能全身心投入到现场报道中去，观众也更容易专注新闻内容，达到现场报道应有的正面传播效果。

同样是在强台风“山竹”的报道中，除了集中报道台风登陆的实时情况之外，新闻目光也关注到群众的转移安置等问题。记者在报道的时候，并没有冒险深入渔民原本的“家”——渔船进行“探险”性报道，而是选择在地势相对较高的安置场所出镜，结合远景镜头，呈现远处渔船起伏不定的状态。同时，对安置点内的群众进行采访，通过渔民们多次的台风经历讲述，也体现出社会的发展、保障的完善，而受访者安稳平和的状态，更让观众感受到了一份踏实。所以，绷紧“安全”这根弦，在合理的范畴内现身说法，吸引观众，而不是以身试法，适得其反。

天下武功，唯快不破。现场报道，安全至上。安全与精彩并不矛盾，绷紧“安全”这根弦，善用“现场”，就能实现新闻报道的和谐统一，取得更好的传播效果。

（中央广播电视总台　李青）

融媒体时代新技术对现场报道的作用

随着高科技的飞速发展，网络直播、VR、AR、H5、人工智能等新技术层出不穷，新技术不仅为现场报道带来了形式上的变革，改变了人们长期以来简单通过文字、图片、声音和视频等手段了解新闻现场的方式，也带来了全新的传播方式和用户体验，彻底改变了信息的生产、传播和消费，使现场报道更生动逼真。

一、高清和4K视频大幅提高现场报道的质量

高清是指超高清晰度，指物理分辨率达到720p以上的视频。电视业传统应用多年的标清是指标准清晰度，是物理分辨率在720p以下的格式。高清设备大大提高了现场报道的时效性和清晰度。首先，标清存储视频素材的磁带已被大容量、便携P2卡取代，一台高清摄像机可以装载6块P2卡，优势是适合连续拍摄，实现无缝记录。不需倒带，也不用上传素材，因此节省时间，大大提高了效率。其次，在新闻现场可以实现边拍摄边初步编辑，现场制作一气呵成。最后，高清显示器的标准是16：9，在原来4：3的基础上增宽了画面。高清镜头加宽镜头，更易发挥镜头表现力，突出现场感，增大了信息量，提高了清晰度，放大了细节，使现场报道更快、更好地呈现。

2018年的国庆节，中央广播电视总台4K超高清电视频道顺利开播，高清信号通过中星6A卫星和全国有线电视干线网向全国各地传输。相比于传统的标清和高清制作，4K模式以用户体验为核心，画面清晰度大幅提升，观众可以体会到身临其境之感。4K的分辨率达到4096×2160，是高清信号

的4倍清晰度，画质实现质的飞跃，画面中的每一个细节清晰可见。由于受到节目后期制作的速度和带宽传输速度的影响，央视目前刚刚开播的4K频道制作的节目内容相对有限，还不能覆盖电视剧、新闻等更多的内容。

5G是4G的延伸，是新一代移动通信技术发展的方向，具有高可靠性、低延时、高速度和大带宽等特点，将进一步提升用户的网络体验。5G时代的到来将通过无线通信，实现无线空中连接，推动视频和媒体融合，灵活运用演播室导播间和前期现场的采访设备，为连续运行的各种设备提供网络支持，极大改善现场直播报道的观看体验，有效提升画面质量和清晰度，提高电视传播的吸引力。

二、VR和AR让现场报道创造视觉奇观

VR技术是在现场的基础上，利用网络技术建立模拟场景，展示一个看似真实的立体空间。人们利用虚拟现实技术来建立和完成模拟现场，以实现现实场景与虚拟场景的融合。在拓展空间感的同时，利用虚拟现实技术来实现现场的模拟复制，为受众带来一种体验迥然不同的奇妙世界的感受。VR全景则可以将整个新闻现场“搬”到观众面前，受众从自己的视角出发，沉浸到“虚拟”世界中，延伸了感官体验。2015年9月4日纪念抗战胜利70周年大阅兵，《人民日报》全媒体平台使用了VR技术全程报道阅兵的气势恢宏的场景，给观众提供了多视角的阅兵现场的生动细节和精彩瞬间，留下了珍贵的历史资料。VR技术在2016年全国两会报道中也大显身手，网友通过手机可以瞬间进入雄伟的人民大会堂内部模拟现场。

AR是一种增强现实技术，主要用来让虚拟世界的场景和现实世界的场景在屏幕上共同生动展示并交融互动，给现实插上翅膀，给观众带来超乎想象的体验，是一种将真实和虚拟世界信息合成的新技术，是把一定时空下的现场中很难体验到的视听信息，通过电脑新技术，模拟仿真之后再重新进行叠加，将虚拟缥缈的场景呈现在真实世界，从而达到模拟现实并超越现实的美好体验，因此观众喜闻乐见。

2017年5月14日至15日，第一届“一带一路”国际合作高峰论坛胜

利召开，盛况空前，有130多个国家和地区的约1500名贵宾出席了论坛，有来自全球4000余名记者前来报道。央视现场直播节目通过演播室AR技术，通过“一带一路”官方Logo延伸出双色彩带贯穿屏幕，通过在线包装、演播室和大屏积极互动，产生良好的动态效果，让视觉呈现效果别具一格，生动多彩。为期两天的高峰论坛直播报道，演播室AR新技术和多手段完美结合，来自央视22位记者的现场报道，用90多个机位，将国家会议中心、雁栖湖国际会议中心的外景演播室与央视总部大楼演播室紧密衔接，顺利成功地完成了此次“一带一路”盛会的现场直播报道。

三、大数据和机器人为突发事件提供及时准确的现场报道

大数据时代为人类开启了一扇认知世界的大门，海量大数据是一座富含大量实用信息的宝藏，大数据自身不仅能带来新闻，也让新闻报道更加生动丰满，可信度飙升。例如春运期间，百度地图的迁徙大数据被新闻联播所引用，产生了及时新颖、生动可靠的收视效果。无人机、人工智能等技术和工具，也可以把现场信息源源不断地传递给人们。

在现场报道中机器人正在起到越来越重要的作用。如果有朝一日机器人可以在突发事件，如爆炸和火灾现场中承担录像和采访重任，记者就不用冒着牺牲生命的代价和风险来记录现场了。无人机正在发挥着越来越重要的作用，未来更多的机器人会出现在各种危险场所和突发现场，为受众带来最及时生动的现场画面。

2017年5月14日至15日召开的“一带一路”国际合作高峰论坛，央视首次使用无人机航拍北京。无人机分别以最高人民检察院、最高人民法院、公安部、北京火车站、国子监等地标性建筑为拍摄中心，在半径500米的周边区域航拍，出色地完成了外景镜头的采集和现场报道的任务。央视重大时政直播首次使用无人机航拍，增加了镜头感染力，达到了很好的效果。为提高无人机新闻拍摄和报道水平，2017年新华网使用了无人机导航直播车，让车载无人机与导播车、后台中心及时互动，测控系统、数据传输系统、卫星通信系统协调作战，保障无人机顺利完成全天24小时、多复杂环

境下的航拍重任。

四、网络直播让现场报道更加快速、生动、亲民

网络直播利用互联网直观、快速、交互性强等优势，对现场进行快速生动报道。网络直播最重要的是在网上提供大型体育赛事和文艺节目的直播电视信号，把电视信号转换为数字信号，通过电脑实时上传到网站；还有一种最常见的网络直播是把现场采集的信号通过网络上传到网站，满足广大网民的收视需求。

网络直播记者的现场报道摆脱了传统的写稿方式，采用与现场保持密切联系的滚动式即时报道，更容易做到与新闻事件同步，及时跟踪报道，也能够使网民身临其境，既增强了现场感，也突出了时效性。2017 年全国“两会”期间，光明网全媒体报道使用了独特的设备——多信道直播云台，在现场报道中由一名记者穿戴并操作。该云台安装有多部摄录和显示设备，完成信息采集和发布，可同时为多平台提供视频和 VR 信号，实现了跨平台采集素材的同步发送，提高了现场直播报道的时效性。

网络现场直播的广泛应用也让普通百姓可以随时随地直播身边发生的新鲜事，完全改变了以往传统新闻媒体直播重大事件的惯例。比如直播身边新鲜事、事故现场和美食美景等，可以说现在地球上任何角落的新鲜事都能被及时采集直播，瞬间被广泛传播，并引起广泛关注和点评。

总之，新闻业正在与新技术越来越多地结合，新技术正在成为新闻、赛事等现场报道不可或缺的驱动力。未来在融媒体飞速发展的环境下，伴随 4K、人工智能等新技术的突飞猛进，新技术在给受众带来更多的视听满足和享受的同时，也会带来更加及时准确、丰富多彩的现场报道。

（中央广播电视总台　潘萝）

电视现场报道数据可视化的应用策略研究

一、电视现场报道与数据可视化

电视现场报道是电视媒体最重要的一种报道形式。在大数据崛起的背景下，借助大数据技术，在电视现场报道中合理使用数据可视化的方式，可以为受众多维度、全方面地解读新闻，从而更为立体化地呈现新闻报道。

“可视化”这一概念最初出现在计算机领域，用来展示实验时处理海量数据后得出的结论，后来逐渐将这一术语运用到新闻学界。“数据可视化”指的是以数据为依据，利用大数据技术结合空间定位技术、互动技术和媒介融合技术，用信息图表、动画视频等大量视觉元素帮助受众感知内容的新闻报道方式。其制作过程包括对数据的挖掘采集、筛选、分析、处理、可视化处理等环节。数据可视化具有复杂新闻直观化、表现形式多元化、信息垂直化等特点。数据可视化是新闻报道的最终呈现方式，可以大体预示新闻事件的发展方向和趋势。

目前，我国数据可视化在电视现场报道中的应用还处于初级阶段。自2011年开始，我国门户网站率先开始尝试数据可视化新闻栏目，如网易的《数读》、新浪的《图解新闻》等对热点新闻从静态数据信息中挖掘深意，向受众提供直观的新闻信息。但在部分新闻报道中仍出现只是借用柱状图标、饼状图标和视频的初级数据可视化处理方式，仅起到美化作用，反而使报道内容抽象化，不能很好地将数据背后的深意和新闻报道融合在一起。直到2014年央视和百度合作推出的《“据”说春运》系列报道被认为是真正意义上的数据可视化报道，该报道通过大数据定位技术，将中国2亿部智能手机用户作为实时跟踪对象，绘制出中国人春运大迁徙动态图。此后，专业性媒体平台开始成立数据可视化实验室，如财新网的《数字说》，强调受众和数据的互动性。也有一些互联网公司推出一些数据化可视化板块，例如壹读传媒的“壹读视频”、阿里巴巴公司的“阿里研究院”等，这些专业性媒体平台和互联网公司的数据可视化作品给数据可视化在电视现场报道中的应用提供了有效借鉴。

二、电视现场报道中数据可视化存在的问题

（一）偏重数据分析，影响现场报道的时效性

电视现场报道最突出的特征就是时效性，电视现场报道中新闻事件发生的时空和新闻传播的时空保持一致，从而可以第一时间将新闻事实呈现到观众面前。但目前的一些电视现场报道对数据可视化的应用侧重于数据分析，使得新闻发布出现了滞后性，影响了现场报道的时效性，这样对数据可视化的应用反而得不偿失。

（二）注重报道的视觉效果，忽视了内容叙事

近年来，数据可视化技术日臻成熟，由简单的制表、制图到可视化的融合。媒体也越来越重视数据可视化在新闻报道中呈现出来的效果，但却容易忽视报道中的逻辑关系，缺乏对新闻事件的跟踪挖掘。任何新闻报道的方式最终都是为了服务其内容的。目前出现了两种情况：一种是数据可视化视觉设计太过复杂，掩盖了内容叙事；另一种是数据本身太复杂，导致视觉化设计元素过多。

（三）掌握数据可视化制作方式的相关人才匮乏

相对于其他的新闻报道形式，数据可视化方式的制作方式和过程更为复杂，制作要求也更高。记者除了需要掌握 AI、AR、PR、AE、AT 等相关制作软件，更重要的是掌握数据分析的思路和方法。首先过滤掉不适合数据可视化报道的新闻消息，通过多种信息渠道核实数据的真实性。然后，通过各

种数据算法技术归纳出数据中的内在规律，撰写可视化文案。最后结合视频制作技巧，将数据之间的逻辑关系可视化，巧妙地融合在新闻报道中。目前，掌握新闻报道规律的同时对数据可视化处理技术也熟悉的相关专业人才比较匮乏。

三、电视现场报道数据可视化的应用策略

（一）把握新闻时效性，缩短制作周期

时效性作为电视现场报道的生命，对其数据可视化设计的周期长短在一定程度上影响该条新闻的价值和最终传播效果。但数据可视化报道从数据的获取、处理、分析到最终呈现制作难度大，具有较高的开发成本和技术门槛。伴随着数据可视化技术的不断发展、成熟，媒体工作者在电视现场报道中要适当地加入数据可视化方式，不要过度偏重数据分析。在电视现场报道中采用数据可视化的呈现方式，创作人员需要不断平衡“内容为王”和“技术至上”的问题。需要明确的是，我们对数据可视化应用在现场报道中的前提是在验证数据准确性的基础上，通过对新闻事实的准确理解，根据选题内容和发生事件的场景选择合适的可视化方式设计保证新闻叙事的完整，保证新闻传播的时效性。

（二）验证数据的准确性，把握可视化设计

互联网中充斥着海量数据，有真实可靠的数据，也有虚假不实的数据，新闻工作者在获取数据时需要带着批判质疑的眼光，对获取的数据反复检查、深入挖掘，确保数据被正确使用。同时，在对数据可视化设计时，需注意各个数据的准确性，然后将可视化的制作和新闻报道题材相匹配，力求呈现的数据客观、简洁、完整。为此，需要现场报道团队不断更新数据采集技术、拓宽数据获得渠道、提升数据分析效率等，同时不断摸索可视化应用和呈现的新方式、新手段。在这个方面新华网的数据新闻走在了前列。在数据采集方面，新华网成立了一支无人机报道团队，扩大了数据采集范围，提升

了新闻传播效率，也丰富了报道中的画面视角。目前，新华网已经可以将三维全景技术、交互可视技术成熟地运用到新闻报道中，提升用户的体验，并且也在积极尝试将 VR 虚拟现实技术应用在现场报道中，从而进一步增加现场报道的真实感。

（三）加强多媒体融合手段，充分利用多元化的数据资源

在电视现场报道中应用数据可视化方式，其数据的多元化、丰富性是决定报道能否第一时间完成的决定因素。这就要求新闻媒体加强多媒体融合手段，充分利用多元化的数据资源充盈自身数据，完善新闻报道。同时在现场报道中对数据的应用需要加强，充分发挥数据可视化的效果。一方面，可以对现场报道的新闻采集、内容制作、发布形式等进行优化，借助图片、视频、交互、数据地图、时间轴等多媒体融合方式对新闻事件进行多角度、全方位报道。另一方面，电视现场报道可以充分利用数据技术及时捕捉最新、关注度高的话题，也可以对收集到的数据信息进行智能化分析，挖掘隐藏在数据背后的新闻价值。

四、结　语

数据可视化的发展在使新闻的生产和报道方式受到冲击的同时，也为电视现场报道的改革提供了新思路。随着数据可视化方式在电视现场报道中比例的加重，新闻机构也应顺应时代发展步伐，积极调整。一方面，数据可视化电视现场报道的制作需要组建新闻数据化团队，通过团队的通力合作、相互协调才能保证最终新闻传播的质量和效果。另一方面，这种变化对媒体工作者也提出更高的专业要求，既需要拥有传统记者应具备的随机应变、逻辑推理和共情能力，也需要掌握一定的数字技术能力和艺术背景设计能力。

（中央广播电视总台　刘阳）

漫谈现场报道中的“数据可视性”

中国已经进入了大数据时代，在面对数据庞大、内容繁多的采访环境时，基于时代特征的转变，新闻报道方式也随之发生很大的变化。现场报道作为当下电视报道的代表，在坚持以图像的直观形式传达关键特征，从而达到理想报道效果的同时，更需要对数据庞大、因素众多、结构复杂的新闻进行生动讲述和理性分析（现在甚至出现了“数据新闻”这样一种新兴的报道方式，并被视为未来新闻的发展趋势）。在这样的刚性需求下，实现数据的可视性势在必行。

一、数据是现场报道的“骨架”，实现可视性才能激发形象思维

现场报道说现场，但在现场的诸多新闻因素当中，什么内容才是最为核心，最能体现报道意图的呢？让观众愿意接着看下去，就要从兴趣点上进行突破。而真正能支撑起整个现场报道内容，故事是“血肉”，数据是“骨架”。用数据来进行报道，比较公认的最早记录是1821年，在英国《卫报》的创刊号上，有一篇使用表格列出了曼彻斯特各个学校的学生人数和所付学杂费数量的报道。到了200年后的今天，媒体人已经能够很熟练地运用丰富的数据资源和先进的数据处理手段，把数据变得直观清晰。数据是最简单的，也是最复杂的。在新闻事件或新闻话题中，海量的数据如果直接运用，往往让人无所适从。只有实现数据的可视性，才能把人的形象思维激发出来。现场报道很多人往往只是关注现场发生了什么事，有什么内容牢牢抓住了观众的眼球等感性内容，至于记者在现场了解到了什么数据，具体体现在

什么方面，造成了什么样的影响等理性内容，却经常被忽视。观众不注意这些仅仅是“不专业”，但记者不掌握这个就是“不职业”。

（一）数据能让现场报道的内容具有说服力

2018 年 8 月 5 日，央视财经频道《第一时间》栏目播出了《云南鲁甸：花椒进入采摘季　产量产值双提高》。从表面上看，这是一期传统的财经报道，但由于适逢鲁甸“8·3”地震发生四周年之际，所以笔者策划这期报道时专门选择了“花椒产业蓬勃发展，震后重建效果明显”这个选题方向，并在报道过程中大量使用记者出镜、现场采访（不同身份的人）等现场感较强的手段。通过这一系列电视元素的运用，最终让节目具备明显的现场报道特征。鉴于有地震的背景，笔者和前期报道组经过反复沟通，决定在讲故事的同时，更多地运用各种数据来体现报道主题。节目除了反复渲染“空气中弥漫着花椒香味”的氛围，还选择了一名椒农和一位基层干部（镇党委书记），让他们用自己的语言来给观众算细账，作对比。特别是“以前花椒种植面积 6.5 万亩，现在达到 6.8 万亩”和“今年比去年产值提高 5000 万元”等一组关键数据不是在解说词里面，而是用大量花椒生产空镜的同期声来体现，这就大大突出了数据的可视性，也让这些原本枯燥的数据多了一份温度。引起观众兴趣的是题材，凸显记者智慧的是数据。而数据一旦脱离了现场，换一种“四平八稳”的方式来呈现，报道效果估计也就大打折扣了。

（二）用数据来呈现事件过程，可从宏观微观层面来实施

都说“摆事实，讲道理”，这个“道理”除了说条理，也可以是列举数据，在“以理服人”的同时更以“数”服人。但怎么说“数”才更有“数”，笔者认为可以从宏观和微观两个层面来分别进行。在宏观层面，对突发性事件进行整体梳理，选择可视化角度切入，模拟事件发生时的情况。而用数据呈现事件的微观层面，则是通过使用各种技术手段来还原事件发生的场景。宏观上以“时间轴”的方式，说明现场报道内容中的几个节点因素；微观上则需要一边率先发出报道（时间上不落后于新媒体甚至自媒体），一边用图解等方式（如出镜记者现场运用图版）来讲述事件发生的位置，事态发展过

程中的各种情况变化以及带来的相应数据等，做到多点开花，相互补充。

二、用数据来讲故事，说知识

突出数据的可视性，最后的目的还是为了把故事说透。正因为数据最直接，最“不骗人”，所以数据新闻其实具有很强的可视性，而追求可视化就是数据新闻的主要传播形态，是数据新闻不可或缺的元素。数据新闻具有互动性和理解纵深性，最核心的信息以最简明的方式呈现给受众，具有模式新颖、内容鲜活、解读到位等明显特点。因此，用数据来介绍知识和讲述故事，都会比普通的“丢包袱”“埋伏笔”乃至反向的“吐槽”“反讽”等各类套路显得更有层次，传播效果也必然更加有效。

（一）适当的数据表现能让故事的叙述效果更“出彩”

2018 年 3 月 1 日，央视财经频道《第一时间》栏目播出了《云南保山：木棉花怒放　旅游持续“火”》。笔者在策划这期报道的时候，一开始并没有考虑在数据运用方面下大功夫。当前方记者和笔者通话时，无意中说起木棉花除了能观赏，还能食用。尤其是在同期声中，笔者发现一名餐馆老板列举了这样一组数据：炒木棉花一盘卖 12 元；木棉花盛开两个月来，他家已经接待了 800 多桌客人；采访当天，他家的营业额是 5000 多元。这让笔者大受触动，当即决定别的内容能省则省，关于食用木棉花的数据一定要保留。试想一下，都知道木棉花绚烂壮美，但谁知道这是可以吃的？一盘木棉花炒出来，价格是多少，市场又怎样？一季花期之间，总共能卖出多少？这些最“原生态”的财经数据，从这个身穿民族服饰的餐馆老板嘴里讲出来，绝对比记者在现场自说自话效果好得多。也正是因为有了这组数据（当然还有极其绚丽壮观的各种木棉花镜头）的衬托，整期报道才显得生动活泼，趣味横生。

（二）用数据说话，是比“摆事实，讲道理”更有效的“硬道理”

我们常说做报道要“摆事实，讲道理”。党的十八大之前，央视推出了一系列广泛运用数据和三维视频等新奇手段，来表现国家各行各业取得杰出成就的综合报道。平时用资料画面的地方，全变成了各种数据和图版，再加上山地、森林、海洋等醒目地理标识和代表各个不同职业、不同地域的头像图案，再辅以补充性的文字说明，让一贯“严肃严谨”的央视突然变得又“萌”又接地气，引起了观众的极大兴趣和强烈共鸣。直至现在，央视的各类主题报道、经济报道、社会热点报道或年终报道，依然偏爱使用数据和动画相结合的方式，誓将“数据卖萌”进行到底。

三、数据可视性是良性传播的保障

（一）数据可视性的实现，必然要选择典型生动的报道现场

面对同样的数据传播手段，不同身份、不同兴趣的观众接受的方式和效果也不尽相同。但如果电视报道故事讲述生动，运用数据准确，表达方式得当，那估计大多数的观众还是会乐于接受。

（二）数据可视性的兴起和盛行，其实是应用工具的进步而非内容的变化

有人认为，数据新闻和文字新闻的不同，在于使用了不同的工具包。既然是技术方式的更新，那么在电视报道，特别是在现场报道中运用各类图表、地图、动画、视频等视觉化工具来传递数据新闻及信息，也应该是传统报道方式的吐故纳新，正如舞台表演运用声光电技术大大改良了演出效果一样，后期包装技术的进步也不断推动电视屏幕的变革，增强了新闻的传播效果。

（云南广播电视台　陈瑜）

巧用数据为现场报道增色

随着互联网和信息产业的发展，数据已经渗透到社会的每一个行业。纵观历史，从来没有哪个时代能像今天一样，让数据与大千社会中的每一个人、每一个领域的关系如此紧密。在电视新闻报道尤其是现场报道中，合理而巧妙地用好数据，会让令人发怵的专业报道更通俗易懂，让人有身临其境的感觉，使新闻报道更具有说服力和感染力。

在现场报道中，受众能到达新闻现场的桥梁无疑是出镜记者和现场画面。新闻现场通过出镜记者的所见所闻、所感所思和摄像师所拍摄的画面，让受众接收并获得有价值的信息。数量、时间、长度、重量、体积、速度、压力、能量等不同数据，能让事物更准确地呈现在受众面前；一些简单、准确、重要的数据，在新闻报道中所起的作用有时远胜于文字的描述。在现场类报道中，怎样巧妙地发现和使用好数据，需要采编播人员尤其是出镜记者用眼睛、用身体、用心灵去探索和呈现。

一、把难懂的数据具象化，便于受众理解

当今时代，无论是政府报告、工作总结、业务报表、科学研究，还是得失分析、成败经验等；无论是机关、公司、个体、校园等不同单位，还是医学、物理学等各类学科，都离不开数据。而在新闻报道中，记者拿到的新闻材料中有相当一部分也跟数字相关。

有些数字是容易看懂的，比如同比增减、环比涨跌等。但也有相当一部分数据来自专业领域甚至是科学术语，更有一些数据相当庞大，因距离实际生活太远而让受众无从理解。这就需要出镜记者在操盘现场报道时，善于把

这些相对难懂和专业的数据具象化，经过合理“消化”和“转化”后，再传播给受众。

纵观历史，从来没有哪个时代的人们能像今天这样关注生态环境问题。曾几何时，雾霾和大气污染成了河北省石家庄市甩不掉的一顶“黑帽子”。而分两批集中拆除35家仍然赢利且环保达标的水泥企业，则显现出石家庄市在治理生态环境问题上背水一战、壮士断腕的决心。在2014年2月17日直播《石家庄：17家水泥企业今天集中拆除》这条报道时，摄制团队拿到的是所有媒体都拿到的一个新闻通稿：“此次集中拆除共涉及17家企业的18套水泥粉磨系统、377个料仓，将压减水泥产能910万吨，减少粉尘排放3073吨，腾退土地858亩。通过两次集中拆除，石家庄市将减少水泥产能1850万吨，比原计划提前3年完成‘淘汰水泥过剩产能1500万吨’的目标任务。”

看到这样一组数据，倒是能让人感到数字的体量和政府的治理力度的。但是，这些数字的分量和粉尘的体量究竟有多大？想必受众是没有直观感受的。出镜记者如果把通稿中的数据在直播镜头前念一遍，相信受众过耳即忘。

摄制团队直播前经过在环保、工信等部门的认真调研，将这组数据合理地“消化”了。出镜记者在直播时是这样说的：“今天所拆除的17家水泥企业每天可以减少粉尘排放3073吨，这是一个什么样的概念呢？我了解到一个标准火车皮能容纳的容量是在60吨左右，这意味着这批水泥企业拆除以后，每天可以减少50多个火车皮的粉尘排量，这个力度是相当大的。”

于是，有让受众非常通俗易懂的参照物、主持人语言表达非常口语化，成为这条现场报道的醒目标签。

那么，要压减的1850万吨水泥产能又怎样理解呢？记者在通稿的基础上合理地加上了一个百分比数字，即“本次拆除的17家水泥企业和此前不久拆除的18家水泥企业的总产能，占到了石家庄市全部水泥总产能的40%以上”。如此一来，一举就砍掉40%的总产能，让石家庄市能提前并超额完成淘汰过剩水泥产能任务就变得十分清晰明了了。

二、对于受众感触不深的现场，巧用身体丈量数据

现场报道的最大特点在于出镜记者既是新闻报道者，又是现场的目击者、亲历者。与其他新闻报道相比，现场报道最大的优势在于现场感。

然而，包括广播电视在内的任何媒体，新闻报道是只能看、只能听而闻不到、摸不到的。尽管现场报道同样有此弊端，但是受众通过出镜记者在现场的目视、耳闻、鼻嗅、手摸等肢体动作以及记者在现场的描述、感受等，可以达到身临其境的效果，让现场报道的现场感更加强烈。车祸中的汽油味、排污企业的臭味、战争中的枪炮声等，现场记者的感受也能直接调动起受众的各种感官。

然而，有些现场信息并非能直观地传递给受众，比如这条裂缝有 7 米宽，这堵墙高 2.5 米之类的数字，受众看到之后不会有太深的印象。要想让受众通过屏幕对新闻现场产生如临其境的感觉，需要出镜记者最大限度地运用好发掘出来的现场要素。出镜记者作为受众的“化身”，在现场通过自己的身体组织去实际测量，会让这些数据更加真实易解。

比如，用自己的脚步、头发丝、指甲盖、双臂的环抱、体重等去丈量现场所要表现的长度、厚度、大小、重量等，动作简单、画面直观、便于理解，其屏幕效果远胜于大段的解说词描述。

三、复杂问题用数字概括总结后变得简单化

在日常报道中，有相当一部分选题是无法通过三言两语就能表述清楚的。尤其是一些选题伴随着宏大的背景资料、持续的工作措施和长期的推进过程才得以呈现出最终的效果。然而，在现场报道的实际操作中，从时间上看容不得记者去长篇大论，就收视效果而言也不允许记者做“工作总结”。那么，怎样把枯燥无味的背景、措施、效果、总结等变得更贴近受众的收视需求呢?

复杂的问题，用简单的数字来呈现，这考量的是记者的功夫。

党的十九大报告指出，要“加强社区治理体系建设”，“打造共建共治共

享的社会治理格局”。社区，是城乡居民生活的基本单元。石家庄市以社区为着眼点推进党的建设，开展清洁、安全、文化、健康、道德、云服务进社区，取得了良好效果。但是，在做现场报道时，如何把这条经验说透却并不容易。内容上是“六进社区”（清洁、安全、文化、健康、道德、云服务），基层党组织覆盖管理是“两长四员”（楼院长、党小组长，物业管理员、责任社工、片警、片医），管理在职党员采用“一函三卡三主动”（社区报到函，情况登记卡、活动登记卡、表现反馈卡，主动参与活动、主动提供服务内容、主动与住区单位对接）。记者巧妙地用这样的数字来概括社区基层党建工作的经验，把看似枯燥的内容变得有条理、更鲜活。

而在《在阿富汗牺牲的88名士兵，他们是谁》这篇报道中，记者按“低于25岁”“25—35岁”“35—45岁”“45岁以上”的标准对这些士兵进行了分类概括，得出的结果以“35—45岁”的人数最多。这些40岁上下的士兵上有老、下有小，正当家庭最需要的时候却牺牲在异国他乡的土地上。这样的数据运用，更能让人了解到战争的残酷和对参战士兵家庭的打击。

四、用数据突出现场细节，增强报道的感染力

世界著名建筑大师密斯·凡德罗有一句广为流传的名言，即“魔鬼藏在细节里”。而在我们的新闻报道中，细节同样对于表现新闻现场、深化主题、感染受众和增强新闻报道的影响力有着巨大的作用。

数字也是细节，它在现场等待记者去发现、捕捉和运用。

麻风病是“二战”后曾在世界范围内广泛流行的一种传染性疾病。新中国成立后，政府投入力量积极防治，发病率显著下降，因此现在很多人已经不知道什么是麻风病了。然而在西南的极个别地区，还存在一些患有麻风病的群众，而他们聚居的地方则被称为“麻风村”。这样的村子几乎与世隔绝，患上此病的人生活凄惨，而他们的子女尽管没有病，却背负着患麻风病父母的原罪，被放逐于社会的边缘，甚至连上学的权利都没有。

在《麻风村有了王老师》这条报道中，记者跟着一个学生走进了家里，在现场注意到了这样一个细节——他们家用竹子编的筷笼里除了筷子外还插

着两支牙刷。这是一户有七八口人的家庭，而牙刷却仅有两支。记者就问这两支牙刷是谁的，孩子说一个是自己的，另一个是他爸爸的。孩子入学经过正规教育后，生活方式也发生了细微改变，而他的爸爸曾经隐瞒自己来自麻风村的事实出去打工，在那时学会了刷牙。

通过现场有两支牙刷这样的一个细节，这篇报道告知了麻风村村民的贫穷和闭塞，这样的细节远胜于记者在话筒前对着镜头说当地怎样生活不易、怎样与外界隔绝的话。“现场发现的能力需要积累，有积累才有发现的眼睛”。

此外，我们在报道夏季高温和冬季供暖时，记者用温度计测量出来的温度，在表现负重时称出的重量读数，在展现抽烟吸尘时的工作效率，在物品爆炸时迸发威力的数字等，都是通过真实的数据来表现具体的细节，从而让新闻报道更加可信、服人。

总之，好数据会在新闻现场说话。除了善于发现和运用外，我们所采用的数据必须真实、准确，数据来源要权威、可信，数据使用要合理、得当。对于仍在变动中的、具有不确定性的数据，在报道时要加以说明。善于让数据成为新闻报道中最具说服力的工具，这样可以提升新闻报道的真实性、鲜活性、可信性，增加现场报道的广度、深度和影响力。

（石家庄广播电视台　赵永海　刘亮）

电视新闻现场报道中数据的可视化研究：以央视财经频道为例

大数据时代的到来，考验着人们收集、挖掘、分析、归纳数据的能力。作为信息和受众之间的传播媒介，新闻工作者在报道现场，如何从庞大的数据中挖掘、概括并且快速准确地呈现有效信息，就显得更为重要。鉴于此，本文将对电视新闻现场报道中数据可视化的传播方式和路径等问题进行研究，希望借此总结经验、反思不足，以期在现场报道中更好地运用数据可视化技术，增强表现力和表现效果。

一、概念厘清与样本选择

（一）数据的可视化

科普中国将数据可视化定义为：将大型集中的数据以图形图像形式表示，并利用数据分析和开发工具发现其中未知信息的处理过程。笔者总结认为：电视新闻现场报道中数据的可视化，是将新闻现场海量的数据过滤筛选，通过电视新闻现场报道这一形态，图形化、图表化、图像化、具体化呈现给受众，最终目的是突出要点，建构联系，进而降低数据理解的复杂度，便于受众理解、记忆。

（二）研究样本

本文选取央视财经频道现场报道作为研究对象，有以下三点原因：第一，作为国内权威的主流财经频道，央视财经频道对数据有着较高的依赖，能够为本文研究提供丰富的样本；第二，央视财经频道内容权威，在受众中具有较大的影响力和普及度，其在现场报道数据的可视化实践方面也起步较早，具有很强的代表性；第三，电视新闻现场报道时效性、现场感更强，成为受众喜爱和电视媒体广泛应用的模式。不过，目前我国关于电视新闻现场报道中数据可视化的相关研究较少，本文希望通过探讨，能够在一定程度上拓宽我国电视新闻现场报道中数据可视化的应用视野。

二、电视新闻现场报道中数据的可视化表达

专业深入的财经新闻除了向公众准确反映经济现象和问题之外，还应该能够对经济政策进行解读，对经济现象进行分析并做出预测。不过，如果这两个层面没有通过合理的方式呈现，则可能陷入“内行不愿看，外行看不懂”的尴尬。但是如果将经济新闻中的数据以可视化的形式表达，则可能在一定程度上化解这一局面。在央视财经频道的现场报道中，数据的可视化表达主要有以下几种形式。

（一）画面“说话”让数据“看得见摸得着”

电视媒体与其他媒体的不同之处，就是能够将视听结合，也因此，画面成为电视语言中的重要组成部分。在现场报道中，数据的可视化效果如何，除了本身的新闻点之外，很大程度上还取决于画面拍摄质量的好坏与角度的选择。因此，在记者口头播报过程中切换实时画面实现数据可视化，成为央视财经频道最早使用和使用频率最高的一种方式。以《第一时间》2018 年 5 月 1 日的节目中播出的《故宫实行全网购票　每日八万游客》为例，主持人的口播中带出问题：“8 万名游客的故宫长什么样？我们马上跟随记者的长镜头去看一看。”在随后记者的口述过程中，他选择站在进入故宫的唯一入口——午门广场，并且提到：“上午 10 点的时候，今天的 8 万张门票就全部通过网络购票已经是售罄了。”游客量这么大的情况下，他的出游感受是什么样的？对于受众来说，仅仅凭借这段文字并无法直观感受接待高峰期的故宫究竟变成了什么样？因此，报道中插入了故宫的画面，虽然场景不同，但

相同的是巨大的人流量，通过最能反映新闻事实的本质和特征的新闻画面，呈现出新闻的主旨，真实而有说服力，声画结合也增加了数据的可视性。

现场报道的目的就是把现场的元素淋漓尽致地展现和发挥出来。一个优秀的现场报道记者，应该具备敏锐的镜头感。一方面，记者应当选取适当的出镜位置，遵循视觉重要性的原则，使得摄像师能够拍出准确、高质量的画面，来反映记者口述的新闻事实和新闻数据。另一方面，摄像师和现场报道记者之间的配合也很重要。摄像师应该跟随记者的口述摇动镜头，将镜头对准最有视觉冲击力、最能表达意义的场景。现场报道记者也应该适时地用肢体语言引导摄像师的镜头转向他所指的方向。

（二）借“物”发力，实现数据可视化

在现场报道中，单靠数据、画面和文本有时很难清楚表达信息之间的关系，这时候就需要借助地图或者其他物件等作为视觉化的工具，提高信息传播的效率。

在借“物”发力方面，另一种常见的做法就是借助仪器设备，增加数据的可视性。比如：2017 年 12 月 15 日《环球财经连线》播出的《不打扰小鸟安宁　全球首例高铁全封闭声屏障今天完工》中，记者为了说明全封闭声屏障在降低噪音方面起到的效果，借助了分贝仪，分别在声屏障外部和内部进行监测，得到的测量值从 75 分贝左右下降到 50 分贝左右，这样一种数据的呈现形式比起单纯的数据播报来说，说服力更强、表现也更清晰。

以上两个例子也同时说明，要实现数据的可视化，现场报道或直播流程必须要巧妙设计、以细节制胜。现场报道或直播所呈现出的可视化新闻数据，一定是经过记者精心选择和安排后的结果。记者要充分调动自己的积极性，对现场所需的辅助设备进行调度。另外，记者在现场报道中的走位也很关键。记者先在哪里，再走向哪里，根据不同位置合理分布报道的相关内容，确保提到相关数据的时候能够走到最能可视化反映数据的物体旁，实现无缝衔接。

（三）由“数”到“图”，提前介入实现数据直观化

借助图表实现数据的可视化一般是指利用静态图表、迁徙图、动态短视

频等形式，让数据的现状和趋势变得直观、清晰和易于理解。在现场报道中，这种方式改变了传统新闻的生产流程，传统的新闻制作模式先由采编部门撰写新闻稿件，提炼数据交给后期进行图表制作，最后通过技术手段融入新闻中发布。而这一模式则将设计和技术呈现部分提前至新闻的生产之中，与新闻现场记者的采访、解说同步出现，“将我们不擅长的对抽象数据的理解，用我们更擅长的对图形的认识来进行转换”。①

在2018年1月29日《中国财经报道》播出的《直通现场　淘宝招聘老年消费体验师　“银发经济”潜力大》中，这种“同步性”则体现得更为明显，将“2017年老年人网购消费趋势报告”中的关键数据过滤筛选，通过信息表格、动态图或其他形式进行可视化呈现，再辅助记者对这些图表的阐述进行报道，最后以电视新闻双框的形式呈现。这样既弥补了电视新闻转瞬即逝、很难记忆的缺陷，也适应了现代人快餐式、跳跃式、碎片化的浅阅读习惯，用一目了然的信息图表在最短的时间内将文段的核心内容化繁为简传递给受众，便于受众理解和记忆。

在将数据用图形、图表或动画的方式呈现的现场报道中，对于出镜记者的报道语言是一大考验。因为图表、图形或视频都是提前做好的，如果记者的现场报道中出现模棱两可的措辞甚至是错误的数据，就会造成数据和图表不符，严重影响观众对于新闻事件本身的理解。其次，在大段的数据中，记者要学会有所删减，避免大而全，要抓住最有特点的数据进行呈现，表达过程中能够尽量做到流畅自如、边想边说，否则将会给观众造成不连贯、不专业的印象。

三、影响：电视媒体的转型和应对策略

大数据时代的来临，改变了许多行业的工作模式，对于传统媒体——电视新闻行业来讲，也不例外。从另一个角度来讲，这也为传统媒体的突围提

---

① 沈浩等：《“数据新闻”发展与“数据新闻”教育》，《现代传播（中国传媒大学学报）》2014年第11期。

供了契机。如何抓住机遇，创新数据的可视化表达方式，让现场报道焕发新的活力，是电视媒体必须面临的问题和挑战。

（一）创新“可视化”方式让现场报道更生动

目前，电视新闻现场报道中数据的可视化方式主要还是以静态信息图表为主，形式比较单一。如何创新“可视化”方式，让现场报道更生动，一方面可以借助现代化制作手段，比如融入更复杂的酷炫动画等视听元素，提升可视化效果。另一方面，可以用“场景＋数据”的形式将枯燥的数字转化为故事，既增加了趣味性，也更能引起受众的注意。这一点可以参照央视新闻频道 2015 年 3 月播出的《聚焦两会：数字两会——政府花的钱　百姓满意吗?》中，谈及教育投入惠及 3200 万名农村中小学时，主持人和周围的农村小学生们融为一体，厨师为农村学生们送上美味的营养午餐，在现场报道中，同样可以用情境讲述与关联数据结合这样的方式呈现。

此外，现场报道中出镜记者不仅要用简练的语言来描述现场，还可以尝试通过演示或体验的方式“融”进现场。2008 年 5・12 汶川大地震期间，央视记者在报道唐家山堰塞湖泄洪时，将泄洪槽的深度和宽度与自己的身高体宽来比较，让复杂的数据变得清晰简单。因此，记者可以多使用这种体验式的现场报道，增加数据的可视性。

（二）新老融合数据互动化

在交互性与多样性方面，电视媒体存在时长有限、转瞬即逝、展示简单、互动不足等局限性问题。这也造成目前现场报道中数据可视化的表现呈现“信息量大，重点不突出，缺乏观众互动”的形态。另外，随着传统媒体与新媒体的融合，越来越多的受众是“拿着手机看电视”。基于此，电视新闻现场报道不妨借助新媒体技术，通过新媒体平台延伸传播渠道，提高受众参与度。比如：在手机移动端现场报道的播出过程中设置相关链接，通过点击的选项，用数据地图、图文、组图等方式来展现相关的数据信息。同时可在每条现场报道后跟进评论及一键分享至微博、微信等一系列社交媒体。

（三）加强综合素养　做“一专多能”的媒体人

数据可视化的应用，是现场报道的重要手段之一，而记者在现场对于数据的把控，从根本上决定了数据可视化的效果。当前，大多数现场报道的记者只是数据的“搬运工”，欠缺数据的处理能力。因此，记者必须提升个人综合素养，在借助丰富的可视化形式将数据“演”出来的同时，不需要重复描述图表中已有的信息，而应该将没有表现出来的隐性信息、隐性数据关系为受众解读出来，帮助受众更好地理解。

此外，媒体也应该加强团队建设，实现跨界合作。以澳大利亚全国广播公司（ABC）为例，其实现了多部门的融合，组建了由设计人员、数据采集、分析人员、数据挖掘、图像可视化技术人员等七类技术人才组成的团队。相对而言，目前国内电视媒体可视化新闻制作团队的人员配备不齐，因而大大降低了数据可视化的反应速度和质量。因此，必须让新闻专业人才和IT 技术人才结合，传统新闻生产与先进制作技术接轨，以通俗易懂的方式表现新闻事件，变抽象为具体、化枯燥为生动，才能改变一般性经济新闻报道给人的印象。

四、结　语

现场报道中数据的可视化表达，在业界已经进行了一系列有益的探索和尝试。随着媒介技术的发展和受众信息需求的多元化，数据可视化的表现手法也必将更加多样化。这也迫使电视媒体打破传统思维，掌握新技能，不断探索数据可视化设计的方法和技巧。但需要强调的是，现场报道的核心仍是新闻事件本身，可视化只是一种形式，形式最终要服务于内容。如果只是罗列数据而缺少有价值的新闻信息去统领，即便数据的可视化表现形式再丰富多样，这样的报道仍然是单调肤浅的。

（南通广播电视台　黄昕）

第六部分

现场报道的发展趋势

初探融媒体时代大屏现场报道转型升级之路

融媒体时代，移动端的资讯推送改变了新闻的消费方式，也在倒逼新闻制作方式、流程、工艺发生改变。及至今日，文字、声音、图像时时刻刻充斥着媒体，新闻传播的速度急剧加快，新闻分发的渠道五花八门，新闻的内容成几何倍数增长。现在的新闻事件就像浩瀚水面上跳动的波光，闪耀夺目却稍纵即逝。

现场报道的目的在于拉近观众与新闻事件的距离，充当受众的耳目，将所看、所听、所触、所闻、所想传递给千里之外的好奇之人。现场报道从最初“到”现场、“我在”现场，到“全方位”展示现场，及至报道“隐形”的现场。

一、找准现场报道的“点”，把握报道内容的典型性

（一）找准报道地点　善用地点符号

2018 年 8 月 22 日，美国国际贸易委员会就对华加征关税举行公众听证会，中央广播电视总台《新闻直播间》采用了记者的现场报道。记者选取在听证会召开的地点——美国国际贸易委员会的大楼外做现场报道。记者描述当天参加听证会的人员以及听证的议题，并在现场采访了来自美国化学委员会国际贸易事务主管布鲁特瓦、美国电子烟协会总裁阿布德、美国服装鞋帽协会副主席拉马尔等嘉宾，他们代表各自的行业协会对于美国对华加征关税的问题发表意见。由于媒体无法进入听证会会场，会场外的这种现场采访可以将听证会的议题和美国相关行业和企业在听证会上的发言第一时间原汁原

味地传递给受众，这样的现场报道，让国内关心中美贸易谈判进程的观众对于在美国发生的程序性进展有了直观的感受。

当要报道的内容不是某一特定时间发生的新闻时，找准现场报道的地点，凸显报道内容的独特性、典型性就显得十分重要。2018 年 8 月，中央广播电视总台财经频道在《“一带一路”倡议五周年》系列报道中选取了义乌小商品市场作为报道地点。从捷克进口的水晶杯质量和价格入手，全方位介绍了义乌进口商品城的规模和商品种类、参与交易的国家和地区。通过对义乌这个小商品城从国内小商品集散地发展为现在既有国产又有进口商品的贸易中心的报道，将“一带一路”“中欧班列”“买全球、卖全球”的新闻热点都囊括在一个地点的现场报道中，主题宣传的典型性效果明显。

（二）从关切点切入　保持新闻热度

找准新闻的关切点就像摸准人的脉搏。随着新闻事件发展，受众的关切点在发生变化。在不同的报道阶段找准受众的关切点，从关切点入手，展开现场报道，可保持新闻的关注度。

二、立足点位延展成线拓展报道广度

（一）捋清时间线呈现来龙去脉

现场报道最大意义在于“在现场”。而融媒体时代，各种视频流往往同时出现，同步实时直播。现场报道通过捋清事件的来龙去脉、新闻发展的时间线，可以有效拓展报道在时间层面上的广度。通过记者在现场对新闻事件的梳理，报道从一个点发展成一条线，将新闻内容做厚，报道具有了更强烈的代入感，使观众对于新闻事件的感受和理解更加直观。

（二）梳理内容逻辑线　让潜在内容浮出水面

电视的现场报道可以借鉴新媒体在重大问题和延续性事件的报道中的手法，在现场报道时，将新闻事件点背后的深层次原因、背景通过记者描述，让它浮出水面。比如，中央广播电视总台《中国财经报道》2018 年 8 月 27 日对于“英国纽卡斯尔市中心反对脱欧集会”的现场报道，借助一件显性的新闻事件，反映了脱欧进程中的反复和各方的焦灼。记者在集会现场报道，评述了英国直坠式脱欧带来的不确定性，以及民众的担忧。这一现场报道，借助具体的事件、依托真实可见的事实，让抽象和复杂的问题形象化、具象化，通过现场报道给国际政经格局发生的重大变化找到附着点，引发了观众的兴趣。

三、组合点与线形成报道面做好形势报道

（一）多主题多层次兼顾细分观众群

现场报道规模日益增大，多点位的报道成为常态。点位多，反映的地域更加广泛，报道更加细腻。做好点位的选择、议题的设置可以将组合现场报道提升层次。2016 年，美国大选投票的前夜，美国广播公司现场报道的重头放在了时代广场、民主党候选人希拉里的竞选总部、共和党选举人特朗普的竞选总部。《早安美国》栏目的主持人、退役的橄榄球明星迈克·斯特拉恩将深入群众，利用他亲和的形象与普通民众接触，采访他们的心声。报道希拉里竞选总部情况的是美国广播公司的另一名主持人，非洲裔的罗宾·罗伯茨，她的女性和同性恋身份凸显了希拉里的政治主张，自然会吸引希拉里支持者的关注。在特朗普竞选总部做现场报道的是艾米·洛巴赫，她是白人女性，曾在 2009 年获得过佐治亚州选美大赛的第四名。除去各个地方计票点的报道，这三个重点现场的报道，将捕捉大选前夜基层民众的情绪、候选人阵营的状况，浓墨重彩地转播大选的重头戏；同时三个主持人个性鲜明，自带流量，现场报道不仅呈现显性的表象，而且由于他们本身的话题性、他们的政治倾向和在观众中的长期印象，自然带入各个竞选人的符号和主张，虽然各有倾向，但是组合在一起，又达到了微妙的平衡，成为一个完整和立体的报道。

（二）善用人力自带流量

现场报道最初为适应突发事件而诞生，而对突发事件的报道，现在已成为新媒体的强项，电视等传统媒体一方面要拥抱新媒体的报道手段；另一方面要挖掘自己雄厚的报道人力优势，充分调动积累了丰富报道经验和政经学识的报道队伍。从追新闻、被动报道，到主动设置议题，引导新闻消费。如果说，最初的现场报道用到的是记者的眼和嘴，现在的现场报道则需要调动记者的脑。在嘈杂和喧闹的现场，记者的出现就是新闻事件，他们的评论构成了报道的主题和主线。

（三）主动设置议题把握报道方向和节奏

2016 年美国大选进入中后期时，英国广播公司观察到“铁锈地带”选民力量的崛起，派出了数路记者深入美国的腹地，现场报道选情的变化。其中广播节目《人物》《今日》分别派出了主持人到城乡镇村的企业、商场、街道、小区，在工作和生活的现场环境中采访工人、包工头、企业主、家庭主妇等，倾听这些基层的选民最真切的声音。在重大报道缺乏事件性新闻的时候，新闻机构挖掘埋藏在纷杂的乱象下的核心议题，将现象和缘起聚焦到具体的人和事件上，还原到生动的现场，这体现了传统媒体深厚的资源和人力优势，以“深与厚”，迎接新媒体的“快与轻”。

（四）借鉴新媒体手段创新全媒体报道手段

大屏和小屏在传统媒体的框架下不是非此即彼、废此迎彼。小屏的轻快和活泼，既是技术手段使然，也是当下观众观看习惯的反映。将刻板和复杂的问题具象化、生活化，小屏的应用非常接地气。

总而言之，大屏的内容制作，在全媒体的时代需要作出及时的应对，立足自身的优势，借助新媒体的手段，融合新媒体的风格，挖掘机构本身的人力和智力的资源，转型升级，将现场报道做深做厚、做活做亮。

（中央广播电视总台　杨真）

浅谈新媒体环境下现场报道的机遇和挑战

传统的现场报道具有生动的现场感、极快的时效性、丰富的可视性以及强烈的纪实性等特点。近年来，由于网络科技的推动，自媒体、微博、微信、各大网络直播 APP 平台等新媒体发展迅猛，带动了我国新闻产业领域的技术革命和创新变革。在新媒体背景下的现场报道因为“以数字技术为基础，以网络为载体”，其属性、优势都发生了一定变化，在传统媒体时代所具备的特征之外，衍生出新的特征。

一、参与感与互动性

本文所指新媒体是涵盖了所有数字化媒体形式的广义新媒体，包括数字化的传统媒体、网络媒体、移动端媒体等。① 在技术层面上，我国主流新媒体大多已支持 HEVC 标准，该标准在低于 1.5Mbps 的传输带宽条件下，实现全高清 1080p 视频传输，并在 10Mbps 下达到 4K 视频的传输。② 因此，在新媒体背景下，现场报道和直播领域早已脱离了传输技术和画质的瓶颈。与传统媒体单向传播模式不同的是，在技术的支持下，新媒体实现了受众从被动到主动的互动，让围观效应得到充分挖掘，实现了“我”与新闻事件“同框”的参与感。③ 早在 20 世纪 50 年代，美国的传播学者施拉姆就曾提出著名的施拉姆模式，强调传播是一个由讯息和讯息反馈组成的双向循环的过程。而新媒体现场报道的出现正符合其传播学理论，使受众在观看报道的

① 马为公、罗青:《新媒体传播》，中国传媒大学出版社 2011 年版，第 29 页。

② 王廷轩:《新媒体视频直播的分类及特征》,《戏剧之家》2016 年第 7 期。

③ 王子龙:《直播 APP 下的全民网络主播初探》,《新闻研究导刊》2016 年第 4 期。

同时，可以发表自己的个人观点，实现实时互动和反馈。

二、空前的灵活性

受宣传需要、栏目设置、播出时长、内容审核、收视率、地域、成本收益等因素影响，传统媒体运用现场报道的空间有限。相较之下，新媒体兼具了互联网的传播优势——便捷、低成本、连续，获得了空前的灵活性。首先，在内容的选择和制作上，新媒体受到的约束更小，自由度更大。鉴于此，新媒体可以对同一事件，同时推出不同视角的现场报道供用户选择；甚至可以借助大数据的分析，精准分类和定位用户喜好及圈层，做到“一人一端”智能推送，量身打造专属内容平台。[①] 其次，镜头语言的呈现上亦是如此，随之出现了出镜记者与摄像记者身份职能“二合一”的现象，也就是出镜记者兼具摄像记者的功能，自己独立完成一个现场报道的情况。最后在技术手段上，新媒体通常可以利用诸如手机、电脑、平板电脑等终端设备配合4G移动互联网技术完成现场报道。在突发事件、各大展会以及各项文体赛事的现场报道中，新媒体终端设备可以说是时效最快、成本最少、使用最便捷的现场报道设备。

以2018年中国软交会的现场报道为例，开幕首日新媒体大多兵分三路进行多维度现场报道，以满足不同受众对内容的需求，具体为开幕式现场及高端论坛、对重要嘉宾的专访直播、对主展厅智能软硬件设备的发现报道。笔者负责对主展厅进行新媒体客户端现场报道，在此之前笔者进行过展场探营，了解各展场布置较为独立，加之对首日人流量的预估，果断放弃单独配备摄像记者的计划，改用手持自拍杆的形式进行现场报道。在现场报道的出镜词设计中，首先以“中国软交会是前沿趋势的思想盛宴，更是最新研发的IT秀场。今年的主展厅有哪些异想天开的创意新科技，跟随我的镜头，一起去发现”为开头，将受众一同带入到现场中，随后的报道

---

① 靳然：《新媒体背景下电视新闻现场直播的重要性及其技巧》，《西部广播电视》2017年第19期。

始终保持“我看到的、我描述的”和“你看到的”的高度一致感和连贯性。采访时笔者会随时调整拍摄角度，事实证明正是因为选择了出镜记者与摄像记者“二合一”的模式，才使得镜头语言的沟通误差为零，虽然画面品质略微不严格但却实现了对细节的精准捕捉和对过程的流畅报道。而随后的展品选择则是根据受众的关切，摒弃了可视化炫酷的展品，“这里我看到了一个颜值不高的黑色盒子，不过别看它相貌平平，听说它的‘肚子’可大着呢”“这里能装下1万部高清电影?!”“那会不会很贵?”新媒体现场报道由于不受时长限制，在客观准确报道的同时，可按照“用户为先”原则，追求语言表达的生动性，以及激发和引导受众的关注度和兴趣点。

三、生产源多样性

相比于传统媒体现场报道生产来源依靠电视台出镜记者的单一性，新媒体环境下内容的生产源更丰富得多。既有与传统媒体类似的专业出镜记者，也有平台把控自制的现场报道，还有自媒体报道。在人人可以当主播，人人都是发现者的当下，新媒体环境中现场报道的生产制作源头的构成包罗万象，不过这也衍生出对其准入的困惑。广义来讲，新媒体受众同样也可以是新闻生产者，也就是说网络主播、网络达人、网友等每一个数字化端口前的参与者，只要是在对某一新闻事件做现场解说或展示，都可以被理解为广义的现场报道。① 这也就意味着，新媒体环境下的现场报道门槛较传统媒体要低，准入机制仍须完善。与此同时，现场报道也对出镜记者的职业和专业素养提出了更高的要求。

四、科技性

当下的网络科技更新迭代，诸如大数据、人工智能、VR、AR等，已开始被应用在现场报道中。2016年的里约奥运会，“增强现实”技术在现

① 王子龙:《直播APP下的全民网络主播初探》,《新闻研究导刊》2016年第4期。

场报道中得到广泛应用。美国广播公司（NBC）、英国广播公司（BBC）等多家媒体均提供了多机位、全视角的VR观赛体验，一些国内媒体也运用360°视频形式全方位地呈现了开闭幕式、田径、跳水、拳击等精彩盛典赛事及赛事现场报道。“VR+现场报道”这一跨界组合丰富了报道的画面感和现场感。这些新技术带来了媒体变革，也给现场报道形式带来压力和挑战。2018年全国两会新华网引入“Star”生物传感智能机器人，以科学的“读心术”描绘出观众在听政府工作报告时最真实的“情绪曲线”，而诸如此类的包括情感交互技术在内的科技或许未来都将成为新媒体现场报道的常态。

五、结　语

曾经，电视占据客厅。如今，以数字化为标志的新媒体占据包括客厅的所有场所。场景之争早已过去，媒体形态正在向以多种技术手段结合满足受众需求的方向进化。现场报道是电视新闻的“长子”，是电视新闻记者的必修课。而新媒体环境打破了电视线性播出铁律，释放现场报道的行进式、现场感、互动性、灵活性等先天基因，这块用武之地无疑值得媒体人去关注探究。

（大连新闻传媒集团　李冰 纪方）

融媒体时代如何增强现场报道的传播效果

在很长一段时期里，电视现场报道以其独特的现场感和时效性等优势，牢牢掌握着传播话语权。然而，随着移动互联和融媒体时代的到来，电视现场报道原有的优势正在逐步丧失，传媒格局发生了根本性改变。

随着移动互联网的发展，媒体传播技术和方式也在进行深刻变革，新的媒体生态正在快速形成，融媒体时代扑面而来。2016 年 2 月 19 日，习近平总书记在视察中央电视台时指出："媒体融合非常重要，是下一步的工作方向"。

融媒体融合了传统媒体和新媒体的手段及平台，能够实现传播渠道和终端的多元化，直达各个受众细分领域，取得最完善的传播效果。

进入融媒体时代，电视现场报道应该如何适应新的环境，突出自身特点，增强传播效果而不被弱化？下面将从不同角度来分析论述。

一、树立融媒观念掌握多种技能

电视现场报道，通常是指记者在新闻事件的现场，直接向观众口头播报正在发生的新闻事实的报道方式。在实际操作中，电视现场报道大致分为两类：一类是与事件发生同步进行的现场报道，也就是现场直播；另一类是不完全性现场报道，即记者在事件现场出镜后，另行补充必要的背景材料，进行简单的后期加工，然后尽快安排播出。现场报道跟其他报道方式相比，有着强烈的现场感和真实性，最能发挥电视传播的特点和优势。但是随着新媒体的迅猛发展，"人人皆可是主播"，手机和网络直播随时随地都可能发生。这种大环境，给传统的电视现场报道带来了极大的挑战，也提出了更高的要求。

在融媒体时代，从事电视现场报道的记者应该树立融媒的理念，努力成为融媒体记者。何谓融媒体记者，其核心能力是什么？澳大利亚迪肯大学新闻学院副教授史蒂芬·奎恩博士曾经提出过一个与之最为接近的叫作“全能记者”的概念。他所谓的“全能记者”，是指记者可以分为三个层次：首先能够用手机或其他通信工具，在第一时间对突发事件进行报道；其次能够在短时间内为电视、报纸、网站供稿；最后还能对新闻事件进行深加工，为媒体提供深度报道。

当然，这种“全能记者”目前还不是很多。绝大部分的融媒体记者，如果能在事发现场出镜报道时，准确、简洁、快速地报道新闻，还能使用照相机、智能手机采集图片、音频等现场素材，并进行多媒体发稿，就算是基本符合要求。

二、迅速整合信息展现事件全貌

电视现场报道的一个重要特点就是时效性。这就要求记者在重大事件和突发事件发生时，应第一时间到达现场，融入现场环境，采集现场信息，了解现场动态，并以最快的速度将报道传播出去。

不过，记者再怎么快速反应，都不可能在事件刚发生时，就瞬间出现在第一现场，也不可能凭一己之力，拍摄到新闻现场所有的重要信息和细节。如果是在以往，记者在现场捕捉到什么就报道什么，观众也不会质疑其是否准确与全面。但是如今，随着新媒体技术设备的普及和运用，原先仅仅是封闭式接收信息的受众，完全可以参与突发事件的报道，通过移动互联网传播和分享各种信息。在海量信息面前，如果记者的报道片面失真，马上就会暴露出来，使媒体的公信力遭受质疑。因此，具备“融媒”观念的记者，不应再像过去那样只报道自己的所见所闻，必须广泛收集现场目击者用智能手机等便携设备拍摄到的重要场景和精彩画面，详细了解他们从不同视角所获得的信息和感受，并迅速加以整合，纳入自己的报道。当然，引用目击者提供的画面等内容，必须经过核实，确保真实准确。

新闻报道求新求快，但是突发事件的发展和走向有时变幻莫测，甚至会出现各种“反转”，这就要求记者在进行现场报道的过程中，持续关注事件的发展动态，挖掘事件的真相，分析事件背后深层次的原因，使受众了解到整个事件的全貌。

三、强化移动优先促进融合传播

记者从新闻现场采集到的信息，要做成什么样的产品，通过什么渠道传播出去，这在以往似乎不是一个问题，但在融媒体时代，却必须予以充分考虑，并且提前做出安排。传统电视媒体在保持时效性和权威性等原有优势的基础上，要借助新媒体平台，与新媒体互融互通、开拓全新的新闻生产模式，迈向媒体融合发展的新阶段。

移动互联网促进了信息的传播，也改变了人们接收信息的方式，坐在家里看电视的时间越来越少，借助移动终端获取信息的情况越来越普遍，碎片化传播也渐成主流。这就迫使传统媒体要更多地打造富有新媒体特征的新闻产品，不断拓展全媒体传播的渠道和手段。特别是面对突发事件和重大新闻事件时，更应采用融媒体传播渠道，实现快速和精准传播，并进行持续报道和动态更新，方便受众随时随地接收最新信息。

正是在这种媒体融合的背景下，在 2018 年的全国两会期间，中央和地方各大媒体纷纷出动，在媒体融合传播上大展身手。许多省级卫视，在北京设立了融媒体演播室，把两会报道当成媒体融合的“演兵场”。中央广播电视总台更是重拳出击，打造出充分彰显央视特色的融媒传播新格局，奉献出独具特色的融媒产品，在两会报道中突围发力。

为适应融合传播，众多传统新闻单位都在培养自己的融媒体记者，甚至在向“全能记者”靠拢。2018 年 8 月 17 日，受台风“温比亚”影响，江苏多个城市普降大到暴雨，常州局部地区大暴雨，最大风力达到 9 级。当天上午，常州广播电视台派出多路记者，从不同侧面对台风灾害进行报道。记者外出不到一个小时，新媒体“小编”就根据前方记者发回的素材，在“常州手机台”APP 发出一篇题为《风里雨里我们都在！台风天，一群亮黄色身影冲在常州街头》的帖子，以图文加短视频的形式，报道了公安、路政、绿化等部门工作人员抗击台风、守护家园的感人故事。当天的几档广播新闻栏目均安排了多名记者进行现场连线直播。当晚的电视新闻栏目，在重要时段编发了篇幅较长的组合性现场报道。后经专业公司调查，当天的广播电视节目，收听收视率明显高于平时，新媒体稿件的到达率、点赞率和转发率，也创出阶段新高，取得了较为理想的传播效果。

四、创新移动直播着力用户体验

如今，随着智能手机的广泛使用和4G网络的普及，手机直播几乎是随时随地可以进行，而作为曾经以现场报道赢得观众和市场的电视媒体，也可以将手机便捷传播的功能运用到电视直播中，提高媒体的反应能力，重新焕发电视直播的生命力。

正是基于这一理念，广州广播电视台综合频道在2017年初，就计划打造一档全新的电视新闻栏目，利用自行开发的“掌中广视”APP，将手机直播的画面，直接在电视荧屏上播出。

2017年9月初，福建厦门迎来金砖国家领导人第九次会晤。央视在组织多个频道进行直播报道的同时，还安排“央视新闻”客户端进行连续48小时的超长时间直播活动。后据统计，在这次直播过程中，“央视新闻”客户端累计触达用户1.3亿人，累计观看人次高达7000万。

融媒体时代，现场报道面临创新压力，要借助各种新技术新手段不断丰富传播方式。但需要强调的是，不能为了运用新技术而一味地炫技，更不能为了吸引眼球、追求“首发”和网络“爆款”而公然造假，或打法律的擦边球。跟以往相比，传统媒体在融媒时代绝不能随波逐流，而要更加强调新闻的真实性，守住新闻的生命线。这就要求相关从业人员在新闻生产和传播中，坚持“内容为王”，生产出品质过硬、内涵丰富、导向正确、形式新颖、竞争力强的新闻产品，主动融入市场，赢得用户，体现传统主流媒体的责任担当。

（常州广播电视台　赵宗寿）

互联网时代如何做好电视现场报道

一、互联网时代电视现场报道所面临的挑战和机遇

现场报道是新闻记者在新闻事件现场，将新闻事件的发生、发展向观众做叙述，同时通过镜头展示现场动态的活动。内容可以包括记者口头播报（出镜）、实况记录、当事人及目击者口述等。这种报道具有强烈的纪实性，现场的气氛、情景，记者的情绪和感受一起构成强烈的现场感，从而使新闻的真实性和感染力大大增强，使受众产生代入感和参与感，能够更好地了解、理解新闻事件。

新闻价值学说的普遍观点认为，新闻事件传播的速度越快，其新闻价值就越大。当下，随着互联网技术的发展，各种新媒体、自媒体层出不穷，传播速度的确远远超越电视媒体，在很多重大活动尤其突发事件的报道中，各种声音能够快速被传播出来，甚至在短时间内引领舆论的走向。在这样一种情势下，无疑给电视现场报道带来了新的挑战，在传播速度和传播渠道上，貌似电视报道都不占据优势地位。

然而在移动互联网时代，“快餐”一样的“新闻报道”，很多导向和立场都存在问题，也是片面的、情绪化的，一会儿指东，一会儿道西，甚至像一场闹剧，前一秒事件的主人公还是大伙同情的对象，后一秒却遭受网络暴力。在蜂拥而上又一哄而散之后，受众往往迷失在了各种真真假假的信息之中。但我们不禁要思索，各色的直播尤其是网络直播是不是就可以等同于现场报道？各种传播媒介又是否能等同于媒体？受众到底需要什么样的现场报道？

归根结底，受众需要的是真实、准确、客观的报道，一则好的现场报

道，绝不应该停留在简单、肤浅的层面。在互联网时代，无论传播速度如何提升、传播渠道如何多元化，一则好的现场报道最根本的还是要做到真实、准确、客观。

眼下，各大互联网平台在抢夺流量的同时，不约而同地都在打造更好的内容，在传播速度和渠道的比拼已经进入白热化的情况下，“内容为王”的时代正在重新回归。在这种机遇之下，好的电视现场报道，搭载着各种融媒体资源，无疑会释放出更大的新闻价值。对于新闻工作者而言，这无疑既是挑战更是机遇。

二、电视现场报道所需的基本功

“在现场你没有任何东西可以伪装，也没有任何捷径可行，只有通过自己的眼睛去观察，用自己的心灵去体会，用自己的神情去把握，用自己的语言去表达。”一位资深的新闻记者曾经这样描述现场报道。而要做出“快”“准”“狠”的现场报道，无疑需要记者有扎实的基本功，包括快速反应能力、观察分析能力、语言表达能力、采访提问技巧、镜头表现力等。

现场新闻采访，眼睛的功力是很重要的，新闻之所以被称为新闻，“新”是关键所在，现场新闻更是如此，这就需要记者有眼力，眼睛可以不断有“新”发现。新闻事实就发生在现场，是记者亲闻亲见，甚至还需要亲自参与，这些都为记者“新”的发现提供了条件，但是，很多事情其实又都是司空见惯的，这就给记者的“新”发现造成了难度。在这种情况下需要记者独具慧眼，全力发挥眼力，从共性中“看”出个性，从一般中“看”出特殊，从平常中“看”出异常，真正做到慧眼识珠。

笔者曾经参与2015年“3・15”再追踪的现场报道，在“3・15”晚会播出后，第一时间和执法人员赶到了被曝光生产调和汽油的企业进行采访。“3・15”晚会只曝光了这家企业在违规生产调和汽油，到底这家企业的生产规模和销售网络有多大呢？这些都是未知数，在到达现场后，企业相关人员开始和执法人员玩起了“捉迷藏”，一边带着执法人员在一个空仓库拖延时间，一边安排人手迅速转移重要的证据。而没过多久，触目惊心的一幕出现了，这家被曝光的企业居然安排工作人员用撬棍撬开了财务室的防盗门，匆忙转移了部分账目，甚至情急之下，将电脑的主机箱也转移走了。笔者在最初企业人员开始兜兜转转打太极的时候，就敏锐地察觉到有蹊跷，因而更加紧了现场的追踪，最终通过现场纪实和出镜，展示了这家企业被曝光之后的种种丑态，也在节目中展示了部分证据。短短几分钟的现场报道，笔者没有选择简单在现场出个镜，等待执法人员或被曝光企业表个态，而是紧紧抓住了现场，通过几次出镜，展示了证据和细节，让观众进一步真切感受到被“3·15”晚会曝光企业的真实嘴脸，企业违规生产和销售的诸多证据也在节目中得以呈现。

做一则好的报道，记者可不是到现场看热闹，而是要在现场有所发现，并且准确地告诉观众发生了什么？怎么发生的？这件事意味着什么？在现场报道中，记者不仅要“立”在现场，更要“活”在现场。

三、做真实准确的电视现场报道

目前，媒体深度融合正在层层推进，一则新闻的传播可以实现同时通过电视、报纸、广播、网络、微信等多个平台第一时间传播给大众，但传播范围和效率提高，对一则报道的质量要求就更高。

无论何时何地，真实准确是一切新闻报道的生命，现场报道更是要用事实说话，发现和求证事实是记者在现场报道中的基本任务。记者在现场要进行细致观察，找到当事人进行采访，同时使用书证、物证、关键目击者来佐证新闻事实，不断靠近真相。无中生有、捏造事实、故意虚构、刻意夸大等恶劣手段都是现场报道的最大禁忌。

在《现代汉语词典》里，“真实”的释义是与事实相符，“准确”的释义是严格符合事实、标准或真实情况。“第一现场”“第一时间”“第一手新闻”等，这些名词我们并不陌生。面对各种各样的新闻现场，媒体同行经常调侃：要做个好记者，虽然不一定是一个“专家”，但一定要是一个“杂家”。在电视现场报道中，准确抓取真实的信息是记者这一工种最重要的手艺甚至是看家本领。

所谓现场新闻的真实性是对报道对象的一种客观反映，其真实性包括构成新闻的基本要素，如时间、地点、人物、事件、因果等都必须真实。然而，一条现场报道也并不能体现全部的真实状况，而是将现场发生的一切进行取舍，增强新闻的表现力，需要提醒的是，新闻加工的幅度必须遵循新闻原有的真实、准确、客观、公正的要求。

现场报道就是记者身处新闻事实的现场，对新闻事实进行及时传播。在这个信息爆炸的时代，受众并不缺少信息，甚至会被各种渠道传递的信息所淹没。在一个现场或事件的传播中，无论是记者现场出镜、采访，还是后期拍摄、编辑，都是一个层层判断和选择的过程。但这个判断选择的立场、出发点和标准，决定了报道的客观、真实、准确程度。

不可否认，在做现场报道时，记者的判断和选择会使事实受到主观入侵，但只要站稳立场、导向正确，在报道中“察实情、说实话、动真情”，其实并不会影响其真实性。现场报道中的“真实”不是孤立的真实，也包含了人性中的一些共同经验和看法。“察实情、说实话、动真情”会呈现更加立体、细腻的报道。

笔者曾经参与过一次山体滑坡的现场报道。怎样有温度又有理性地去真实、客观地报道一场灾难，成为笔者出发之初就思量再三的问题。这个滑坡导致了 38 人死亡，整个村庄被土方掩埋，救援人员进行了长达 36 个小时的救援，村子里几乎每家每户都有亲人和邻居在滑坡中离世。在这样的一则报道中，很难做到不掺杂一丝一毫的情感。在现场报道中，笔者用镜头记录了救援人员在找到最后一个遗体时，难以掩饰的悲伤之情。在安置点上，笔者并没有简单粗暴地去询问受灾群众家里的伤亡和受灾情况，而是发现他们中的很多人，强忍悲痛，吃不下饭；有的人吃了几口饭菜，最终还是趁大伙不注意偷偷倒掉了；还有的受灾群众凝望着山体滑坡的方向默默地流泪，久久不愿离开。受灾群众之间没有更多的语言交流，他们和亲人紧紧拉在一起的手，都让人感受到了这场灾难给他们带来的严重伤害。在现场通过一系列富含情感的细节的抓取，使事实变得更加丰满真实，拉近了观众和现场的距离。不是冰冷地报道受灾人数、损失情况，不用大鸣大放，通过细腻细节的展示，引发观众的共鸣和共情。

而回归到滑坡原因的探究，则要摒除情感因素，笔者选择在现场采访了当地有关部门的负责人，同时也采访了包括地质监测、气象预报、灾难救援等多位在现场的第三方权威专家，让他们各自对滑坡的原因和救援情况进行了阐述。在多方信息的汇合后，观众对于导致滑坡出现的自然原因、人为因素都有了客观的了解。

新闻真实就是对某一具体事件进行叙述，供人们了解该事件发生的具体情况，并使该事件尽可能得到还原。因此，新闻真实其实也是一个选择的过程，即选择尽可能与此事相关的、准确的、全面的信息，使整个事件得到尽可能准确、全面的展示。

四、结　语

在舆论环境、媒体格局、传播方式深刻变化的今天，作为一名奔走在一线的新闻工作者，我们要做好成为一名全媒体记者的准备，不断熟悉各种新的传播渠道、传播技术。但归根结底，无论互联网如何日新月异、融媒体发展怎样层层深入，打铁还需自身硬，在传播渠道五花八门的当下，作为一名国家级媒体的记者，最紧要的还是需要扎扎实实练好内功，力求在电视现场报道中，真实、准确、客观、全面地呈现一则报道，不仅要弄清事实是什么，还要揭示新闻现象的根本原因及其后果，赋予报道深刻的思想性，要深入到新闻事件的本质中，增强报道的力度、厚度、深度，不断拓宽自身的角度和视野，做“有思想”“有内容”“有情怀”的报道。

（中央广播电视总台　刘莹）

跨界融合多形态创新
融媒体直播“赋能”新闻传播力

一、跨界融合　融媒体直播成新宠

“融媒体”是充分利用媒介载体，把广播、电视、报纸等既有共同点，又存在互补性的不同媒体，在人力、内容、宣传等方面进行全面整合，实现“资源通融、内容兼融、宣传互融、利益共融”的新型媒体。当前，通过融媒体对事件进行直播的方式，给受众带来了更多实时、直观了解新闻事实的可能性，克服了传统新闻直播的延时性、过滤性等局限。

随着媒体融合实践向纵深推进，大量主流媒体开始布局各类移动直播平台，并通过新闻传媒、数字娱乐、智慧服务等产品集群，跨界为用户提供多样性服务。在这一融合过程中，融媒体直播以其强烈的互动性、真实性、便捷性，逐步渗透到新闻传播活动中，成为一种崭新的报道方式，并以其多样性的服务来整合资源连接用户，增强用户黏性，为用户提供更精准的资讯服务、娱乐服务、政务服务及社区服务等，而成为直播界新宠。

人民网推出的《启航：新棋局·瞰长江》，大规模使用无人机团队，引发业内关注；新华社客户端创新推出“现场新闻”报道模式，运用最新的移动网络技术，最高单场访问量达600多万人次。

2017年2月19日，由人民日报社新媒体中心发起，新浪微博等合作建设的全国移动直播平台——“人民直播”正式上线，百余家媒体机构、政府机构、知名自媒体、文体名人等加入“人民直播”平台，为各大媒体尝试跨界融媒体直播内容升级开辟了新路径。

另外，一些广电网络公司利用已有的用户渗透率，接入智慧城市服务，形成融内容服务、城市服务、网络传输为一体的平台。像北京歌华有线、湖北、陕西广电网络等国内发展较好的广电网络上市公司都尽可能地借“三网融合”的发展契机，依托数字电视网络，融合物联网、云计算等移动新媒体技术的升级，建设多功能的综合信息传播平台，为融媒体直播提供了更多新的可能。

二、加强互动　融合“赋能”新闻传播力

作为一种内容与互动并重的报道形式，融媒体直播的重要优势之一就是可以借助移动端，实现和受众的在线实时交流。传统的单向传播模式阻隔了信息的沟通，影响了传播力，而融媒体的移动直播正是解决这个问题的突破口之一。

如何消除与受众的距离感，吸引受众主动参与，实现有效、有料互动，各大媒体的融媒体直播，探索一直在路上。笔者认为，时政新闻要直播，可以通过让时政新闻记者或主持人，以新闻讲述者、新闻参与者等身份，用口语化、平民化的新闻表达，实现与受众的平等对话、沟通，变“内容灌输”为“主动讲解”，拉近与受众的距离。常州广播电视台今年的两会报道，首次创新推出的《数说两会：种好常州幸福树》全景虚拟互动报道，就十分抢眼。节目利用虚拟的演播场景、虚拟前景植入、虚实结合等多种报道形式，将以往报道中不可避免的抽象、枯燥的数据，以酷炫的三维动画方式，组合成灵活多变的前景模型，生动呈现在受众面前，实现了数据的可视化，更是将常州经济社会一年来的发展变化呈现得淋漓尽致，让百姓对常州的发展感同身受。

大型活动直播，就要多设置能够让受众产生共鸣的议题，激发受众的互动欲望，让共同观看直播的受众一起交流、讨论，提升参与感。同时，也把碎片化的用户通过共同感兴趣的话题聚合起来，增强直播的用户黏性，使受众获得浸入式体验。常州广播电视台下属常州手机台和月星环球港联合制作的 2018 跨年晚会，可以说在这方面做了成功尝试。2018 跨年夜，从晚上八点开始，一直持续到跨年零点时分，整整四个小时的全程直播、实时互动，

观看量达200多万人次，收获网民们的无数点赞。其间，常州广电著名主持人、网红达人纷纷亮相，与受众交流、互动感兴趣的话题，高潮不断，常州手机台直播流量首次突破100万大关，冲到145万。

一些社会新闻也在融媒体直播语境下，传播力、影响力大大增强。2018年7月10日，全国法院第十期“决胜执行难”全媒体直播“抓老赖”在南京展开，当时包括人民日报社、新华社、中央广播电视总台、江苏广播电视总台融媒体新闻中心、网易新闻在内的全国60多家媒体全程参与，8条执行线路、9路视频、10小时不间断的全国最大规模直播，直达执行一线，让失信人无处遁形！

被执行人住得怎样？他们欠债后的现状如何？这些都是网民关注的信息。通过融媒体的直播镜头，出现在受众面前的是大量的银行卡、存折、纪念币、珠宝、首饰、手表、奢侈品箱包等，强大的视觉冲击力迅即使这场全国规模最大的一次“抓老赖”直播成为当天全国网民关注的一大热点。据不完全统计，整场直播仅在网易新闻观看量就已经超过1200万，在各媒体平台共吸引5000多万人次。这种可看性极强的直播牢牢抓住了受众的眼球，也赋予了新闻直播新的生命力和社会影响力。从2016年6月起，江苏省高级人民法院与网易江苏的合作开启了全国法院执行直播的先河，首次独家直播四个小时创造了300万流量。

三、多形态创新　开辟融媒体直播“新蓝海”

面对瞬息万变的媒体环境，传统广电媒体被新媒体、自媒体等倒逼推进媒体融合进程，并不断创新报道方式，融媒体直播正在开辟“新蓝海”。先以时政报道为例，近年来一些城市电视台在报道全国、省份及本市两会报道时，不再像以往那样只注重用传统媒体的专业来打造权威的内容，而是用现场的融媒体直播来进行立体式报道，提升报道的广度和深度，增强报道的影响力及可看性，使受众能摆脱枯燥常规的报道，更加直观、立体地接收政务信息。

常州广播电视台这两年在大型时政新闻直播过程中，开始尝试融媒体直播，做到快速传播与深度报道相融合。以 2018 年报道市委书记汪泉参加全国两会为例，就依托融媒体新闻指挥平台，在整合广播、电视、新媒体团队的前提下，重点突出“移动优先”的战略，充分利用文字、图片、视频、H5 等多种报道形式，第一时间展现两会报道的鲜活场景、生动细节，把看上去神秘、严肃的政务活动用轻松、活泼的方式传递给普通群众，把复杂难懂的政策通过故事化的内容进行阐释，使整个直播既有温度，又有厚度，更好地实现了时政新闻的价值，也让受众真正走进新闻、理解新闻，达到“1+1>2”的新闻传播效果。

除了时政新闻，在突发事件现场，融媒体直播也有比较优势，不仅仅局限于电视直播记者播报的新闻本身，可以在播报新闻的同时，向网友展现新闻背后的画面，比如找到突发现场的经过、新闻现场的冲突、事件现场的突发状况等。直播和拍摄不同，拍摄可以选择中断、再继续，而直播就不会给你这个机会。只有不断将自己感受到的信息，转化成提供给受众的内容，这个直播才有意义，否则就是一篇简单的流水账。而且，直播要由浅入深地做，直播其实就是带领受众进入现场。一个好的直播肯定是要覆盖更多人。

综上所述，在媒体融合发展的快速进程中，直播需要不断创新传播手段，提升受众体验，融媒体之间各个平台加强互联互通，才能实现更好的技术融合、内容融合、品牌融合，开拓融媒体直播“新蓝海”！

（常州广播电视台　魏溪莹）

新媒体时代电视新闻现场报道的优势及有效策略分析

在融媒体时代，电视新闻现场报道的出现与发展，在很大程度上提升了受众了解新闻内容的兴趣以及参与新闻互动的积极性。与此同时，新闻现场报道也大幅提升了电视新闻传播的效果与价值，并为受众深层次了解新闻事件提供了更有效的平台。因此，站在媒体人的角度对电视新闻现场报道的优势及优化策略进行探讨，不仅有利于促进电视新闻及整个媒体行业的发展，还能为我国广大新闻受众提供更加及时、高效、富有内涵的新闻服务。

一、新媒体时代电视新闻现场报道的主要优势

（一）可以展现出新闻强烈的现场感和氛围

新闻现场报道能将现场环境呈现到受众眼中，并在环境烘托下，带给受众视觉和感觉上的冲击。与此同时，现场记者还可以通过自己的视角将信息呈现出来，记者的语气、动作、表情等也会向新闻受众传递一定的信息和情感。现场记者也能够以目击者的身份为受众进行报道，这样能使受众深刻感受到现场的氛围以及事件的发展变化，从而满足其对新闻事件的了解需求。2017 年 12 月，渝黔快铁通车，贵州广播电视台与遵义广播电视台联动，对高铁从贵阳站驶出，经过遵义站，到达重庆站进行车内、车外全现场报道，不仅向受众展现了高铁的行驶情况，也对各个车站、桥梁、隧道进行了全面介绍，让受众对渝黔快铁有了更加形象的观感及全面了解。2018 年 10 月 23 日，港珠澳大桥开通仪式举行的当天，央视记者就在通车之前，采用记者接

力、一镜到底的形式，带受众全程穿越大桥，跨越伶仃洋，连通港珠澳。通过现场记者声情并茂的阐述以及对新闻事件的深度剖析，受众不仅可以了解整个事件发展的始末，还可以对新闻事件产生更深层次的了解，甚至还会对此做出判断和评价，产生互动需求。

（二）可以展现新闻的真实性并吸引受众

在进行新闻现场报道时，记者可以根据现场状况和事件发展如实向受众播报，而受众通过电视机或通信网络终端能及时了解现场状况，产生身临其境的感觉，这就大大提升了新闻的直观性、真实性和可感受性。今年“山竹”侵袭沿海地区的时候，珠海广播电视台记者就顶着大风大浪进行现场直播，对自己目测的海浪高度及站在风浪中的切身感受进行描述，让受众通过电视对“山竹”有了更形象的了解。同样，在地震事故报道中，记者深入现场进行报道，受众可以通过电视机观看到摄像机拍摄随着余震不断出现中断或晃动，即便远在千里之外，也能感受到现场的真实状况，余震不断、颤抖的摄像机、等待救援的灾民以及忙碌的救援志士等。这样的报道方式不仅能够让受众直观地感受现场状况，增加新闻的真实性，还能够有效提升新闻报道的影响力，提高收视率。

（三）可以展现新闻的不可预见性

电视新闻现场报道是一种实时报道，因此在一些重大事件的报道中无法实现长时间持续报道，通常需要连续几天或间隔数天实施跟踪性报道。所以，对于重大新闻事件的始末，现场记者可以有计划地开展一系列专题报道，受众在观看新闻时也经常听到“关于此次事件的发展状况，我们会继续跟踪报道”或“关于事件的结果，我们会持续跟进”之类的话语。这种悬念式的设计会激起很多受众的好奇心和求知欲，也会让很多受众感到意犹未尽，从而对新闻事件的发展、结果乃至新闻报道充满期待。比如说，党的十九大召开以及世界杯、亚运会等大型赛事的持续报道，往往获得广泛的关注和超高的收视率。

二、新媒体时代强化电视新闻现场报道的有效策略

（一）加强新闻现场报道策划，提升新闻报道的整体效果

随着新闻现场报道的广泛普及，报道方式和内容越来越趋于模式化和程序化，新闻现场报道缺乏针对性和新颖性，这就使得新闻整体吸引力和节目效果大幅度下降。针对这一问题，我们应结合融媒体的特点及新闻现场报道的优势，从新闻的主题、性质及大致内容等方面做好现场报道策划工作，具体策略主要包括以下两点：首先，为保证现场报道的及时性和真实性，新闻记者应第一时间赶赴现场，通过自身观察或采访目击者了解事件发生的环境、进展及带来的影响等，并立即展开现场直播，比如在沿海台风的报道中，新闻记者手执话筒站在狂风暴雨中，向受众直接呈现台风来临的真实情况，这种视觉上的冲击和播出效果要远远高于主持人站在演播厅内向受众转述台风天气的影响；其次，电视新闻现场报道还应当秉承传统电视新闻“勇于追求事实真相”的基本原则，必须从受众的视角和需求出发，让他们及时了解新闻事件的真相，如此策划和执行才能赢取稳定的收视群体，才能最大限度地实现新闻工作者的社会责任。

（二）注重运用媒体融合思维，全面优化新闻现场报道的内容

在融媒体时代，电视新闻现场报道应注重运用媒体融合思维，具体来讲就是将新闻受众当作服务的主体，以受众的视角和心理需求为主要参考，不断对新闻报道的内容进行优化整合。在具体工作中，为保证新闻现场报道内容在优化后可以达到理想的播出效果，首先必须保证所报道的新闻题材具有很强的新闻性、重大性和贴近性。就目前电视新闻现场直播所选的素材而言，主要包括重大活动、会议、公共突发事件（主要包括地震、洪涝灾害、重大事故等），这些是日常新闻热点，本身具有较强的社会影响力，在这类新闻内容优化时，应当采用递进式跟踪报道，以充分满足受众对该类信息的期待。而重大会议及活动的现场报道，此类事件无论程序还是内容往往都是既定的，在报道时很难给受众带来意料之外的惊喜，所以在具体策划和实施

时，应最大程度将新闻报道的价值放大，以既定内容为核心，通过加大情感冲击让受众产生思想上和情感上的共鸣，比如在体育赛事现场报道中，记者应当加强宣扬爱国主义情怀和拼搏奋斗精神，为我国体育健儿的成功而喜悦，为他们的奋力拼搏而感动，即使运动员竞技落后也要对他们的辛勤付出给予肯定和鼓励，这比只是程序化地报道体育赛事更富有吸引力和影响力。

（三）不断提升现场记者的专业素养，深入挖掘新闻的传播价值

现场记者作为新闻报道的策划者和实施者，其对新闻报道吸引力和整体效果有着决定性的影响，所以说现场记者必须具备极高的专业素养，如果这一条件难以满足，现场报道将很难全面、深入挖掘事件的新闻价值。针对这一问题，新闻记者应当充分利用融媒体大环境带来的媒体发展优势，不断提升自身的专业素养，具体策略包括以下几个方面：首先，现场记者必须具备从新闻事件中提取有效资源的能力，毕竟在新闻现场报道中，有效信息是新闻价值的重要载体，因此记者在进入现场后，应当对新闻资源进行准确判断，并善于提炼和处理有效新闻信息，最后凝练成新闻报道内容，以实现新闻报道效果和价值的最大化。其次，现场记者必须具备较强的系统思维能力，因为新闻事件都具备一定的内在规律，而这些规律能够帮助受众有条理、有逻辑地去了解新闻事件的缘由和全貌，从而增加新闻的吸引力。现场记者作为新闻报道的实施者，其肩负着引领广大受众了解新闻事件真相和全貌的责任，这就要求现场记者善于运用系统性思维，从新闻事件的内涵着手，对新闻资源进行有效分析，并运用正确的价值观引导受众对新闻事件进行深思，以体现新闻资源深度开发的魅力。

总的来说，在媒体融合发展的大背景下，新闻现场报道面临着新的发展机遇和挑战，为此我们对其优化策略展开探究，有助于进一步提升新闻资源的开发和整合效率，并增强新闻的传播价值。在此，笔者也希望更多媒体人和相关专业研究人士参与到这项课题的探讨中来，共同为我国传媒事业的发展不懈努力。

（遵义市广播电视台　刘苧忆）

融媒体时代现场报道的策划与成本控制

现场报道分为事件性现场报道和非事件性现场报道，而事件性现场报道又分为突发性和一般性两种。突发性事件的现场报道具有突发性、不可预知性等特点，其现场就是事发地，报道者选择余地不大，也没法进行事先策划。一般性事件的现场报道对象则是可预测的，在提前知道事件的起因、地点、内容的情况下，报道者对报道有较大的策划和选择空间。毫无疑问，对一般性事件的现场报道来说，前期周密的策划和“现场”选择，是成功地实现报道主题和报道目的的关键；非事件性现场报道更是如此。而融媒体时代在策划报道的同时，成本控制也是不可忽略的一大重点。本文将结合个案对非突发性的现场报道策划进行探讨，借以推进新闻现场报道中一些规律性议题的思考。

一、现场报道策划中的“现场”选择

没有策划的现场报道拖沓冗长、缺少生命力，传播效果大打折扣。非突发性的现场报道重在策划，要解决在哪里做、何时做、谁来做、怎样做等一系列问题，要整合一切可利用的资源，考虑突发情况，最大限度地呈现现场报道的目的和价值。

（一）选择典型现场时，应追求重点关注和核心论题的重合

加拿大传媒学者麦克卢汉认为，媒介是人体各个感官能力的延伸和扩展。现场环境不仅能够直接影响现场报道的内容和方向，同时也会直接影响受众。有些现场不断变化，事件的发展往往呈开放式趋势，不同的时间、不

同的视角，反映出的是不同的“现场”，构筑的是不同的在场感。不管怎样，选择典型现场时都应选择抓住受众的关注点、兴趣点的现场，通过重点关注实现核心论题的鲜明呈现。

（二）设置典型现场，应删繁就简、精心提炼

现场报道是要在有限的时间里表达更多的新闻信息。因此，对于很多非突发性的现场报道来说，用于现场报道的环境要经过精心策划才能达到最佳传播效果。这既是脑力劳动，又是体力劳动，因为大多数的思考和策划要亲临现场进行检验和调整。在哪里进行报道更有现场感，哪个角度拍摄更有视觉冲击力、哪些环节设置更能体现报道主题等，这些都应该在策划时认真思考和设置。设置典型报道现场时既要符合电视受众的关注点、兴趣点，又要引导受众的关注点、兴趣点；既要设置现场画面的可视性、生动性，又要保持现场画面的真实性；既要有现场环境的整体表现，又要删繁就简、精心提炼典型现场，直奔主题，让受众一目了然。

二、现场报道策划中的成本控制

在加强内容策划的同时，现场报道策划还不得不面对新媒体时代传媒的成本控制问题。众所周知，受新媒体冲击，电视等传统媒体所占广告份额不断萎缩，经济压力越来越大，过去那种不计成本做报道的时代一去不复返。因此，除了突发性现场报道外，其他的现场报道从策划之初就应该考虑成本控制问题。

现场报道的成本控制与电视技术的发展关系密切，现场报道离不开各种新技术的加持。最初的现场报道普遍使用卫星、光纤、微波等传输系统。近几年来，随着 4G、Wi-Fi 等技术的飞速发展，移动互联网高速便捷、成本低廉，优势顿显，在现场报道中被广泛采用。虽然他们有时候在图像质量、传输路径、可靠性等方面无法和传统的卫星、微波车或光纤等传输系统相比，但是网络传输系统价格低廉、轻便快捷，可以作为现场报道非常灵便的传输工具，与传统传输系统形成有效的备份和互补，发挥的作用越来越大。

举例来说，上海广播电视台2016年12月28日关于“沪昆高铁昆贵段通车仪式”的直播即是如此。有关这次报道的成本控制有以下三点与大家分享。

（一）全国公共电视新闻网联动，共享共赢

策划的时候我们首先考虑的就是成本问题。云南、贵州没有我们的记者站，那里的环境我们是陌生的，如果动用卫星、微波车等重装备，千里迢迢，势必费用很高。那么，对于这场跨越崇山峻岭的现场直播报道，如何在呈现精彩效果的同时控制好报道成本？我们在策划时力求内容和成本并重，以最小成本换取最大播出效果。

首先，准备大量直播报道的用片、备片。我们利用“公共电视新闻网”（CPTN）这个强大的平台资源，与沪昆高铁途经的浙江、江西、湖南、贵州、云南等5省的省、市级电视台展开对接，获得沿途的美景、美食、物产、民俗等优质视频资源，省去了拍摄费用。

其次，和云南台联动直播、资源共享。沪昆高铁昆贵段通车对云南来说是具有历史性意义的一件大事，它结束了云南没有高铁的历史，12月28日，云南台、新华社直播了昆明通车仪式现场，我们共享直播信号。

（二）轻质化设备、最极限人力挑战大时段现场报道

作为国内高铁技术先进的表现之一，沪昆高铁云南段全线同步开通了4G信号，哪怕是在时速300公里的动车上，一样可以发微信、打电话。因此，我们策划让记者携带机动性最好，也是最节省成本的4G背包跟随首发车进行行进式现场报道。可是云南山高谷深，94%为山地，而沪昆高铁云南段的桥隧比近71%，在高铁开通前三周，笔者带领记者、编导专门跟随测试车对沿线的4G信号进行了各种测试。从当时的情况来看，信号一直比较稳定。于是，我们最后确定由出镜记者、现场协调编辑和摄像记者三人组成一个协作体，在海拔2000多米的云贵高原，配合动车300公里左右的时速，于动车上及沿途各站点、重要控制性工程之间，做现场报道，力争以最小的人财物力投入，换取最大的播出效益。

（三）多元化拍摄，全方位呈现

为了防止首发车上人多、4G 信号变弱，无法达到直播要求，我们还制定了详备的应急方案。通车前，我们选取了沪昆高铁昆贵段建设过程中的几个重点、难点工程前往拍摄。全长 14.7 公里的壁板坡隧道是沪昆高铁全线最长隧道，也因为施工困难被列为沪昆高铁全线头号“咽喉”工程。壁板坡隧道一洞穿两省，西边连接云南省富源县，东边连接贵州省盘州。经多次努力，我们终于独家乘坐测试车在驾驶室内拍摄了动车穿越壁板坡隧道的全过程，同时，等候在富源北站壁板坡隧道口的摄像记者放飞无人机航拍了动车穿越隧道的动人瞬间。另一个拍摄重点就是北盘江特大桥。它横跨在海拔 2000 多米的群山之间，桥面距离谷底约 300 米，是世界第一高铁大桥。虽然高铁通过这座 721 米长的大桥仅需 6 秒钟，但是为了这 6 秒，高铁建设者们整整奋战了 6 年。同样，为了记录这 6 秒，我们辗转 1000 多公里来到桥下。经过跟普安站不断沟通、反复测算，无人机的屏幕上终于出现了从桥这头山洞钻出来的动车，几秒钟之后，像一条银蛇一样，又钻进了对面的山洞。这些珍贵的素材，既给通车仪式当天记者的行进式现场报道增色很多，又弥补了 4G 信号不稳的安全隐患。

事实上，直播当天由于车上乘客很多，4G 信号并不太稳定。当动车进入壁板坡隧道时，4G 信号消失，后方导控室就切双框，同时播放之前在测试车内拍摄的隧道内行驶的实况，和动车穿越隧道时的航拍画面。天上地下、动车内外、前方后方无缝衔接地向观众实时展现了云南高铁首发车通过中国最长高铁隧道——壁板坡隧道的壮观场面。另外，车厢内和各站点 4G 信号稳定时，记者根据情况随机进行现场报道。

直播前精心策划、周密准备，直播时随机应变、沉着果断，这是现场报道的成功所在。新媒体时代，专业的新闻报道团队如何充分利用资源，在专业性、内容精彩性不减的情况下，探索低成本高质量的轻质化直播报道应该是我们努力追求的一个方向。

（上海广播电视台　巩玉花　张艳）

浅谈新媒体环境下用“用户思维”做现场报道

突发事件往往是社会舆论关注的热点和焦点，所以突发新闻报道一直以来都是各种媒体竞争的着力点。在传统媒体时代，电视媒体因其传播的时效性、现场感，在突发新闻报道中占据强势地位，而充分展现电视传播特点的现场报道更是电视媒体在突发新闻报道中的立身之本。

科技加快了新闻产生的节奏，但是科技的进一步发展，却也让电视媒体在突发新闻报道中不再占有时效性、现场感的绝对优势。在移动互联网时代，突发新闻的当事人、目击者甚至是关系人，都可以利用一部手机，在新闻事件发生的同时在网络上发布相应的文字、图片、视频信息，更为重要的是，在事件发展的同时，数以万计、数以亿计的网民可以同步协力搜索、拼接、补充信息，这些都是任何传统媒体无法做到的。

分秒传播的数字新媒体，无处不在的“公民记者”，冲击着传统专业媒体作为事件第一报道者的地位，而身处其中的电视媒体也在应对挑战中做出一系列改革和创新，报道视频化、移动直播、融媒体报道等成为各家电视媒体探索和转型的方向。相应的，电视媒体在突发新闻中的现场报道也随之出现了新的呈现样态、叙事模式和报道要求。

一、新媒体环境下电视媒体突发新闻报道呈现样态和叙事模式的改变

移动互联网和社交媒体的出现，产生了新的新闻生产者和生产状态，特别是在突发新闻报道上，报道与事件的发展过程几乎同步进行，所以突发新闻事件的报道更多地开始以记录事件动态发展和追寻事件真相的动态过程来

呈现。因此，有学者把这种区别于以往的呈现建构的新闻称为过程新闻。过程新闻的出现，让突发新闻发生时，电视媒体打断正常节目安排，采用大时段、连续性直播报道成为常态化。

在刻不容缓的新媒体语境下，当过程新闻成为突发新闻报道的新样态，大时段、连续性直播成为电视媒体报道突发新闻的常规机制时，现场报道记者已经不能完全遵循以往报道规律，等到获得突发新闻全部“5W1H”信息后才进行报道，只能是在获取一星半点的信息时就进行发布。有学者把这种新闻报道新模式称为蜂巢型叙事模式。这个称谓很形象，电视媒体对突发新闻的大时段、连续性完整报道如同一个完整的蜂巢，那各种与事件相关的未知的、受众又迫切想获知的信息，就类似蜂巢上众多空洞洞的蜂巢孔，而现场报道的记者就要像蜜蜂采蜜一样，要在现场一个要素、一个要素去挖掘、去求证、去发布。

二、用“用户思维”做现场报道是新媒体环境下电视媒体的应对要素

在传统大众传播时代，传播媒体拥有垄断传播渠道的权力，所以传播什么完全由传播者所掌控，受众在线性讯息传播过程的终端被动地接收。

而移动互联网和数字新媒体让任何人、任何机构都能成为传播者，传统媒体失去了传播渠道的垄断权，同时海量易得的信息，让受众有了挑选信息的可能性和主动权。

于是脱胎于互联网的数字新媒体把“以用户为中心”“站在用户的角度思考问题”的互联网思维放到了传播链的各个环节。例如，在数字新媒体时代，受众时间碎片化、信息接收多元化，只能扫描式地快速浏览信息，标题就成为受众最快识别新闻内容和判断新闻价值的入口，于是数字新媒体为了最大程度地满足受众的浏览方式，几乎都采用整个页面上大幅度推送密密麻麻的标题链接的排版；再后来，受众发现在海量信息里主动挖掘和发现自己需要的内容太费时费力，有部分数字新媒体，如今日头条、一点资讯等新闻APP就依据受众阅读、收看的大数据分析，辅以算法推荐，为每个独立用

户推荐各自可能感兴趣的内容，以增强用户黏性。可以说，数字新媒体甚至是整个互联网的发展就是一部不断满足用户需求变化的进化史。

所“需”决定了所“供”，在新媒体环境下，电视媒体也为了应对受众需求的变化，在现场报道中“进化”出了新的呈现样态和叙事模式，而随之改变的就是记者也应该把“用户思维”放到每一次现场报道中。

（一）切中受众信息需求，正确看待并用好“用户思维”

在新媒体环境下电视记者在突发新闻的现场报道中也应该有“用户思维”，努力切中受众信息需求。也就是在坚守媒体责任的前提下，筛选事件发展中受众最想知道的信息或者最有可能被受众挑选的信息作为现场报道的角度和方向。具体到每一次现场报道中，就是记者要利用有限的报道时间，就当下受众最关注的突发新闻的一两个要素来报道。

各种媒体传播特性和用户特性导致传播差异化，我们强调学习“用户思维”，切中受众需求，不是要生搬硬套，而是希望在每一次的现场报道中，电视记者也应该学会互联网的“用户思维”，放弃某些报道套路，重新探索新的叙事模式，在有限的报道时间内，聚焦于一个主题或事件的一个纵切面，以最快的节奏形成抓住人眼球的亮点，切中受众信息需求。

（二）触及用户的“有效”细节才有传播价值

说到现场报道最重要的要素或技巧，“细节、细节，还是细节”，这样的回答应该没有人会反对。的确，在新闻报道中细节是最能够讲故事的，也是最能让受众记住的，于是在新闻现场发现细节、挖掘细节成为现场报道记者的必修课。

但是，不是所有细节都具有新闻性，或者说在新闻现场，你发现和报道的细节都是有效的吗？细节的有效性，目前传播理论界并没有明确的定义，但笔者认为可以这么来理解，对受众有意义的，或者能帮助受众接收有意义的信息，特别是在新媒体环境下，信息泛滥，能帮助受众在最短时间内，获得最全面、多维度信息的信息才是“有效”细节。但是现在我们发现，很多时候，一些记者误认为对现场进行一通细致描述就是抓住了细节，在报道中出现了不少“细节乱飞，主题不见”“细节赘叠，主题不清”的情况。

2018 年 5 月和 8 月成昆铁路因泥石流灾害中断行车，央视两位记者分别于铁路抢通时做了两次类似的现场连线报道。

第一位记者的现场报道实录：“我们一直坚守在成昆铁路抢险的现场为大家带来最新的报道，我们坚守到现在可以说是获得了今天最重要的一个消息，那就是在今天晚上的 10：09 的时候，我们的成昆铁路在中断了 20 多个小时后终于恢复了通车。在 10：16 的时候我们也记录下当时的一个画面，在 10：16 的时候第一列列车已经通过了之前中断的塌方路段，这也标志着成昆铁路已经恢复了通行的能力。那么现在我们把目光转回到现场，其实大家现在已经能够听到我身旁的铁路沿线上，有火车汽笛轰鸣的声音，这个也再次印证了成昆铁路、已经沉寂了 20 多个小时的成昆铁路开始繁忙起来。那么我们再给大家交代一下我们这个现场，我们现在所在的这个位置是成昆铁路最后一处打通的断点，也是难度最大的一个点。那么它到底难在哪里呢？我们请导播来播放一下我们此前拍摄到的插片。今天下午，当我们到达这里的时候发现这一个中断的断点，跟其他地方不同的地方是，强降雨带来了泥石流和山体塌方的现象，所以说在这样一个断点上覆盖了上千方的塌方体，所以说，中铁八局的抢险人员来到这里后，首先要做的工作第一点是要清除塌方，同时对受损的边坡进行修复，这样的工作一直持续到了晚上的六七点钟。六七点钟之后，我们路面上的清理工作基本完成了，这个时候为什么还不通车呢？因为整个火车恢复通行是一个非常复杂系统的工作，除了路面之外，还要对受损的线路、电线进行检查，同时还有轧道车在铁轨上试走一遍来尝试一下承重，所以当这一系列工作完成了之后，时间已经来到了晚上的 10：09。我们从下午来到这里后，一直到现在，我们可以看到我们身边的每一个抢险工作人员没有一刻的停歇，大家都在紧张地工作着。正是他们的这样一分努力，终于让我们在成昆铁路的沿线听到了火车的轰鸣声，也把抢通的地点再一次地恢复。”

另一位记者的现场报道实录：“发生这一次泥石流抢险地点就在我身后河谷对面，直线距离是一公里左右，但是现在山谷中天色已经黑了下来。我们要告诉大家一个好消息，伴随着傍晚 5：55 对于这块危岩第三次的爆破，危岩的险情已经排除。次日早上7：30的时候，从甘洛开往成都方向的一辆货运列车已经驶上了成昆线，正在朝我们这个点位前行，这也标志着在经过48个小时不间断地昼夜兼程地抢险之后，成昆铁路全线恢复运行。这是我们记录到的第三次的危岩爆破排险，从画面中我们可以看到第三次爆破排险是非常成功的。巨石被炸成了很多碎块，这些碎石有些滑落，被下方的挡石墙和挡石柱层层拦截，并没有对已经抢通的铁路线产生影响。而且到目前为止，整个抢险的扫尾工作仍然在持续进行，比如会在滑坡体的上方再多建立一道碎石的拦截网，同时对雨水或小泥石流的泄洪槽要去进行疏通加固。另外，从铁路部门获悉这个地质灾害的隐患点在成昆线上曾经是二类监测点，现在升级为了一类监测点，未来将有人24小时值守，来保证通过列车的安全。当所有排爆工作结束后，从上方下撤的工作人员用手机记录到一段他们工作的场景。这段画面特别能说明在过去的48小时当中，多工种共同配合来让这一条西南重要的大通道尽快恢复运行中工作人员的不容易，因为这个危岩是处在一个距离铁路500米上方的一个近乎垂直的滑坡槽中，而伴随着前两次的爆破，这个危岩有向下滑坠的可能，所以第三次安放炸药的过程是非常危险的，包括人员、爆破物品都是要在双保险的保险绳的牵引下完成，所以从这个细节，也能看出抢险的不容易。”

两位记者两段现场报道，时长都是近三分钟，报道内容相似，都集中在铁路恢复通行、抢通艰难这两个报道点上，而且在报道中都努力挖掘了细节。

第一位记者用286个字报道铁路恢复通行，反复描述了很多细节，有精准的数字（具体通车时间、抢修时间等）、有现场的描述（听到了火车汽笛声），用各种细节三次印证成昆线恢复通车。但这么多的细节叠加对受众都是有效的、有价值的吗？而第二位记者选用了傍晚危石爆破成功，排除了最后险情和正向抢险点驶来的货车这两个细节，用了180个字就交代清楚了铁路恢复通行这个报道点。对于受众来说，第二位记者现场报道中细节的选用更精简、更有效。

紧接着，介绍抢险工作时第二位记者不仅介绍了之前抢险爆破的具体情况，还特别提到挡石墙和挡石柱，之后还会建立拦石网、疏通泄洪槽，升级这个爆破点监测级别，24 小时监测等。这些细节对受众来说就是特别及时、有效的细节，因为抢通后如果再遇大雨或泥石流会不会又对成昆线造成影响，有关部门有没有提前预设措施等，受众所关心的、所担忧的，在这段现场报道的细节中全有了答案。

两段现场报道的最后都是介绍抢险人员工作的高危险、高强度，第二位记者聪明地使用了一段工作人员在危石上工作自己拍摄的手机视频，并用“48 小时”“铁路上方 500 米近乎垂直的滑坡槽”“双保险的保险绳牵引”等细节，来凸显抢险的艰辛，更能吸引受众，更有感染力。

通过这两段现场报道的对比，我们不难看出，在信息海量易得的数字新媒体时代，现场报道“有效”细节才是王，挖掘能够触及受众的有效细节才是电视现场报道记者需要苦练的内功。

有业内人士说，现在的新闻越来越动，说明移动终端的普及让新闻不再是单向的传播；现在记者能力越来越强，说明新媒体时代要求记者成为“能写、能拍、能主持、能出镜”的复合型新闻人才，这一切的转变都是为了满足受众的多元需求。而笔者想说的是，所有的转型都是从把“受众”当成自己的“用户”开始的，用“用户思维”做新闻，做好每一次现场报道，应该是当下每位电视新闻记者的必修课。

（成都市广播电视台　张臻慧）

新媒体时代如何全面提升电视现场报道的“质感”

现场报道是记者在新闻事件发生的现场，面对摄像镜头向电视观众描述事件现场的相关信息，兼具现场即时讲述、采访、点评为一体的一种图像报道形式。电视现场报道将电视媒介的生动感与现场采制的现场感、真实感等优势集于一身，成为极具亮点的电视新闻报道方式。互联网的兴起掀起了一场新的技术与内容革新，新媒体时代下中国的传媒业态正发生着重大变化，网络媒体凭借技术优势带给传统电视行业前所未有的冲击与挑战，面对新的技术环境、新的受众变化，推动电视媒介整体变革成为大势所趋。作为电视媒介一直“引以为傲”的传播形式，电视现场报道也面临着新媒体带来的诸多挑战，从报道形式、报道内容、报道观念到报道人员的能力素质，都亟须围绕当前业界形势做出变革调整，方能在媒介竞争中提升电视媒介的品牌影响力。电视现场报道能否有效应对新媒体时代提出的议题，关系着电视新闻的稳定发展。

一、新媒体环境下电视现场报道的独特优势

（一）网络媒体无法比拟的信息真实性

网络媒体凭借独特的传播技术优势，突破了信息获取的时空限制，为受众提供了海量信息，再加上信息平台的准入门槛较低，扩大了受众对信息的接受和占有量。然而信息量多而繁，受众层次复杂，缺乏传统意义上的信息把关，也为虚假信息的传播大开便利之门。与此相比，传统媒体在新闻真实

性上优势明显，尤其是作为最接近新闻真相的电视现场报道，是新媒体时代提升信息真实性、提升电视媒体应对媒介冲击、重新引领媒体潮流的有效手段。

（二）重大新闻事件的“见证者”与意义“定义者”

在重大的新闻事件中，电视现场报道可以准确还原事件的本来面目，成为事件的第一见证人和发言人，从而杜绝谣言的滋生。

电视现场报道的意义不仅仅在于满足公民对新闻信息的知晓权，更重要的是通过丰富的现场报道技巧，使电视媒体在一定意义上成为重要新闻事件的议程设置者和舆论趋向的有力引导者，通过极具现场感、可视性、可信度的现场报道，第一时间对事件进行全面真实的解读，引导事件朝着正确的舆论走向发展。

二、新媒体背景下电视现场报道日益显现的问题

（一）传统电视现场报道时效性差，难敌网媒冲击

新媒体环境下，电视媒介时效性差的缺点被再次放大，在重要事件的报道中，电视报道往往在时间上落后于依靠短、快、广取胜的网络报道。传统现场报道属于一种单向的线性传播，加上现场报道对真实性的要求更高，使得现场报道新闻采制过程中要花费精力收集并辨别信息，在媒体到达新闻现场前，有一系列的内容、形式及技术准备以确保现场报道万无一失，因为对于电视台来说，一档现场报道彰显着电视台自身的节目能力与技术水平，容错率极低，不允许出现任何差池，所以现场报道往往都集中精力去强调“现场”的含义，不得已忽略了一部分时效性，使得信息获取与更新的速度受限，信息不能及时传达到受众层面，从而影响电视媒体在事件的第一时间发声。

（二）传统媒体内容生产缺乏针对性，与受众互动性差

传统媒体与新媒体归根到底都是内容为王，但两者在内容生产上因为技术趋向和价值取向的不同也使两者的内容生产理念出现差别。传统媒体讲求在维持一个标准化的内容质量的水平上，去满足内容数量的需求，内容生产整体呈现大众化需求。而新媒体在内容生产上强化了用户思维，针对不同媒体形态和用户需求生产出有针对性的内容产品，讲求内容的个性化和传播力。

对于电视现场报道来说，选材主要涉及重大活动和突发事件，这些内容本身极具新闻价值和社会影响力，受众对能够参与内容进程具有一定的期待值。而一直以来，互动性差都是传统电视现场报道在实际开展过程中存在的问题。传统的电视现场报道仅仅通过录像加解说进行自上而下的传播，这是一种让受众被动接受的模式，受众并不能参与进来，所以现场报道也就完全成为报道人员“自说自话”的现场解说，而报道人员自身专业素质能力有限，其在现场报道过程中不能及时发现并抓取有效的现场信息和问题，呈现出来的所谓的“现场内容”并不能发挥“现场”的作用，内容和镜头视角不够典型，镜头语言过于单薄，有的镜头语言甚至毫无作用，镜头与记者的解说不相关，采制的现场镜头仅仅作为一种填充和过渡，没能发挥现场报道的实际价值，也导致受众不能通过典型画面获取有效信息，更不能体会现场情景感的传达。

三、新媒体时代对电视现场报道的新要求

（一）转变传播观念，强化内容生产的特定性，有效引导受众互动

在新媒体时代，随着媒介传播观念由“传者中心”向“受者中心”的转变，互动性成为媒介不可或缺的特点。从传者到受众，意味着媒介价值取向与传播视角的转变，这对于传统电视媒体来说，要求电视媒体从以往高高在上的权威说教向平等互动对话转变，意味着电视媒介要以平民视角、民本取

向建构平台，让百姓参与事件的认知。

对于电视现场报道来说，传播观念的转变意味着现场报道需要改革之前的内容生产与传播观念。一方面，对现场报道内容进行策划，优化并放大“现场感”，针对不同的电视平台和不同的新闻事件背景，打造特定的、有情感冲击力、能够引起受众共鸣的内容；另一方面，在营造现场感的同时，强化现场记者与电视观众的双向互动，形成一种类似面对面交流的传播氛围，出镜记者在现场通过对事件过程的展现，让观众真正参与现场报道的环节，同时，利用网络技术掌握受众的信息反馈，进一步整合报道资源，为受众提供更有针对性的报道内容，真正突破受众与信息之间的时空界限，用互动性、参与感进一步强化电视现场报道的现场感与感染力。

（二）以直播常态化补缺电视媒介时效差的短板

抢夺先机，报道一手新闻，将是电视现场报道在新媒体环境下取胜的法宝。对于电视现场报道来说，“现场”两个字不仅强调记者到达现场，从现场传达信息，更在于记者能在事件发生的第一时间到达现场，向观众传达形象生动、具体可感的第一手现场，在现场感、可视性等优势的基础上，电视现场报道还需要在时效性的增强上下功夫。

例如，近年来在灾难性新闻报道中，中央广播电视总台新闻频道以及综合频道在灾情发生的第一刻启动报道，并建立常态化直播报道机制，通过演播室连线现场记者的形式，由记者在灾情现场对灾情现状进行及时传送，这是央视作为国家级媒体平台在重大事件中的有力作为，也是传统电视媒体应对互联网新闻竞争的有效手段。

（三）进行技术融合，推动实现网络直播等多种现场报道方式

新媒体时代，媒介融合成为任何媒介发展都不能忽视的业界现象。媒介融合为传统电视媒介带来了多媒体技术，借助技术融合，形成电视与互联网的台网联合，为电视报道与受众互动提供平台。电视现场报道要善于利用网络媒体寻找实时消息来源，同时在进行现场报道前，提前利用互联网了解即将进行报道的内容，做好报道前的准备；也可以有效利用网络平台进行即时

新闻信息的播出和推送，生产制作媒介融合思维下的全新现场报道新闻，从而既能保留现场报道生动真实的现场感，又能利用网络媒体，达到与受众的有效互动和广泛传播。

（四）现场报道出镜记者要强化新媒体思维，提升综合报道能力

出镜记者是电视现场报道的重要构成要素之一，电视现场报道是对出镜记者要求较高的一种报道形式，出镜记者的专业能力和心理素质在很大程度上关系着现场报道的成功与否。一直以来，业界在讨论电视现场报道的提升策略时，也大多从出镜记者的能力提升上入手探讨。现场报道出镜记者不仅要有在极短时间内对事实做出正确判断的专业能力，也需要有极强的现场随机应变能力和心理素质。新媒体时代，电视现场报道的出镜记者除了具备一般的现场报道专业和心理能力外，还需要树立并强化新媒体思维。新媒体时代强化了媒介与受众之间的双向互动，这就要求现场报道的出镜记者要强化与采访对象、与观众、与现场以及与摄像机镜头的多面互动，不仅仅是摄像机前事件的播报传达者，更应该是整个新闻现场的联络与统领。

可以说，现场报道好不好看，吸不吸引观众，能不能让观众保持关注度，出镜记者的素养和能力在很大程度上扮演着重要角色。

四、结　语

在新媒体时代环境下，电视现场报道已不仅仅是一种传统媒介意义上的报道形式，作为一种强调“现场”的报道样式，其本身有条件可以与新媒体技术有效结合，积极利用新媒体技术，妥善解决新的媒介语境下愈发严重的问题倾向，从内容、技术、出镜记者等环节提升电视现场报道的报道水平，有效应对媒介竞争，紧跟媒介融合大势，强化收视口碑，增强报道节目的品牌影响力。

（中央广播电视总台　王日升）

媒体融合如何推动电视现场报道的发展与进步

电视现场报道是记者在新闻事件发生现场，以目击者或参与者身份面向电视观众所做的音像报道。可以说，现场报道是最能体现并发挥新闻传播特点与优势的报道形式，是电视新闻的“看家本事”。同时电视现场报道又是一种技术性较强的报道形式，只有传播技术发展到一定水平才能实现并支撑电视现场报道的完成。离开了一定的技术基础，电视现场报道无从谈起。

一、新媒体崛起对传统电视的挑战

随着现代社会互联网技术和通信技术的不断发展，各种类型的新闻传播媒体逐渐增加，人们有了更多的信息接收方式可供选择，使得电视新闻传播在发展中遇到了挑战。资料显示，从1958年北京电视台（中央广播电视总台前身）实验开播到2014年，经过56年的发展，中国有4亿个家庭拥有电视机，城市每百户居民家庭的电视机拥有量已为140台，拥有8.8亿人口的农村家庭电视机普及率达到95.2%，全国观众总人口数达10亿人以上。反观新媒体的发展则迅猛得多，以互联网为例，从1994年到2017年6月，短短的23年，我国网民规模已达到7.51亿；而中国智能手机从20世纪初引入，经过十几年的发展，手机网民占总网民的比例大幅攀升，目前已达到90%以上。微信平台于2011年1月21日推出，到2018年第一季度，根据腾讯官方数据显示，注册量已突破10亿，而在2017年底，这个数字为9.89亿。互联网以及智能手机的普及使得人们接收信息的方式发生了彻底转变，不同以往，每个智能手机的用户都可以成为新闻的发布者，信息的发布更加便捷，信息发布的渠道更加丰富，信息传播的速度成几何倍数增长，信息也更有冲击力和现场感，这些因素都让传统的电视现场报道逐渐失去了原有的优势。

拿电视用户和新媒体用户做个比较，电视观众只能在固定的时间、固定的场所收看相应的节目；新媒体用户则不受时间空间的限制，可以随时随地拿起手机收看直播，甚至回看之前播出的内容。电视观众只是单向地接收媒体提供的信息，虽然现在很多电视节目为了增强和观众的互动，增加了微博、微信等互动渠道，但受诸多条件限制，观众的互动信息缺乏及时的反馈，效果并不明显；反观新媒体用户不仅可以和信息的发布者进行实时互动，用户之间也可以实现有效的交流、沟通。在自媒体高速发展、网络直播遍地开花的今天，综观电视新闻的报道方式，记者现场报道是与新媒体传播态势最接近、最易融合的报道方式。循规蹈矩只会让电视新闻传播原地踏步甚至落后，唯有融合、借鉴、利用新媒体才能实现在新媒体生态下的突围并焕发生机。

在媒体融合进程不断加快的新时代，媒体融合对现场报道的改变是显而易见的。首先，在过去，新闻媒体传播更加倾向于以独家报道等方式呈现在大众面前，而在媒体融合的新形势下，更加倾向于实现新闻信息的共享和整合，所以即使新闻通过不同的途径传播，都会有相似的地方，这样才能更加符合社会大众对新闻现场以及新闻信息的需求。其次，新闻的采编方式得到了进一步优化，传统媒体对新闻信息的采编中存在采编渠道单一，特别是现场报道采集工作人员需求量大的情况，导致了电视新闻工作效率相对较低，很多电视台有关社会热点事件的现场报道总是晚于微博、微信等社交媒体。而媒体融合开始以后，新闻信息得到了各个媒体的共享和整合，可以在短时间内传播最新的新闻信息，使工作效率得到了极大程度上的提高。在很多公共事件中，新媒体能快速地将新闻信息及现场画面传播给受众，并能使受众积极地与媒体进行互动，实时了解受众的想法，收集受众的意见，这在一定程度上改变着受众接收信息的方式和习惯。这也正是电视新闻及电视现场报道最需要向新媒体学习和借鉴的地方。

二、实现电视现场报道媒体融合的方法

实现电视现场报道的媒体融合进程，具体来说大致有以下几种方法。

其一，把电视节目分段切割或者整体打包放到互联网平台上，让互联网成为电视的延伸。湖南广播电视台旗下的互联网视频平台芒果 TV 就是一个很好的例子，芒果 TV 拥有来自湖南卫视节目的网络独播权，相比其他视频网站有先天优势，2017 年芒果 TV 摆脱了连年亏损，实现了近五亿元的盈利。中央广播电视总台也有央视影音、CCTV 微视等网络平台，央视的各个频道也大多拥有自己的手机应用。

其二，在手机客户端或互联网平台上进行一些新闻现场的延展性报道，比如一些正在发生的新闻事件或新闻过程，由于电视新闻篇幅有限，最多只能进行三五分钟的现场报道，而新媒体对此的约束和限制相对宽松，可以用大篇幅长时段展示出新闻现场的实时变化，随时进行展示，吸引对相关话题感兴趣的受众，既可以丰富新闻现场的报道，又可以实现受众的自然分类。中央广播电视总台财经频道在这方面就进行了很多有益的尝试，把电视报道和新媒体有机结合，电视报道更具权威性和新闻性，新媒体的报道则更加生动、灵活。以 2018 年《天津夏季达沃斯论坛》的报道为例，电视新闻主要报道了大会的议程、李克强总理的致辞、与会嘉宾观点等方面的消息，新媒体则对论坛现场展示的新型工业机器人、人工智能等尖端科技进行了全方位呈现，新媒体的直播还带着受众吃津门特色早点、夜游海河，让受众对今年夏季达沃斯论坛的主办城市天津的风土人情有了全方位的了解。电视报道和新媒体报道各有侧重，互为补充，让受众从不同的侧面对新闻事件有了更全面的了解，达到了很好的传播效果。

其三，利用新媒体使电视现场报道由传统的单向传播变为双向交互式传播。通过互联网技术的支持，让传统的点对点的电视现场报道，变成了多平台、立体化的互动传播，电视观众变成了新闻现场的亲历者和参与者。通过媒体融合形成一个“电视 + 互联网”的全方位传播，真正靠拢或实现 5A 效应，即任何用户（Any one）在任何时间（Any time ）、任何地点（Any place）都能以任何方式（Any way）在任何终端（Any terminal）上观看节目。

三、媒体融合对现场报道记者提出更高要求

传统电视新闻及现场报道的传播方式和参与方式与新媒体融合，对进行现场报道的记者提出了更高的要求。

首先，作为电视现场报道的记者在报道中应该一如既往地遵循新闻的客观规律——挖掘真相、不偏不倚、客观报道。新媒体的特点决定了它表达的自发性和随意性，在很多新闻事件正在发生的过程中，网络舆情左右事态发展的情况屡有发生，从一方面看这是社会的进步，表达民意更加方便；从另一方面看的确有悖客观的新闻精神。在媒体融合的今天，保持客观公正的报道态度可以说是难上加难，这是对记者的职业精神和职业态度的最大考验。

其次，在客观报道的同时，作为记者还要用自己的心灵去感受、用自己的大脑去思考、用自己的价值观做出判断。只有这样记者才能在新闻的基础上具体问题具体分析，做出更加创新的解释，发表独到的观点和评论。中央广播电视总台副台长孙玉胜曾说："现场是'前方记者'存在的理由和定义的内容，假如前方记者是一个媒体进入新闻报道的信号，则现场就是所报道的新闻事件的符码，它是一个与'前方记者'共生的概念。前方记者行动的活性、存在价值、报道魅力都是在现场中完成的。"出镜记者在混乱复杂的新闻现场，应该形成自己的判断，选择独特的新闻报道角度。

另外，记者应有意识地从新闻现场的旁观者向新闻事件的参与者转变。在以往的电视现场报道中，记者面对镜头向观众陈述新闻事件，记者在其中的角色更像一个旁观者。在我们的传统认知里，对记者的要求是"客观描述""不带感情""隐藏观点"，在学习和工作中受到的训练是对新闻事件不要做出结论，呈现多重观点，让观众自己下结论。但是这些原则在新媒体时代可能行不通，或者说在很多话题上行不通。在新媒体跨越式发展、媒体融合步伐加快的今天，受众不再满足于单向接收式的电视新闻报道，一吐为快的表达欲望增强了受众的参与意识，促使甚至是催化了电视新闻报道的互动方式。在融媒体时代，带有热点性质的新闻事件一旦发生，人们借助微博、微信、论坛等新媒体平台能够在短时间内表达自身观点、全民参与讨论。融媒体因此成为电视新闻的互动触角，越展越长，越伸离受众越近，渐渐成为

新闻现场报道的有益补充和互动阵地。也正是在这种情况下，记者已经在不知不觉中从新闻现场的旁观者转变为新闻事件的参与者，用参与者的视角带着新媒体的受众深入了解新闻事件，用参与者的身份与新媒体的受众交流对事件的看法和观点。

从某种意义上来说，不管是电视节目中的现场报道还是新媒体中的现场报道，不仅要满足受众期待中的真相，更应该散播人性的温度。与采访对象、受众共同完成思想的沟通和情感的交流，让节目更具有亲和力，让受众更有参与意识。可以这样说，媒体融合之路给现场报道提供了广阔的舞台，无论从传播方式、报道内容还是反馈互动都提出了更高的标准，可以极大推动现场报道这种报道形式发扬光大。

（中央广播电视总台　董克欣）